그리고, 행동하라

그리고,
행동하라

양성욱

마돈나
오프라 윈프리
힐러리 클린턴
소니아 소토마요르
장신
나비 필라이
콜린 바렛
실라베어
앙겔라 메르켈
인드라 누이
옐레나 이신바예바
잉그리드 베탕크루
스텔라 매카트니
미셸 리

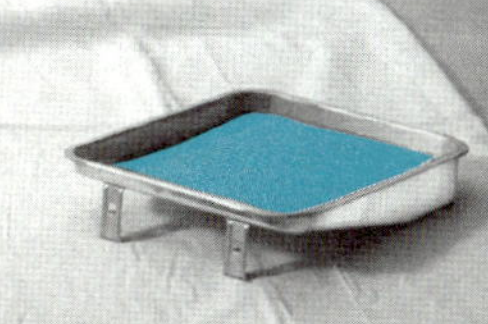

민음인

| 저자의 말 |

배는 항구에 정박 중일 때는 아무런 위험도 없다. 하지만 배는 그러자고 있는 것이 아니다.

'구도의 춤꾼'으로 유명한 무용가 홍신자 선생의 자전적 에세이 『자유를 위한 변명』 맨 앞 장에 나오는 구절이다. 대학 시절 감명 깊게 읽었던 이 구절은 지금까지도 인생을 살아가는 데 있어서 방향타 같은 역할을 해 주고 있다. 좀 더 편안하고 안온해 보이는 현실에 안주하고픈 나태함이 나를 사로잡을 때마다 '나라는 배는 지금 항구에 정박해 있는가, 아니면 큰 바다를 향해 파도를 헤치며 나아가고 있는가?'라는 자문을 던지곤 했다.

시련과 굴곡이 없는 인생이란 있을 수 없다. 정도의 차이가 있을 뿐 누구에게나 고통스러운 시간은 있고 인생의 향방을 가를 중대한 결단의 순간은 예고 없이 몇 번씩이나 다가온다. 그 순간순간에 정면으로 도전할 것인가, 잠시간의 편안함을 위해 이리저리 피해 가느냐는 본인이 판단하기 나름이다. 다만, 바다로 나아간 배가 항구에 정박해 있는 배보다 훨씬 많은 고기를 잡을 기회를 얻는다는 점은 분명하다.

'88만원 세대'라는 슬픈 단어가 대변하듯, 오늘날 이 땅의 많은 젊은이들은 녹록치 않은 현실에 가로막혀 좌절감을 느끼고 있다. 어렵게 학교를 졸업했지만 취직은 힘들고, 취직이 된다 해도 비정규직이거나 생활비 대기에도 빠듯한 저임금인 경우가 많다. 운 좋게 큰 기업에 들어간 이들 역시 언제 해고당할지 모른다는 고용 불안에 시달린다. 전문가들은 '대기업만 고집하지 말고 중소기업으로 눈을 돌려라.' '학벌보다 실력이 중요하다.'고 조언하지만, 실제 그 전문가들부터 자기 자식이 대기업 대신 중소기업을 간다고 하면, 대학 졸업장 대신 자격증을 딴다고 하면 이를 적극 권장할 사람이 얼마나 될지 의문이다. 말 자체는 좋지만 그 말을 듣는 사람의 입장에서는 결코 받아들이기 힘든 불필요한 조언들이 넘쳐 나는 것이다.

결국 각자의 현실과 상황에 맞는 인생 계획을 세워야 하는 사람은 본인이다. 남들이 이런저런 길을 추천하거나 권유해 줄 수는 있어도, 실제 그 길을 택하고 걸어가야 하는 것은 본인의 몫이다. 자기를 가장 잘 아는 사람은 자기 자신이기 때문이다. 물론 좋은 가족이나 스승, 선배 등 인생의 멘토가 될 만한 분들이 주변에 있다면 인생의 조언자로서 많은 도움을 받을 수 있다. 그러나 주변에서 좋은 멘토를 만나는 것이 생각보다 쉽지는 않고, 그 멘토들의 조언이 내게 얼마나 부합하는지 미지수일 때도 많다

이 책은 앞으로 긴 인생을 어떻게 살아야 하는지 고민이 많을 수밖에 없는 젊은층에게 작은 멘토 같은 역할을 했으면 하는 바람으로 쓰였다. 책에 등장하는 주인공들의 인생 역정 자체가 독자들에게는 훌륭한 롤 모델이 될 수 있을 것이라고 생각한다. 굳이 감동을 주기 위한 미사여구나 주관적 해설을 많이 곁들이지는 않았다. 주인공들이 어떻게 살아왔고, 어려운 환경을 딛고서 성공했는지 객관적 사실들을 담담하게 전해 주면, 그 사실 속에서 독자들 스스로 조언과 깨달음을 구해 나갈 수 있으리라는 생각 때문이다.

책에는 여성 주인공들이 등장하지만, 남녀를 떠나 미래에 대한 진지한 고민을 해야 하는 젊은 친구들 모두에게 좋은 길라잡이가 되었으면 한다. '성공하는 비결은 실패율을 두 배로 높이는 것이다 (If you want to succeed, double your failure rate).'라는 토머스 왓슨의 말처럼, 이 책을 통해 젊은 세대에게 실패를 두려워 않는 용기와 희망의 메시지가 전해졌으면 한다.

책이 나오기까지 많은 아이디어를 준 이현미《문화일보》기자, 늘 부족한 나를 친형처럼 보살펴 주는 권선무, 김종태, 이정일, 권은중 형, 친동생 같은 권로미 군, 내 인생의 멘토 박형준, 한오섭 선배에게 감사드린다.

특히 늘 내 곁을 지켜 주는 나만의 파워 우먼들, 아내 이소의와 딸 채원이에게 무한한 사랑의 말을 전한다.

2011년 양성욱

1부

큰 시련은
큰 성공을 만든다

잘되면 내 덕이고 못 되면 조상 탓이다. 남들보다 좋은 학교를 못 간 것은 부모가 뒷받침해 주지 못한 탓이고, 좋은 집에서 살지 못하는 것은 능력 없는 배우자를 만났기 때문이다. 회사에서 승진하지 못하는 것은 경쟁자가 아첨을 더 잘했기 때문이고, 사업이 잘 안 되는 것은 남들보다 '라인'을 못 잡은 탓이다.

마음먹은 대로 일이 잘 안 풀릴 경우 우리는 으레 주어진 환경이나 외부 요인에서 원인을 찾기 마련이다. 물론 정말 그런 것들 때문에 일이 잘 안 풀리는 경우도 있을 수 있다. 그러나 실패의 근원을 찾아가다 보면 십중팔구 본인 스스로 최선의 노력을 다하지 않았던 경우가 많다. 다만 그런 현실을 받아들이고 싶지 않을 뿐이다.

인생이 늘 순탄할 수는 없다. 인생 전체를 놓고 보면 순탄한 시절보다는 긴장과 경쟁, 좌절의 시간들이 더 오래 이어진다. 문제는 그 아픈 시간을 어떻게 대처해 나가느냐는 것이다. 시련에 부닥치고 좌절하고, 다시 도전하고 결국에는 이겨 내는 사람은 성공이라는 달콤함을 맛볼 수 있다. 반면 실패할 때마다, 어려움을 겪을 때마다 남 탓만 하거나 주어진 환경을 원망만 하는 사람에게 성공이란 있을 수 없다.

이 장에서는 모진 시련을 겪어 내고 마침내 각 분야에서 최고봉에 등정한 주인공들의 흥미진진한 성공담이 펼쳐진다. 도저히 성공할 수 없을 것으로 보이는 어려운 환경을 딛고 오늘날 세계가 경탄할 만한 큰 발자취를 만들어 나가고 있는 여성들의 이야기다.

중국의 떠오르는 부동산 재벌 장신과 미국 최초의 중남미계 여성 대법관 소니아 소토마요르는 지독히 가난했던 어린 시절을 보냈다. 다섯 살부터 어머니와 단 둘이 살아야 했던 장신은 가방을 메고 학교를 가는 대신 햇볕조차 잘 들어오지 않는 어두운 봉제 공장에서 재봉틀을 돌리며 청소년기를 보내야 했다. 자신과 어머니만 남게 된 현실을 원망하거나, 학교에 가지 못하는 불우한 환경을 탓하는 대신 장신은 어떻게든 그 상황에서 벗어나기 위해 지푸라기라도 잡는 심정으로 열심히 노력했다. 시작은 보잘것없었다. 생계 때문에 낮에는 공장을 다니며 밤에만 야간 학교에 나갈 수 있었다. 그러나 어렵게 졸업장을 딴 뒤에는 더 큰 꿈을 이루기 위해 돈을 아끼고 아껴 결국 외국 유학까지 갈 수 있었다. 그런 식으로 자신이 꿈꾸던 정상을 향해 한 발 한 발 끈질기게 나아갔고, 마침내 중국 내 십 대 부호의 반열에 오르는 큰 성공을 이뤄 냈다. 장신이 만일 여느 불우 청소년처럼 가정 환경을 탓하거나 신세를 한탄하며 끈질긴 노력을 하지 않았다면 인생은 더욱더 나락으로 빠져들었을 것이다.

소토마요르 역시 유년 시절 온갖 고난과 풍파를 겪었으나 이를 훌륭히 극복해 냈다. 가난한 이민자 가정 출신에, 아버지는 일찍 돌아가시고 본인은 큰 병을 얻었던 소토마요르였다. 아메리칸 드림을 꿈꾸기에는 환경이 너무 척박했고 병든 몸은 어린 영혼을 지치게 만들었다. 그러나 자신의 대(代)에서 가난의 고리를 끊겠다는 강한 열망은 소토마요르를 끊임없이 채찍질하는 훌륭한 가정 교사였으며, 어머니의 헌신적인 사랑은 쉼 없이 닥쳐오는 시련에서도 소토마요르를 지탱해 주는 든든한 버팀목이 되어 주었다. 그리고 마침내 소토마요르가 영광스런 대법관직에 오르던 자리에서 그와 늙은 모친은 감격의 포옹을 나눌 수 있었다.

친척들에게 여러 차례 성폭행을 당하고, 마약에 손을 대는가 하면 열네 살 어린 나이에 이미 출산을 경험한 소녀. 흔히 말하는 '비행 청소년'이라 불릴 만한 이 소녀가 사회적으로 성공한 삶을 살 수 있는 확률은 극히 낮아 보인다. 자신의 인생이 영원히 어둠의 터널에 빠져 있을 것이라고 여겼던 이 소녀는 그러나 오늘날 미국에서 가장 영향력 있는 대중문화계의 거물로 자리매김하고 있다. 바로 오프라 윈프리다. 사회 최하층의 문제아로 살아갈 뻔했던 윈프리가 지금과 같은 성공을 거둘 수 있었던 것은 자신이 남들보다 출발은 늦었을지라도 결코 인생 전체를 포기하지는 않겠다는 강한 의지가 있었기 때문이었다. 윈프리가 아무리 어두운 청소년 시절을 보냈어도 그 기간은 기껏해야 20년 미만이었다. 윈프리는 그 20년을 원망하다 나머지 30~40년의 인생까지 망치는 우를 범하지 않았다. 그게 윈프리와 다른 불우 청소년들과의 차이였다.

인생은 생각보다 길다. 초반에 출발이 다소 늦거나, 남들보다 어려운 여건에 처했어도 지레 경주를 포기하거나 스스로의 잠재력을 낮춰 생각해서는 안 된다. 시련이 클수록 성공의 열매도 달다. 시련에 부딪히고 극복하는 과정을 통해 어떻게 해야 성공하는지 그 방법을 배워 나가야 한다. 노력하는 사람이 모두 성공하는 것은 아니지만, 노력조차 하지 않는 사람은 절대로 성공할 수 없다. 그러기 위해서는 좌절과 포기라는 단어를 머릿속에서 지워 버려야 한다.

지금은 그 실마리조차 안 보일지라도 긴 인생에서 어느 때, 어디서 기회가 찾아올지 아무도 모른다.

장신 ^{張欣}

봉제공 소녀, 중국을 다시 건설하다

1965년 중국 베이징에서 태어났다. 생활고로 어려운 환경에서도 성공에 대한 열망으로 주경야독한 끝에 영국으로 유학을 떠날 수 있었다. 유학 휴 거대 금융 기업에 성공적으로 안착했으나 돌연 귀국, 남편과 함께 중국에 부동산 회사를 세워 중국의 스카이라인을 다시 그리고 있다. 최고급 휴양지 '코뮨 바이 더 그레이트월' 프로젝트로 비건축인 최초로 베니스 비엔날레 은사자상을 수상했다. 《월스트리트 저널》이 뽑은 '아시아에서 주목할 만한 십 대 여성'(2007), 《포브스》가 뽑은 '세계에서 가장 영향력 있는 100대 여성'(2008)이다.

자수성가 신화의 대표 사례

단기간에 급격히 경제가 성장하는 개발 도상국에서는 선진국보다 신흥 갑부, 신흥 재벌들이 탄생하기가 쉽다. 경제 체제와 질서가 완전히 자리를 굳힌 선진국과는 달리 신흥 경제권에서는 맨손으로 거대한 부를 축적할 수 있는 무수한 기회가 열려 있기 때문이다. 혁신적인 아이디어와 창의적인 아이템으로 승부수를 잘 띄울 경우 '개천에서 용 난다.'는 속담을 현실화할 가능성이 많은 셈이다. 이들은 조그만 벤처 기업으로 출발해 기업을 주식 시장에 상장하는 과정에서 대박을 터뜨리거나, 위험도 높은 펀드 상품들을 자국에 소개해 투자자들로부터 엄청난 거금을 유치해 굴린다. 또 국영 기업의 민영화 과정에 관여해 천문학적인 수수료를 챙기기도 한다. '노보이 루스키(신(新) 러시아 인)'라는 용어까지 등장한 러시아를 비롯해 인도, 브라질 등에서 최근 20년간 유명세를 떨치고 있는 신흥 거부들이 대개 이 같은 방식을 통해 부를 축적했다. 사회주의 정치 체제 아래에서 자본주의 경제를 채택하고 있는 중국도 마찬가지다. 단기간에 시장을 개방하고, 자본주의 시스템을 받아들이고, 경제 현대화를 꾀하는 과정에서 상상을 초월하는 부를 이룬 신흥 거부들이 속출하고 있다. 이들은 특히 부동산과 인터넷 분야에 종사한다는 공통점도 있다. 그중에서도 단연 눈에 띄는 인물이 바로 중국 재계의 여황제 장신이다.

장신의 성공 신화는 '자수성가'와 '영화 같은 삶'이라는 두 마디로 요약된다. 장신은 어린 시절 그 누가 보더라도 답이 안 나오는 빈곤한 가정에서 자랐지만 꿈을 포기하지 않고 부단히 노력해 기적적으로 외국 유학길에 올라 석사 학위를 취득할 수 있었다. 이후 고소득이 보장된 안정된 직장을 얻었지만 이 또한 과감히 박차고 나와 창업을 한다. 남보다 한 박자 빨리 시대의 흐름을 읽으며 단기간 내에 회사를 세계에서 손꼽히는 대기업으로 성장시킨다.

장신이 여느 벼락부자들과 다른 점은 그 이후의 삶이 더욱 빛난다는 점이다. 그는 사회로부터 벌어들인 돈을 사회에 환원한다는 원칙을 충실히 지키고 있으며, 이 같은 차원에서 예술 분야에 대한 지원을 아끼지 않고 있다. 이 공로로 세계 최고 권위의 베니스 비엔날레로부터 은사자상까지 받았다. 아무리 어려운 환경에서도 희망의 끈을 놓지 않는 사람이 결국 위대한 결과를 낳을 수 있다는 평범한 진리를 장신처럼 극명하게 보여 준 여성도 드물다.

재봉틀을 돌리며 미래를 꿈꾸다

장신의 어린 시절은 가난 그 자체였다. 미얀마계 중국인이었던 그의 부모는 한때 미얀마에서 사탕 공장을 운영했으나 중국으로 돌아와 정부 외국어 관리국에서 함께 일했다. 그러나 다섯 살 때 부모는 헤어졌고, 장신은 이후 어머니와 함께 살았다. 장신과 어머니는 이곳저곳을 떠돌며 어렵게 생계를 이어갔다. 화장실 휴지조차 살 수 없을 정도로 궁핍한 나날이 이어졌다. 어머니가 일을 하러 나간 동안 어린 장신은 홀로 집을 지키기 일쑤였다. 그가 열네 살 되던 해에 배고픔을 견디지 못한 모녀는 새로운 기회를 찾아보고자 홍콩으로 이주했다. 그렇다고 생활이 나아진 것은 아니었다. 모녀는 홍콩에서도 최하층이 거주하는 슬럼가에 집을 얻었고 장신은 봉제 공장에 취직해 어머니와 함께 생활비를 벌어야 했다.

햇살조차 들지 않는 허름한 건물에 앉아 장신은 아침부터 밤까지 옷과 신발에 박음질을 하면서 인형을 만들었다. 하루 열여섯 시간을 내리 일해야 하는 중노동이 이어졌다. 어린 장신에게 가난은 가장 익숙한 단어이자 평생을 짊어지고 가야 할 천형처럼 느껴졌다.

장신과 비슷한 처지에 처해 있던 공장의 다른 소녀들은 대부분 벗어날 수 없는 가난을 탓하며 체념 속에 하루하루를 보냈지만 그는 달랐다. 자신이 하고 있는 일이 머리와는 상관없이 손만 빠르면 되는, 단순한 일이라는 점에 점차 불만을 느끼기 시작했고, 인생을 언제까지나 지금처럼 살 수는 없다고 생각하기 시작한 것이다.

미래를 위한 투자를 해야겠다는 결심을 굳히자 고된 생활 속에서도 손에서 책을 놓을 수가 없었다. 졸음이 쏟아지고 때로는 밥 먹을 힘조차 없을 정도로 육체적으로 힘든 나날이었지만 어떻게든 공부를 해야 한다는 굳은 의지를 불태웠다. 혼자 공부를 하다 모르는 내용이 나와도 주변에 딱히 도움을 줄 만한 사람이 없어 의문이 풀릴 때까지 혼자 고민에 고민을 거듭하는 수밖에 없었다. 하지만 오랜 고난의 시간은 달콤한 결과를 가져다주었다. 야간 대학 합격 통지서를 거머쥐는 기쁨을 맛보게 된 것이다. 아무도 알아주지 않는 야간 대학생이었지만, 장신에게는 가난으로부터 탈출할 수 있는 토대를 마련할 수 있는 길이 열린 것이나 다름없었다.

야간 대학에 진학하면서 장신의 일상은 더욱 피곤함으로 물들었다. 계속되는 공장 근무에 몸은 파김치가 될 지경이었지만 오랫동안 꿈꿔 온 대학생이 됐다는 사실에 피곤한 줄도 모르고 열심히 학과 공부를 따라갔다. 야간 근무 탓에 학교 수업에 불참해야 하는 일도 잦았지만 이를 악물고 공부에 매진했다. 회계학을 선택한 장신은 주경야독 끝에 대학 졸업장을 손에 쥘 수 있었다. 대학 졸업장이 생기자 기존의 봉제 공장이 아닌 보다 나은 일자리를 얻을 수 있었다. 봉제 공장을 떠나 사무직으로 자리를 옮겼다. 남들이 보면 별다른 변화가 아닐 수도 있지만, 장신이 다니던 공장 동료들 입장에서 보면 이는 대단한 성공이었다. 주변 사람들은 '출세'한 장신에게 축하의 말을 건넸다.

그러나 장신은 여기서 만족하지 않았다. 남들보다 하나라도 더 배우면 배울수록 더 나은 미래가 보장된다는 사실을 뼈저리게 깨우쳤기 때문이었다. 그리고 장신은 또다시 원대한 꿈을 꾸기 시작했다. 이왕 공부를 이어 갈 바에야 해외 유학까지 도전해 보자는 생각이었다. 주변에서는 장신의 계획에 대해 "네 처지에 해외 유학이 가당키나 하느냐."며 코웃음 쳤지만 뜻을 굽히지 않았고 차근차근 준비를 해 나갔다. 직장 생활을 통해 아끼고 또 아낀 돈으로 비행기표를 구입한 장신은 마침내 영국으로 날아간다.

어학연수를 통해 영어를 배운 장신은 마침내 1987년 서식스 대학에 입학하는 데 성공해 본격적인 유학 생활을 시작한다. 이후 캠브리지 대학에서 개발 경제학을 전공해 석사 학위까지 딴 장신은 골드만 삭스로부터 입사 제의를 받게 된다. 가난한 이민자 출신의 봉제공 소녀가 해외 유학을 거쳐 세계 최고 금융 기업에 당당하게 입성하게 된 것이다. 그것도 월스트리트 최고 기업의 애널리스트로서였다.

나이 마흔, 새로운 길을 떠나다

금융권에 발을 들여놓은 장신은 골드만 삭스, 베어링스, 트래블러스 그룹 등에서 근무했다. 많은 사람들에게 거대한 다국적 금융 업체에서 일한다는 것은 '성공의 종착역'으로 인식된다. 막대한 연봉과 명성이 보장되기 때문이다. 그것은 장신에게도 마찬가지였다. 가난한 어린 시절 같으면 상상도 할 수 없었던 고액의 연봉이 그의 손에 쥐어졌다. 어린 시절, 부모를 따라 외국어 관리국에서 몰래 외국 영화를 훔쳐보던 장신에게 화려한 서구의 생활은 어찌 보면 더할 나위 없는 성공의 종착역이었을지도 모른다.

그러나 이번에도 장신은 달랐다. 현재 몸담고 있는 직장도 남들이 부러워할 만한 세계 최고 기업이었지만, 늘 한 발 더 나아간 자신의 미래를 꿈꾸는 데 주저하지 않았다. 장신은 자신만의 사업체를 갖고 싶다는 오랜 희망을 달성하기 위해 기회를 모색했다. 이때 눈에 띈 것이 바로 소형 주택 사업이었다. 그는 1990년대 인터넷 광풍이 몰아치고, 이전 세대와는 다른 주거 형태가 런던과 뉴욕을 휩쓸고 있다는 점에 주목했다. 정보 통신이 급격히 발달하면서 과거와 달리 집에서 근무가 가능한 재택근무 시대가 다가오고 있으며, 이 같은 시대적 흐름을 이용하면 사업적으로 성공을 거둘 여지가 많다는 점에 주목한 것이다.

장신은 중국으로 돌아온 뒤, 1995년 남편과 함께 부동산 개발 회사를 세우게 된다. 안정된 직장을 버리고 창업 전선에 뛰어들겠다는 장신을 주변에서는 만류했지만 이번에도 역시 그의 도전 정신은 멈추지 않았다. 현실에 안주해서는 더 나은 미래를 만들 수 없다는 신념이 있었기 때문이다. 장신은 회사 이름을 '소호(SOHO, Small Office, Home Office) 차이나'라고 명명했다.

중국에서도 전통적인 산업이 점차 첨단 산업으로 바뀌고 급격한 핵가족화 현상이 나타나면서 젊은층이 혼자 살 수 있는 공간을 원한다는 점에 주목한 것이다. 또 인터넷을 기반으로 한 벤처 기업들이 주거와 업무를 병행할 수 있는 공간을 필요로 한다는 사실도 장신의 머릿속을 떠나지 않았다. 일단 시대의 흐름을 남보다 먼저 파악한 장신은 그에 맞는 액션 플랜을 진행했다. 당시만 해도 중국에서는 생소했던 도심형 소형 오피스텔을 만들어 분양하기 시작했다. 장신이 만들기 시작한 건물들은 불티나게 분양되었고, 얼마 지나지 않아 중국 사회가 주목하는 젊은 사업가로 명성을 날리기 시작했다.

때마침 전 세계적인 부동산 붐까지 더해지면서 장신의 사업은 하루가 다르게 몸집을 불려 나갔다. 어느 순간, 세계 언론들은 "베이징의 스카이라인은 장신이 다시 그린다."는 찬사를 앞다투어 내보냈다. 장신의 사업 포트폴리오는 단순히 돈벌이용 소형 오피스텔에만 국한되지 않았다.

그중에서도 2002년 장신이 구상해서 만들어 낸 '코뮨 바이 더 그레이트 월(Commune by the Great Wall)'은 전 세계 건축계에 장신의 이름을 뚜렷하게 각인시킨 명작 중의 명작으로 꼽힌다. 만리장성 부근에 있는 이 건축물은 '중국 최초의 최고급 휴양지'라는 콘셉트로 구상됐다. 한국 건축가 승효상 씨를 비롯해 후류야 노부야키(일본), 로코 임(홍콩), 타니카 알쿨(태국) 등 아시아를 대표하는 열두 명의 건축가가 각자 건축물을 지었으며 이 건물들이 합쳐져 하나의 거대한 휴양지를 구성한다. 이는 다시 만리장성과 연결되면서 자연과 역사, 전통과 모던함이 조화를 이루는 휴양지로 완결된다. 코뮨 바이 더 그레이트 월은 구상 단계에서부터 세계 건축계의 비상한 관심을 모았으며 프로젝트 모델은 베니스 비엔날레에서 특별 전시된 뒤, 중국 작품 중에서는 최초로 프랑스 퐁피두 예술 센터에 전시됐다. 2002년 베니스 비엔날레는 코뮨 바이 더 그레이트 월을 구상한 장신의 공로를 인정해 건축가 출신이 아닌 인물에게는 사상 최초로 은사자상을 수여했다. 지금도 이곳은 여행 전문지들이 꼽는 세계 최고의 호텔 명단에 빠지지 않고 이름을 올리고 있다.

도전은 끝나지 않는다

장신은 지난 2007년 10월 소호 차이나를 홍콩 증시에 상장시켰다. 상장 첫날 시가 총액이 17조 달러에 달했는데 이는 아시아권 전체를 통틀어 증시에 상장된 부동산 개발 기업 중 가장 큰 규모였다. 상장으로 인해 장신은 한국 돈 1조 원이 넘는 막대한 부를 거머쥐었고, 중국 내 7대 부호 반열에 오르게 된다.

장신은 '코뮨 바이 더 그레이트 월 프로젝트'에서 볼 수 있듯 젊은 나이에 막대한 부를 소유하고 있으면서도 예술계에 대한 지원을 아끼지 않고 있다. 또한 빈곤층의 교육 지원 사업에 사재를 쏟아붓고 있으며 2005년 설립한 소호 차이나 재단을 통해 각종 사회봉사 활동을 이어 가고 있다. 이는 자신과 남편이 모두 가난한 어린 시절을 보냈고, 부모의 도움 없이 오로지 교육의 힘으로 오늘날의 큰 성공을 거뒀다는 개인적 경험을 늘 잊지 않고 있기 때문이다.

한 가지 재미있는 점은 중국인들이 장신에게 관심을 갖는 이유 중 하나는 장신이 빼어난 미모의 소유자라는 사실이다. 물론 우스갯소리일 수도 있지만 장신이 다른 신흥 재벌들보다 더 관심을 받는 이유 중 하나가 바로 이 뛰어난 미모 덕분이라는 이야기도 들린다.

장신은 창업 이후 15년이 채 안 되어 중국 부동산 시장의 강자로 자리매김하는 데 성공했다. 그러나 장신이 여기서 진군을 멈추리라고 예상하는 사람은 아무도 없다. 중국인들은 장신의 불도저 같은 도전 정신을 익히 알고 있기 때문이다. 그의 궁극적인 목표는 전 세계 주요 도시의 스카이라인을 자신의 손으로 다시 그리는 것이라고 한다. 얼핏 들으면 황당하게 들릴 만한 소리지만, 그 말을 한 사람이 장신이라면 얘기는 달라진다.

2007년 이후 전 세계에 불어닥친 부동산 거품 붕괴로 장신 역시 작지 않은 위기를 맞고 있다. 그러나 위기의 상황에서 오히려 기회를 창출해 내는 것이 성공한 사업가들의 특징이다. 장신이 어떤 식으로 성공 신화를 이어갈지, 가난한 봉제공 소녀가 지구의 스카이

라인을 어떻게 다시 그려 낼 수 있을지 중국뿐 아니라 지구촌이 함
께 숨죽여 지켜보고 있다.

소니아 소토마요르 Sonia Maria Sotomayor

가난을 이겨 낸 아메리칸 드림

1954년 미국 뉴욕 브롱크스에서 태어났다. 가난한 이민자 가정 출신에, 병마라는 핸디캡을 딛고 2008년 중남미계 최초로 미국 연방 대법관 자리에 올라 화제가 되었다. 2010년 《포브스》가 선정한 '세계에서 가장 영향력 있는 100대 여성'이다.

중남미계의 오바마

소토마요르는 미국에서도 화제를 불러일으킨 여성이지만, 특히 한국 사람들이 공감을 얻을 만한 성공 신화를 써 내려간 여성이다. 가난한 이민자 가정에서 태어난 소토마요르는 어린 시절 부친이 돌아가셨고, 본인은 병마와 싸워야 했다. 홀어머니의 헌신적인 뒷바라지와 자신의 부단한 노력 끝에 우수한 성적으로 미국에서도 최상위권에 속하는 법학 대학을 졸업했다. 대학 졸업 후 지방 검사와 로펌 등을 거치고 판사로 전격 발탁, 이후 세간의 관심을 모은 여러 재판에 참여하면서 입지를 다졌다. 그리고 마침내, 미국 주류 백인 사회 출신들도 오르기 힘들다는 사법부의 최정점, 대법원 판사 자리에까지 올랐다.

부모의 헌신적인 희생과 가난에 굴하지 않고 열심히 공부하는 자녀, 그리고 사회 주류의 편견에 맞서 성공을 거둔다는 해피 엔딩은 성공한 재미 교포 2세들에게서 자주 목격되는 아메리칸 드림의 전형적인 모습이라고 할 만하다.

소토마요르를 '여성판 버락 오바마'라고 표현하는 사람들이 있다. 오바마 대통령도 하와이, 인도네시아, 미국 본토를 오가는 불우한 성장 배경을 지녔고, 결국 청소년 시절 한때 마리화나에까지 손을 댔다. 그러나 오바마가 자신의 불우한 환경을 탓하기보다 이에 당당히 맞서 흑인으로서는 최초로 미국 대통령의 자리에 올랐듯, 소토마요르 역시 주어진 환경을 숙명으로 여기며 좌절하는 대신 극복할 수 있는 도전 과제로 당당히 맞서 싸워 미국 사법 역사에 길이 빛날 찬란한 금자탑을 쌓았다. 실제 살아온 행로를 살펴보면 오바마와 소토마요르는 여러 가지 공통점이 있다고 할 수 있다. 오바마가 하버드 대학 재학 시절 법대 학술지 편집장을 맡았던 것처럼, 소토마요르 역시 예일 대학교 법대 학술지 편집장을 맡았다. 미국 흑인 사회가 오바마 대통령 당선에 기쁨의 눈물을 흘렸듯, 중남미계 최초로 대법관 자리에 오른 소토마요르에 대해 미국 내 중남미 사회는 기쁨과 감격의 눈물을 흘렸다.

소토마요르의 아버지 후안은 초등학교 3학년 중퇴가 학력의 전부인 푸에르토리코 출신 이민자로 제2차 세계 대전 중 미국 뉴욕으로 이민을 왔다. 같은 푸에르토리코 출신 셀리나 바에즈와 결혼해 딸(소토마요르)과 아들을 얻었다. 영어를 제대로 할 줄 몰랐던 후안은 염색 공장에서 일했고, 그나마 영어 구사가 가능했던 셀리나는 전화 교환원으로 일을 했다. 그러나 공장 직원이나 전화 교환수나 저임금 직종이긴 매한가지였고, 부부는 입에 풀칠도 하기 힘든 나날을 보내야 했다. 그나마 밝고 건강하게 자라는 아이들이 부부의 피곤함을 잊게 해 주는 유일한 청량제였다. 비록 벌이는 시원찮았지만 후안과 셀리나는 '아메리칸 드림'을 이루기 위해 열심히 일했고, 자녀들은 무럭무럭 커 갔다. 그러나 후안 가정의 행복은 오래가지 못했다. 소토마요르가 아홉 살 되던 해 어느 날 갑자기 심장 질환으로 후안이 세상을 등졌다. 아버지가 돌아가시자 가뜩이나 어렵던 가세는 더욱 기울어 갔다. 엎친 데 덮친 격으로 소토마요르 마저 소아 당뇨 진단을 받았다. 미국은 한국과 같은 전 국민 의료 보험 제도가 없기 때문에 어머니가 짊어져야 할 의료비 부담은 허리가 휘고도 남을 지경이었다. 어머니가 돈을 벌어 와도 소토마요르의 치료비를 내고 나면 사실상 남는 게 없었다. 기본적인 의식주조차 위협받는 수준의 가난이 계속 이어졌다.

소토마요르 가족은 뉴욕의 대표적 낙후 지역인 브롱크스 내 도시

빈민 공동 거주지에서 살았다. 이 동네 아이들은 공부보다 마약을 더 빨리 배우는 일이 다반사였다. 아이들은 학교 대신 거리에 서서 하릴없이 시간을 때웠고, 그곳에서는 흑인과 중남미계 갱들이 서로 영역을 지키기 위해 총격을 가하는 일이 비일비재했다. 마치 갱스터 영화에나 나올 법한 음산한 분위기의 거리에서 아이들은 미국 사회의 최하층민으로 살아가는 법을 자연스레 받아들이고 있었다.

뉴요리칸(뉴욕에 사는 푸에르토리코 출신 이민자들)이었던 소토마요르 가족이 브롱크스의 쓰레기통 같은 환경 속에서 성공이라는 단어를 떠올리는 것은 차라리 불가능에 가까운 일이었다. 그러나 소토마요르 가족은 달랐다. 우선 어머니의 의지가 대단했다. 두 자녀의 학비와 생활비, 집세를 마련하기 위해 주 6일을 일했고, 낮에는 마약 치료 센터 간호사로, 밤에는 부업 전선에서 온갖 허드렛일을 하면서 돈을 벌었다. 한 푼 한 푼이 아쉬웠지만, 자녀들을 위한 투자에는 돈을 아끼지 않았다. 어느 날 어머니는 소토마요르 남매를 위해 브리태니커 백과사전을 구입했다. 수백 달러라는, 소토마요르 가족에게는 거금이 들어가는 일이었지만 자녀의 미래를 위해서는 그 정도 희생은 감수할 수 있다는 용단을 내린 어머니였다. 당시 이 동네에서 백과사전을 가진 가정은 소토마요르네가 유일했다. 남매는 책장이 해질 때까지 백과사전을 읽고 또 읽었다.

훗날 소토마요르는 한 인터뷰에서 "어머니는 당시 백과사전을 우리에게 사 주신 뒤 그 대금을 갚기 위해 정말 피나는 고생을 하셨다. 그렇지만 어머니는 우리에게 늘 '너희들이 어떤 사람이 되든 난 상관치 않는다. 다만 그 일을 할 때 최선을 다해야 한단다.'고 말씀하셨다."고 밝혔다.

소토마요르 역시 불우한 환경을 탓하는 대신, 어떻게든 성공해 어머니에게 효도하겠다는 일념으로 열심히 공부했다. 어렵고 힘이 들 때는 하늘에 계신 아빠 얼굴을 떠올리며 입술을 질끈 깨물었다. 문제는 건강이었다. 열 살 남짓한 여자아이가 하루도 빠지지 않고 인슐린 주사를 맞는다는 것은 보통 일이 아니었다. 그래도 소토마요르는 학교를 빠지는 일이 거의 없었다. 병든 몸을 이끌고 학교를 다니면서도 다른 아이들에게 뒤지지 않기 위해 열심히 공부했다. 또 홀로 고생하시는 어머니와 남동생을 위해 어린 소토마요르 역시 아르바이트 전선에 뛰어들었다. 주변에서는 안정을 취하는 게 우선이라며 만류했지만 소토마요르는 동네 편의점과 병원에서 아르바이트를 하며 부족한 생활비를 보탰다.

교육열이 남달랐던 모친의 후원과 긍정적인 사고방식, 어떻게든 가난의 굴레에서 벗어나겠다는 강한 집념 속에 소토마요르는 공부에 매진했고, 그 결과는 명문 프린스턴 대학 전액 장학금 입학이라는 기적으로 나타났다. 소토마요르의 합격이 확정되던 날, 가족은 지나간 세월을 되돌아보며 서로 부둥켜안은 채 기쁨과 환희의 눈물을 흘렸다.

소토마요르가 프린스턴 대학에 입학해서 가장 놀란 점은 친구들의 해외여행 경험담이었다. 해외는커녕 가족들과 국내 여행조차 가본 적이 없었던 소토마요르는 남들이 그렇게나 쉽게 해외여행을 다닌다는 사실을 대학에 들어와서 처음 알았다. 막상 대학에 입학했으나 소토마요르 앞에는 여전히 적지 않은 장애물들이 기다리고 있었다. 아무리 동네에서 유일하게 백과사전을 보유하고 있었다고는 하나, 워낙 어렵게 자란 탓에 여느 대학 신입생이라면 가질 수 있는 일반적인 인문 교양 상식이 턱없이 모자랄 수밖에 없었다. 특히 이민자 가정에서 태어난 소토마요르는 영작문 실력과 역사 과목에 취약했다. 소토마요르는 이 같은 문제점들 역시 특유의 성실성으로 극복해 냈다. 대학 신입생 시절 한여름을 아예 도서관 안에서 기거하다시피하며 자신이 취약한 부분에 대해 집중 학습을 했다. 그 결과 1학년이 끝날 즈음에는 아무도 그의 작문 실력에 대해 이의를 제기할 수 없었다. 당시 소토마요르가 영작문 실력을 키우기 위해 『이상한 나라의 앨리스(*Alice's Adeventures in wonderland*)』나 『허클베리핀(*Adventures of Huckleberry Finn*)』 같은 어린이용 동화책을 반복해서 읽고 또 읽었다는 얘기는 지금도 프린스턴 대학에 전설처럼 전해지고 있다. (명문대 법대생이 작문 실력을 키우겠다며 대학 도서관에서 초등학생용 동화책을 읽은 셈이었으니 전설이 안 되려야 안 될 수 없었을 것이다.) 더구나 훗날 예일 대학에 입학해서는 법대 학술지 편집장 자리에까지 오른 것을 보면, 소토마요르가 얼마나 독하게 자신의 작문 실력을 가다듬었는지 짐작해 볼 수 있다.

소토마요르가 여성으로서는 미국 역사상 세 번째이자, 중남미계로는 최초로 대법관에 오를 수 있었던 비결은 이처럼 끊임없는 탐구 정신과 학구열, 특정 사안에 대해 미리 계획을 세워 놓고 대처하는 치밀함 등이 있었기 때문이다. 특히 학창 시절 학습 방식에서부터 시작해 훗날 판사로서 어려운 판결을 내릴 때까지, 소토마요르가 즐겨 사용했던 문제 해결 방식은 '익숙해질 때까지 반복하고 반복한다. 그리고 한 번 더 반복한다.'는 것이었다.

로 스쿨을 졸업한 소토마요르는 6년간의 검사 시절을 거쳐 대형 로펌에 스카우트된다. 로펌 근무 시절, 소토마요르는 소위 말하는 '잘나가는' 변호사였다. 페라리와 펜디가 그의 고객이었다. 프린스턴과 예일이라는 최고 학벌, 그 학교에서도 우수한 성적을 거뒀고 검사 시절에는 사회 부조리를 낱낱이 파헤쳤던 소토마요르에게 사건 의뢰가 끊이지 않았다. 수임료도 눈덩이처럼 불어났고, 생활은 윤택해졌다. 그러나 어려운 환경에서 자라난 소토마요르에게 호사스런 상류층 사회는 몸에 맞지 않는 옷과 같았다. 그는 자기가 불우한 환경을 딛고 성공한 만큼 대중을 위해 봉사하고 싶다는 열망을 숨기지 않았고, 이를 실천하는 것 역시 인색하지 않았다. 불우한 이웃을 위해 무료 법률 상담을 이어 갔고, 빈곤 계층 어린이들을 위한 교육 봉사 활동에 열심이었다. 어린 시절 워낙 어려운 환경에서 자라난 경험을 잊지 못했기에, 불우한 이웃을 돌보는 것은 자신의 당연한 책무라고 여겼다. 그런 그를 평소 눈여겨본 뉴욕 주 상원 의원이 소토마요르를 조지 부시 대통령에게 천거하면서 드디어 판사의 길로 나설 수 있었다. 판사가 된 후 소토마요르는 뚜렷한 소신을 바탕으로 여러 가지 사회적 쟁점에 대해 인구에 회자될 만한 판결을 잇달아 남겼다.

대표적인 판례로 자주 언급되는 사건이 바로 1994년 미국 프로 야구 메이저 리그 선수 노조가 벌였던 파업이다. 당시 선수 노조와 구단주들이 샐러리 캡(연봉 총액제) 도입을 놓고 대립을 벌이면서 장장 232일 동안이나 파업이 이어졌고, 938경기가 취소됐다. 의회와 클린턴 대통령까지 중재에 나섰으나 소득이 없었고, 메이저 리그는 바야흐로 존폐의 위기를 맞고 있었다. 사건을 맡은 소토마요르는 파업을 강제 종료하라는 판결을 내림으로써 사태를 일단락시켰다. 소토마요르 역시 이 판결을 앞두고 적지 않은 고민을 거듭했으나 파업 지속과 종료에 대한 시나리오를 놓고 장고를 거듭한 끝에 파업 종료라는 판결을 선택했다. 어느 쪽을 선택하느냐에 따라 구단주 또는 노조로부터 비난을 받을 수밖에 없었던 까다로운 판결이었지만, 소토마요르는 샐러리 캡은 철회하되 선수들의 파업 역시 구단에 대한 불공정 행위라는 결론을 통해 파업 종료를 유도했다. 선수 노조와 구단주들이 각자 입장을 굽히지 않자 양측이 물러설 수 있는 명분을 만들어 준 셈이다. 소토마요르가 내린 판결의 영향은 10여 년이 지난 지금까지도 이어지고 있다. 파업 당시 메이저 리그는 끝도 없는 벼랑으로 떨어질 위기를 맞았었지만 심사숙고 끝에 내려진 소토마요르의 판결 이후 이제는 다시 국민 스포츠로서의 위상을 회복했다. 오늘날까지 메이저 리그가 미국의 국민 스포츠로 각광을 받을 수 있는 밑바탕에는 바로 소토마요르의 정확한 판단이 깔려 있다는 찬사가 끊이지 않는다.

새로운 시작점에 서다

2009년 5월, 오바마 대통령은 모두의 예상을 깨고, 공석인 대법관직에 소토마요르를 지명했다. 오바마 대통령이 소토마요르를 공식 소개하던 자리에는 모친인 셀리나도 함께 초청됐다. 소토마요르는 "어머니에 비하면 난 그릇이 절반도 안 되는 사람"이라며 오늘날 자신이 있기까지 헌신적으로 뒷바라지를 해 준 어머니에게 모든 공을 돌렸다. 이 광경을 지켜보던 일부 청중들은 눈물을 흘리기도 했다.

소토마요르는 2009년 8월 실시된 상원 인준 표결에서 찬성 68, 반대 31표를 얻어 대법관 자리에 올랐다. 미국은 입법, 사법, 행정 중 사법권이 가장 우위에 있는 국가다. 한국과 달리 대법관 한 명 한 명에게 쏟아지는 여론의 관심도가 매우 높다. 대법관 한 명의 판결에 따라 낙태, 동성애, 총기 보유, 교내 종교 문제 등 사회적으로 격렬한 논쟁을 불러일으킬 수 있는 사안에 대한 정책이 좌우되는 경우가 많기 때문이다.

소토마요르는 사실 지금까지 걸어온 성공적 인생 경로보다 앞으로의 행보가 더욱 더 주목을 받을 수밖에 없는 인물이다. 출신 지역은 다르지만 같은 소수 민족으로서 대법관에 올랐다는 점에서 한국에서도 관심을 가질 수밖에 없다. (더구나 뉴욕 대학교를 졸업하고 의사로 크게 성공한 남동생은 한국인 쌍둥이 입양아들을 키우고 있기도 하다. 즉, 소토마요르는 한국계 조카들을 두고 있는 셈이다.)

소토마요르의 어린 시절은 병마와 가난, 소수 인종에게 쏟아지는 편견 등으로 얼룩져 있었다. 그러나 그런 어려움을 극복한 것은 성공에 대한 소토마요르의 일관된 의지였다. 만일 소토마요르가 주어진 환경에 굴복했더라면 오늘날 전 세계는 '여성판 오바마'의 탄생을 꿈꾸지 못했을지도 모른다.

나비 필라이 Navanethem Pillay

버스 운전기사의 딸, 세계 인권을 지키다

1941년 남아프리카 공화국 더반에서 태어났다. 남아공 유색 인종 최초로 하버드에서 법학 박사 학위를 받았다. 넬슨 만델라 대통령이 남아공 대법관으로 지명했으며(1995) 헤이그 국제 형사 재판소 재판관을 역임(2003~2008)했다. 2008년 7월 반기문 유엔 총장이 유엔 인권 고등 판무관으로 임명했다. 2009년《포브스》가 뽑은 '세계에서 가장 영향력 있는 100대 여성'이다.

핍박받는 모든 이들을 위하여

나바네템 필라이(혹은 나비 필라이)는 반기문 유엔 사무총장이 직접 지명한 인권 고등 판무관(United Nations High Commissioner for Human Rights, UNHCHR)이라는 점에서 한국인들의 관심을 끄는 여성이다.

필라이는 일생의 대부분을 인류의 인권 신장을 위해 싸워 온 법정의 투사다. 젊은 시절에는 인종 분리 정책에 반항하다 투옥된 남아공의 양심수들을 변호하는 데 앞장섰고, 국제 무대에 진출해서는 규모가 큰 민족 간 대학살이나 인종 청소 범죄를 단죄하는 데 헌신해 왔다. 특히 르완다 대학살 사건 재판에서 전시(戰時) 여성에 대한 성폭행을 전쟁 범죄, 대량 학살로 규정하는 판결을 내려 국제 인권 단체들로부터 큰 환호를 받았다. 상식적으로 보면 성폭행이 대량 학살에 버금가는 중대 범죄라는 사실은 당연해 보이지만, 필라이가 판결을 내리기 전까지는 과연 전쟁 중 벌어진 무수한 성폭행을 전쟁 범죄에 넣을 수 있느냐를 두고 찬반 논란이 끊이지 않았다. 더불어 필라이는 각종 전쟁과 분쟁이 벌어지는 곳이라도 해도 인간이 지닌 표현의 자유, 선전·선동을 거부할 자유는 침해되어서는 안 된다는 판결을 잇달아 내놔 세계인의 주목을 받기도 했다.

필라이는 특히 자신의 출신 대륙인 아프리카를 비롯해 세계 각처에서 벌어지고 있는 여성에 대한 성폭행과 인신 매매, 윤락 강요, 강제 결혼, 구타 행위, 경제적 불평등 등의 사안에 대해 근절을 촉구하는 목소리를 지속적으로 내 왔다. 1992년에는 미국, 이란의 저명 여권 운동가들과 함께 여성 권리 보호 단체인 '이퀄리티 나우(Equality Now)'를 공동으로 창설했다. 현재도 이 단체는 여성들의 기본권 보호를 위해 미국과 영국, 케냐 등 전 세계 곳곳에서 활발한 활동을 전개하고 있다.

그리고 2008년 반기문 유엔 사무총장이 유엔 인권 고등 판무관직에 그를 지명하면서 드디어 세계 최고의 인권 보호 직책을 맡게 됐다. 필라이의 임명에 대해 당초 미국 보수 진영에서는 '여성의 낙태 권리를 옹호한다.'는 점을 들어 거부 의사를 보이기도 했으나, 그의 높은 인품과 업무 능력에 대한 후한 평가를 바탕으로 결국 만

장일치로 임명안을 통과시켰다. 이는 필라이가 그동안 세계 인권 신장을 위해 헌신해 온 노고에 대해 각국이 보내는 진심어린 찬사라고 할 수 있다.

가난했던 어린 시절

필라이는 남아공 더반의 가난한 인도계 가정에서 태어났다. 아버지는 버스 운전기사였고, 어머니는 정규 학교를 한 번도 다녀 본 적 없었던 극빈 가정 출신이었다. 그때나 지금이나 백인들이 사회 상류층을 이루며 사회적 부의 대부분을 향유하고 있는 남아공 사회에서 버스 운전기사의 가정은 궁핍을 면하기 어려웠다. 필라이는 어린 시절부터 굶는 것에 익숙했다. 열악한 주거 환경과 영양 상태 때문에 몸이 자주 아팠지만 병원에 가는 대신 참고 견뎌야 했다. 반복되는 배고픔과 질환 때문에 몸에는 기력이 남아 있지 않았지만 매일 아침 수 킬로미터를 터벅터벅 걸어 힘겹게 학교 수업에 참여했다.

그러나 육체적 고통보다 더 참기 힘들었던 것은 유색 인종으로서 받아야 하는 차별이었다. 인도계인 필라이는 흑인은 아니었지만 핍박과 차별을 받기는 흑인들과 별반 차이가 없었다. 하루는 필라이에게 학교 급우들이 영어 단어 '워터(water)'를 발음해 보라고 했다. 필라이가 인도 억양 대신 유럽식으로 발음하자, 급우들이 필라이를 놀리기 시작했다. "네가 무슨 유럽 출신인 줄 아나 본데, 네 피부색에 맞게 발음해 보란 말이다."라는 놀림이었다. 이 같은 차별과 놀림은 어린 필라이의 가슴에 씻지 못할 상처를 안겨 줄 수밖에 없었다. 어린 시절부터 '유색 인종은 열등 시민이며, 결코 현실을 바꾸려고 노력하거나 그 어떤 열망도 품어서는 안 된다.'는 주입식 교육을 받아야만 했다. 유색 인종으로 태어났다는 것은 감춰야 할 부끄러움이었고, 사회 상류층으로의 진출은 꿈도 꿔서는 안 되는 금기였다.

남아공 사회를 구성하는 인종에는 오직 '유럽 출신 백인과 비(非) 유럽 출신 백인'이 있을 뿐이었다. 나머지 유색 인종들은 사람의 분류 기준에는 속하지 않았고 인격체로 대접받는 것 역시 요원했다. 공원 벤치도, 해변도, 학교도, 주택도 오로지 '백인용'만 있었을 뿐, 유색 인종들을 위해서는 아무것도 존재하지 않았다.

그렇지 않아도 인종 차별이 심한 남아공 사회에서 학교를 다닌다는 것이 고통스러웠던 필라이에게 궁핍한 가정 형편까지 겹쳐지자 고통은 두 배가 됐다. 그는 어린 시절부터 학업 성적이 우수했지만, 부족한 학비로 인해 학교를 관둬야 할 처지에 내몰렸다. 부모는 딸의 학비를 마련하기 위해 백방으로 뛰어다녔다. 그러나 하루 벌어 하루 먹고살기 힘든 부모 입장에서 필라이의 학비를 마련하는 것은 쉬운 일이 아니었다. 그런데 전혀 예기치 못한 곳에서 행운이 찾아왔다.

어린 시절부터 정부의 인종 차별 정책과 여성 억압에 대해 부당함을 느껴 온 필라이는 16세 되던 해 한 편의 글을 쓰게 된다. 이 글은 남아공 여성들이 아이들에게 인권의 가치를 가르치는 과정에서 여성의 역할을 찾아야 한다는 내용을 담고 있다. 지금 들으면 당연한 얘기지만, 여성을 남성의 부속물으로만 여기던 당시 남아공 사회의 분위기를 감안해 보면 상당히 급진적인 발상이었다. 더구나 학자도 아닌 16세 소녀가 이 같은 생각을 에세이로 쓴다는 것은 주목받을 만한 일이었다. 필라이의 에세이를 접한 인도 교민 사회는 '저런 수준의 사고를 하는 교포 소녀는 우리가 대학 교육까지 책임져 줘야 한다.'는 결정을 내렸고, 실제 후원금을 보내 주기로 결정했다. 이를 바탕으로 필라이는 고교 과정까지 마칠 수 있었고 마침내 나탈 대학교 법과 대학에 입학하는 데 성공했다.

법대를 졸업한 필라이는 여성으로서는 최초로 나탈 주에서 변호사 사무실을 개업했다. 로펌에 취업하는 대신 개인 사무실을 개업할 수밖에 없었기 때문이었다. 대학 성적만 보면 필라이는 큰 법률 회사 취직이나 검사에 임용되기 충분한 실력을 갖췄다. 그러나 그 어떤 회사도 필라이를 받아 주지 않았다. 유색 인종인 필라이를 취직시켜 줄 경우, 기존에 일하고 있는 백인 직원들이 필라이의 지휘를 받는 날이 올 수도 있을 텐데, 이는 남아공 사회에서 용납하기 어려운 일이라는 이유 때문이었다.

계란으로 바위를 깨다

어린 시절부터 늘 아파르트헤이트(인종 분리 정책)에 대한 부조리를 절감해 온 필라이는 변호사 사무실을 개업하자마자 몸소 아파르트 헤이트를 깨기 위한 운동에 투신한다. 자기가 어린 시절 배웠던 잘못된 교육, 백인이 아니면 인간 대접을 받을 권리가 없을뿐더러 이에 대한 불만조차 터뜨려서는 안 된다는 그릇된 인식을 깨뜨려 보자는 의식이 강했기 때문이었다.

필라이는 마음속 용기를 행동으로 실천하기 시작했다. 당시 남아공에는 아파르트헤이트에 항의하다 수감된 양심수들이 수없이 많았다. 그러나 이들을 위해 활동하던 변호사는 사실상 손가락으로 꼽을 수 있을 정도였다. 백인 정부는 경찰과 군대를 동원해 아파르트헤이트 철폐 운동과 연관된 인사들에게 구타와 납치, 협박, 고문을 가하기 일쑤였다. 변호사들도 예외는 아니었다. 필라이에게도 역시 눈에 보이는 협박과 보이지 않는 협박이 동시에 가해져 왔다. 계속해서 양심수들의 변론을 맡을 경우 가족의 안전을 해치겠다는 무시무시한 협박이 날아들었다. 동시에 필라이의 일거수일투족은 경찰들에게 감시당했고, 어린 자녀들은 언제든 유괴당할 수 있다는 불안감 속에 학교를 다녀야 했다. 그 또한 변호사이기에 앞서 한 명의 인간이었기에 정부가 가해 오는 협박이 무서울 수밖에 없었다. 게다가 남편이 인종 분리 반대, 흑인 인권 신장 운동을 벌이다 투옥되면서 자신의 신변 역시 더욱 위험한 상태에 놓이게 됐다. 그러나 그는 겁을 먹고 움츠러드는 대신 정면 돌파를 선택했다. 불의에 한 번 밀리기 시작하면 결국에는 자기 자신의 모든 양심을 팔아야 한다는 것을 알고 있었기 때문이었다. 자신이 어린 시절 받았던 차별과 억압을 자녀 세대에게까지 물려줄 수도 없는 일이었다. 불가능해 보이는 일일지라도 누군가는 그 그릇된 사회적 장벽을 무너뜨리는 일을 시작해야 했다. 형편이 힘들기는 매한가지인 인도 교민들이 십시일반으로 모아 준 후원금 덕분에 대학 교육까지 마쳤기에, '사회적 책임'을 다해야 한다는 의무감도 불타올랐다.

필라이는 감옥을 제 집 드나들듯 하며 양심수들을 위한 변론을 준비했고, 그들의 옥바라지까지 도맡았다. 다행히 그의 이런 노력들은 적지 않은 성과로 나타났다. 수많은 양심수들이 필라이의 노력 덕분에 무죄 판결을 받거나 감형받을 수 있었다. 또한 재소자들이 고문을 받고 있다는 사실이 필라이에 의해 국제 사회에 널리 알려졌다.

당시 필라이가 이룬 가장 혁혁한 성과는 로벤 섬 교도소의 '보이지 않는 장벽'을 무너뜨린 일이었다. 양심수들을 대거 수용하고 있었던 로벤 섬은 가혹한 교도 정책으로 악명이 높았다. 이곳에 수감된 양심수들은 변호사를 접견할 권리마저 보장받지 못했으며, 교도관들의 노리갯감으로 다뤄지기 일쑤였다. 양심수들에 대한 형기는 뚜렷한 기준도 없이 엿가락처럼 늘어지는 일이 다반사였고 때로는 양심수들의 가족까지 별다른 이유 없이 연행돼 함께 수감 생활을 해야 했다.

한 번은 정부가 한 60대 양심수를 수감하면서 그의 부인, 자녀,

세 살된 손자까지 모조리 감옥에 가둬 버렸다. 가족들 모두 반정부 사상에 물들었기 때문이라는 이유였지만 실상은 다른 운동가들에게 '말을 안 들을 경우 가족들까지 처벌하겠다.'며 겁을 주기 위한 본보기였다. 이 가족의 변호를 맡은 필라이는 세 살짜리 손자는 너무 어린 만큼 풀어 줘야 한다고 강력히 주장했다. 그러나 정부는 "세 살이면 소 떼를 몰 수 있다. 감옥 생활을 해도 될 만큼 성숙한 나이"라며 이를 묵살했다. 이처럼 말도 안 되는 억지를 부리는 정부를 상대로 필라이는 피 말리는 변론 활동을 펼쳐 나갔고 정부를 궁지로 몰아넣었다. 필라이는 로벤 섬 교도소의 열악한 환경을 개선해야 한다며 지속적으로 소송을 제기하는 한편, 수감자들의 가족들을 규합해 반정부 시위를 벌이며 정부를 압박했다. 결국 1973년, 남아공 정부는 로벤 섬에 갇혀 있는 죄수들이 변호사를 자유롭게 접견할 수 있도록 방침을 바꿨다. 필라이의 승리였다. 계란으로 끊임없이 바위를 친 끝에 마침내 바위가 갈라지기 시작한 셈이었다.

하지만 그럴수록 백인 정부는 필라이를 위험 인물로 간주하며 괴롭혔고, 필라이의 주변 인물들에게까지 각종 불이익을 줬다. 당시 필라이의 활약상에 대해 한 동료는 "변호사로 활동하는 동안, 필라이는 굉장히 용감한 투사였다. 모두들 불가능할 것이라고 생각했지만 결국 필라이는 부조리와 불평등을 깨는데 성공했다."고 말했다.

필라이의 맹활약 덕분에 새로 기본권을 보장받게 된 로벤 섬 수감자 중에는 넬슨 만델라도 포함돼 있었다. 이때 맺은 만델라와의 인연은 오늘날 필라이가 국제 사법계의 상징적 인물로 성장하는 밑거름이 됐다.

희생자들의 목소리를 대신하다

아파르트헤이트가 공식적으로 폐기되고, 마침내 대통령직에까지 오른 넬슨 만델라는 1995년, 자신이 힘들었던 시절 변론을 도맡아 준 필라이를 대법관으로 지명했다. 남아공 역사상 유색 인종인 동시에 여성이 대법관에 오른 첫 번째 사례였다. 같은 해 필라이는 유엔 산하 르완다 국제 형사 법정(International Criminal Tribunal for Rwanda, ICTR) 재판관에 지명되면서 국제 사법계에서도 명성을 떨치기 시작했다.

ICTR은 1994년 발생한 르완다 내전에 관련된 전범들을 처리하기 위해 만들어진 재판소다. 르완다 내전은 1994년 후투 족과 투치 족이 100일 동안 내전을 벌이는 과정에서 80만 명 이상이 숨진 20세기 최대의 비극 중 하나다.

필라이는 ICTR에서 총 8년을 재직했으며 그중 후반부 4년간은 재판장을 맡았다. ICTR에서 필라이가 주목받은 이유는 '전쟁 중 발생한 성폭행은 반인류 범죄다.'라고 규정한 판결 때문이다. 당시만 해도 대규모 분쟁 과정에서 발생하는 성폭행과 성희롱 사건들은 '전쟁의 필연적 부산물'이라는 인식 아래 개별적 범죄로 치부되는 일이 흔했다. 그러나 필라이는 "이제부터 성폭행 역시 전쟁 범죄로 다뤄질 것이다. 모든 전범에게 성폭행이 더 이상 전쟁의 트로피가 아니라는 강력한 메시지를 전해 주고 싶다.”고 선언했다. 필라이는 또 르완다 내전 기간 동안 종족 학살을 부추긴 언론인 세 명에 대해서도 종신형을 포함한 중죄라는 판결을 내렸다. 당시 변호인단은 ‘언론의 자유’를 들어 처벌에 반대한다는 의견을 피력했지만, 이 역시 필라이는 “언론인들이 종족 학살의 길로 독자들을 유도한 것은 명백한 범죄”라며 철퇴를 내렸다.

성폭행을 전쟁 범죄로 규정한 것이나, 종족 학살을 부추긴 언론인들에게 유죄를 내린 것이나 모두 국제 사회에서 대단한 반향을 일으키는 판결들이었다. 전쟁 중에는 그 어떤 법과 질서, 사회적 윤리도 무시된 채 오로지 승리한 자만이 정당성을 얻는다는 인류의 오랜 고정 관념을 뒤흔드는 판결이었기 때문이다. 전쟁에서의 승패와는 별도로, 전시에 저지른 반인륜적 범죄에 대해서는 끝끝내 단죄를 가해야 한다는 국제적 기준을 만든 사람이 바로 필라이다. 내전, 쿠데타, 전쟁에서 승리한 측이라 할지라도 함부로 반인륜적 범죄를 저질렀을 경우 언젠가는 반드시 법의 단죄를 받는다는 명확한 기준이 필라이 덕분에 성립됐다. 이는 그 어떤 사회 변혁이나 국제 질서 변화 속에서라도 개인이 천부적으로 지닌 존엄성은 반드시 존중되어야 한다는 뚜렷한 신념이 있기에 가능한 판결이었다.

가장 상식적인, 그러나 강대국들의 눈치를 보느라 여느 재판관들은 쉽게 내리지 못하는 결정을 잇달아 내린 필라이는 2008년 7월,

유엔 인권 고등 판무관에 임명됐다. 판무관에 임명된 뒤 필라이는 "각처에 산재해 있는 모든 희생자들의 목소리를 대변하겠다."는 포부를 밝혔다.

필라이의 표현처럼 그가 4년 동안 인권 고등 판무관을 맡으면서 얼마큼이나 많은 성과를 이뤄 낼지는 아직 예단하기 힘들다. 다만 필라이가 그동안 보여 온 인생행로를 살펴보면, 단순히 직책이나 출세에만 연연하는 여느 법조인과는 거리가 먼 인물이라는 것을 알 수 있다. 워낙 어린 시절부터 사회적 차별의 폐해를 몸으로 직접 체험했고, 변호사로 활동한 수십 년 동안 차별의 벽을 무너뜨리기 위해 최일선에서 투쟁해 온 필라이이기에, 세상의 모든 핍박받는 약자들을 보듬는 역할을 충분히 잘 수행해 내리라는 기대가 적지 않다.

오프라 윈프리 Oprah Gail Winfrey

큰 시련은 큰 성공을 만든다

1954년 미국 미시시피 주에서 태어났다. 두말할 필요 없는 자타공인 최고의 텔레비전 토크 쇼 진행자인 동시에 《오》 발행인으로, 영화배우이자 제작자로 다방면에서 활발한 활동을 펼치고 있다. 에미상 베스트 주간 토크 쇼 부문을 여섯 차례나 수상했으며, 《타임》, 《포브스》, 《포천》 등 다수의 매체에서 수차례 영향력 있는 여성으로 선정되었다.

최고의 삶을 살아라

전 세계 145개국에서 하루 700여만 명이 시청한다는 「오프라 윈프리 쇼」. 25년에 걸친 대장정을 마치며 2011년 5월 25일 마지막 녹화장에서 윈프리가 눈물을 글썽이며 스태프들에게 했던 말은 "우리가 해냈어. 해낸 거라고."였다. 그 긴 시간 동안 미국뿐 아니라 전 세계 안방 시청자들을 웃고 울게 만들었던 한 흑인 여성의 대장정은 '해냈다'는 한마디로 표현하기에는 너무나 화려한 여정이었다.

윈프리의 공식 인터넷 홈페이지(www.oprah.com)에 들어가면 눈에 띄는 문구가 있다. 메인 배너에 적어 놓은 '최고의 삶을 살아라(Live

Your Best Life).'라는 구절이다. 윈프리가 미국인들, 특히 미국 여성들에게 전해 주고 싶은 메시지는 바로 최고의 삶을 사는 방법일 것이다. 남들에게 당당히 최고의 삶을 살라는 주장을 펼 수 있는 인물이 지구상에 과연 몇 명이나 될까. 최고의 삶이라는 것이 보는 이에 따라, 평가하는 사람에 따라 그 기준이 각각이겠지만 적어도 윈프리만큼은 최고의 삶을 살고 있는 여성이라는 평가를 내리기에 부족함이 없는 인물일 것이다.

사실 미국에는 수없이 많은 텔레비전 토크 쇼들이 있고 적지 않은 토크 쇼 스타들이 존재한다. 그중에서도 데이비드 레터맨과 제이 레노, 오프라 윈프리는 미국 시청자들을 울고 웃기는 최고의 진행자들로 군림해 왔다. (제이 레노가 2009년 5월 투나잇 쇼를 17년 만에 물러나기 전까지 이 삼 인방은 토크 쇼계의 트로이카였다.) 심야 시간대에 주로 남성 시청자들을 주요 시청자로 삼는 나머지 두 방송과, 주로 주부들을 대상으로 초저녁에 방송하는「오프라 윈프리 쇼」를 단순 비교하는 것은 무리가 있을 수 있다. 그러나 이 세 명 중 유일하게 여성이라는 점, 그것도 흑인 여성이라는 점을 감안하면 윈프리가 오늘날 이룬 성공 신화는 다른 두 라이벌들보다 더 높은 평가를 받아도 부족함이 없다. 윈프리 쇼에 초대 손님으로 등장했던 현직 대통령만 다섯 명에 이른다는 점은 그의 쇼가 미국 사회에서 얼마나 큰 비중을 차지하는지 단적으로 말해 준다.

윈프리가 창간해 매달 발행되는 잡지 《오(O)》는 늘 윈프리의 모습을 표지에 세우는 것으로 유명한데, 그 불문율이 처음 깨진 적이 있다. 2009년 4월, 버락 오바마 미국 대통령의 부인 미셸 여사와 윈프리가 함께 등장한 것이다. 거꾸로 말하면 오늘날 미국 사회에서 윈프리의 성역에 어깨를 나란히 할 만한 인물은 현직 대통령의 부인 정도 밖에 없다는 얘기다.

윈프리가 오늘날 이토록 큰 성공을 거둔 텔레비전 토크 쇼를 만들 수 있었던 것은 출연자들이 가슴속 깊은 곳에 숨겨 둔 아픔을 타인 앞에서 말할 수 있도록 유도하는 능력이 뛰어났기 때문이다. 출연자들이 윈프리 품에 안겨 아픈 상처를 고백하고 함께 눈물 흘리며 밝은 미래를 다짐하는 모습을 보면서 시청자들은 함께 웃고 함께 울며 자연스레 감정 이입을 할 수 있는 것이다.

토크 쇼 진행을 하는 입장에서는 이런 장면을 연출해 내는 것이 여간 어려운 일이 아니겠지만, 윈프리에게는 이 같은 과정을 만들어 내는 게 아주 편하고 쉬워 보인다. 이는 윈프리의 타고난 언변 때문에 가능한 일이기도 하겠지만, 그보다는 윈프리 역시 너무나 힘들고 아팠던 어린 시절을 겪어서 그만큼 남들의 아픔을 잘 보듬을 수 있었기 때문이라고 할 수 있다. 출연자들을 날카롭게 추궁하거나 궁지에 몰아넣으며 쇼의 긴장감을 불어넣는 여느 토크 쇼와는 달리, 「오프라 윈프리 쇼」에는 유머와 울음, 환호가 넘친다. 이 과정을 통해 출연자들과 방청객, 시청자들은 가슴에 응어리진 그 무엇인가를 함께 쏟아 내는 시간을 갖는다. 그래서 윈프리의 쇼를 두고

‘집단 치유의 과정’이라고 표현하는 전문가들도 있다.

큰 시련은 큰 성공을 만든다

윈프리의 어린 시절은 가난과 궁핍, 입에 담기조차 끔찍한 성폭행으로 얼룩져 있다. 윈프리의 성이 정말 ‘윈프리’인지조차 확실치 않다. 윈프리의 어머니인 버니타 리가 여러 남자와 동거를 하는 과정에서 그녀를 낳았기 때문이다. 버니타 리와 관계를 맺었던 여러 남자가 모두 아이에 대한 책임을 부인했지만, 그나마 해군이었던 버논 윈프리만이 책임감을 보이면서 아이에게 윈프리라는 성을 붙일 수 있었다.

윈프리가 태어나던 1950년대까지만 해도 미국 사회에서 인종 차별의 벽은 높았다. 흑인 미혼모의 딸로 태어난 윈프리는 태생적으로 여러 가지 불이익을 받을 수밖에 없는 상황이었다. 별다른 직업도 없이 홀로 아이를 키우기가 힘들다고 판단한 버니타 리는 윈프리를 돼지 사육을 하던 친정어머니에게 보내 버렸다. 윈프리의 양육을 떠맡게 된 외할머니는 나름대로 외손녀를 열심히 키웠다. 어린 윈프리는 특히 문자를 빨리 깨우쳐서 주변을 놀라게 했는데, 겨우 세 살 때 성서를 떠듬떠듬 읽어 내 교회 사람들을 놀라게 만들었다. 하지만 외할머니 역시 가난하기는 마찬가지였고, 돼지 농장에는 물과 전기 공급이 끊기기 일쑤였다. 별다른 놀잇거리가 없었던 윈프리에게 유일한 장난감은 할머니 댁의 낡은 책들이었다. 책은 윈프리에게 유일한 장난감이자 안식처, 불우한 환경을 위로해 주는 물건이었다. 외할머니와 함께 돼지를 돌보며 동물을 좋아하게 된 윈프리는 애완견을 기르고 싶었지만, 당장 입에 풀칠하기도 힘들었던 외가 형편상 이는 불가능한 꿈이었다. 결국 윈프리는 바퀴벌레를 잡아 유리병에 넣은 뒤 애완동물 삼아 돌보며 시간을 보냈다. 책을 읽고 돼지를 돌보며 나름대로 차츰 농장 생활에 적응해 나가던 윈프리였다.

하지만 생활이 너무 궁핍해지자 외할머니 역시 여섯 살된 윈프리를 친모인 버니타 리가 살던 밀워키로 되돌려 보냈다. 이때부터 윈프리는 밀워키 빈민가에서 두 명의 '씨 다른' 남자 형제와 함께 생활해야 했다. 가난한 삶에 지칠 대로 지친 버니타 리는 어린 윈프리를 돌볼 만한 겨를이 없었다. 사실상 윈프리는 방치됐고 윈프리가 아홉 살이 되던 해, 한 친척이 윈프리를 성폭행하기 시작했다. 이후 윈프리는 사촌들, 삼촌, 가족의 친지 등 여러 남자로부터 수없이 많은 성폭행을 당하며 절망적인 어린 시절을 보내야 했다. 윈프리는 자신이 성폭행당한 사실을 엄마에게 말하면 오히려 혼이 날지도 모른다는 생각에 말도 못한 채 혼자서 공포에 떨어야 했다. 주변에는 도움을 청할 만한 사람이 없었다. 윈프리의 인생은 허물어져 내려갔다. 세상에 대한 원망이 가득했던 윈프리는 점차 비행 청소년의 길을 걷기 시작했고, 가출하는 날이 늘어났다. 세상이 싫었고 어른들이 미웠다.

한번은 거리를 방황하던 윈프리가 우연히 당대 최고의 흑인 여가수 아레사 프랭클린이 차에서 내리는 장면을 목격하게 된다. 윈프리는 프랭클린에게 다가가 고아 행세를 하며 구걸했고, 이를 불쌍히 여긴 프랭클린은 윈프리에게 100달러짜리 지폐를 건넸다. 윈프리는 이 돈을 갖고 여관에 숨어 지내다 결국 지역 사회 복지 봉사자에게 들통이 나면서 집에 끌려 들어갔다. (이때의 기억 때문인지는 몰라도 윈프리는 지금도 힘든 일이 있으면 프랭클린이 부른 찬송가를 들으며 위안을 얻는 것으로 알려져 있다.)

집은 여전히 윈프리에게 지옥과도 같은 곳이었다. 파출부로 일하던 어머니는 자신에게 별다른 관심과 애정을 주지 않았고, 함께 사는 형제들은 자신을 범하기 일쑤인 짐승만도 못한 인간들이었다. 어린 윈프리는 마침내 마약에까지 손을 대기 시작했고, 뒤늦게 심각성을 깨달은 모친은 윈프리를 청소년 재활원에 집어넣으려 했지만, 재활원 정원이 꽉 차는 바람에 뜻을 이루지는 못했다. 수없이 많은 성폭행에 시달리던 윈프리는 결국 열네 살이 되던 해, 아버지가 누군지도 모르는 남자아이를 출산하게 된다. 불행인지 다행인지 사산이었다.

끝 간 데 모를 추락을 거듭하는 딸을 지켜보던 모친은 윈프리를 자신이 키우는 것은 불가능하다는 결론을 내렸다. 모친은 결국 윈프리를 버논 윈프리에게 보냈다. 버논은 윈프리의 친부로 추정되는 인물이었다. 친엄마에서 외할머니에게로, 다시 친엄마와 살다 아버지의 가정으로 보내지는 과정에서 윈프리는 방황할 수밖에 없었다. 아버지는 이미 다른 여성과 가정을 꾸리고 살고 있었지만 다행히 어린 윈프라를 반갑게 맞아 주었다. 다행히 버논 부부 사이에는 자식이 없었기에 새어머니 역시 윈프리를 친딸처럼 여기며 정을 주었다.

아버지는 윈프리에게 구세주와 같은 존재였다. 윈프리에게 독서를 권장했고, 하루에 새로운 단어를 다섯 개 이상 외지 못하면 저녁을 주지 않을 정도로 엄격하게 교육시켰다. 사실상 윈프리에게는 태어나서 처음으로 가정 교육다운 교육을 시킨 아버지였다. 어머니와 외할머니에게조차 제대로 된 사랑을 받지 못하던 아이이자 여러 남성들에게 성폭행을 당하고 마약에 손을 대면서 벼랑 끝으로 몰렸던 윈프리 인생에 처음으로 햇살이 드는 순간이었다. 태어나서 처음으로 누군가 자신을 돌봐 준다는 생각을 갖게 되자, 윈프리의 생각도 바뀌기 시작했다.

자신의 인생이 온통 어둠으로 이뤄졌다는 절망감, 좌절과 슬픔 속에 청소년기를 보내던 윈프리는 아버지의 보살핌 속에 다시 한 번 마음을 가다듬기 시작했다. 윈프리는 이미 세상의 손가락질을 받아도 할 말이 없을 정도로 문제아였다. 평범한 청소년의 삶과는 너무나 거리가 먼 비행 청소년의 삶을 살고 있었지만, 이제라도 인생을 올바르게, 긍정적으로 살아 보자는 용기가 생겨나기 시작했다. 성폭행, 마약, 주변의 냉대, 임신과 출산 등 불행하고 어두웠던 지난 시절을 되돌릴 수는 없었지만, 또다시 그런 시간 속으로 되돌아가지는 않을 것이라는 의지가 샘솟았다. 출발은 남들보다 늦고 힘들었지만 이제라도 남들보다 열심히 공부하면 반드시 좋은 결과가 있을 것이라며 스스로에게 다짐을 했다.

어린 시절부터 독서와 웅변을 좋아했던 윈프리는 생활이 안정되면서 점차 재능을 꽃피우기 시작했다. 각종 웅변대회에 나가 최고상을 휩쓸기 시작했으며, 토론 클럽 등에도 참가하면서 뛰어나고 논리 정연한 화술로 사람들을 매료시켰다. 지역 교회는 자주 윈프리를 초청해 설교를 맡겼다. 어린 시절 겪었던 끔찍한 나날을 솔직하게 고백하고 참회의 기도를 올리자는 윈프리의 설교에 수많은 교인들은 눈물을 흘렸다. 불과 몇 년 만에 윈프리는 전혀 딴 사람으로 탈바꿈했다. 그의 모습에서 이제 더 이상 남들에게 손가락질 받고, 스스로의 인생을 저주하던 비행 청소년의 이미지를 떠올리는 것은 불가능했다. 윈프리는 사람의 의지 차이가 얼마나 큰 결과의 차이를 낳는지 여실히 증명해 냈다.

그는 탁월한 웅변과 화술 덕택에 테네시 주립 대학에 4년 장학생으로 입학할 수 있었을 뿐만 아니라 학생 대표로 백악관에 초청되는 영광도 누릴 수 있었다. 채 스무 살도 안 된 나이였지만 지역 방송국들조차 윈프리의 재능과 명성을 익히 알고 있었으며, 일부 라디오 방송에서는 윈프리를 뉴스 보조 앵커로 활용했다. 이후 윈프리는 방송가에서 탁월한 재능을 선보이기 시작했고 1986년 마침내 윈프리의 이름을 딴 「오프라 윈프리 쇼」가 전국으로 방송을 타기 시작하면서 오늘날과 같은 '오(O)의 제국'을 만들기에 이른다.

윈프리의 활동 영역은 토크 쇼뿐 아니라 잡지 발간, 영화 출연 및 제작, 방송사 네트워크 운영, 프로그램 제작, 단행본 출판, 인터넷 사업(오프라 닷컴)등 미디어 전 분야에 걸쳐 있다. 영화「컬러 퍼플 (The Color Purple)」출연으로 아카데미 여우 조연상까지 받았다는 사실은 윈프리가 얼마나 매사에 최선을 다하는지를 보여 주는 사례다.

당신의 말을 가장 처음 듣는 사람은 당신 자신이다

오늘날 윈프리가 거둔 성공은 실로 어마어마하다. 백인 남성들의 전유물로 여겨지던 미국 텔레비전 토크 쇼 사회에서 여성이, 그것도 외모가 탁월하지 않음에도 불구하고 20년 넘게 장수했다는 것 자체가 기적적인 일이라고 밖에 할 수 없다. (물론 윈프리가 한때 다이어트 책을 내 성공을 거두기도 하고 요즘엔 꽤 날씬한 모습을 유지하고 있지만, 윈프리에게는 늘 '뚱뚱하다'는 형용사가 따라다닌다.)

오프라의 이름을 딴 '오(O)'는 이제 미국 미디어 산업의 상징적인 영문 이니셜로 자리매김하고 있다. 미국인뿐 아니라 전 세계 1억 3,000만 명이 넘는 것으로 추산되는 윈프리 쇼의 시청자들은 윈프리와 함께 때론 울고 때론 웃으며 인생의 아픔과 기쁨에 공감한다.

윈프리는 1992년 결혼한 이래 아직 아이가 없다. 지난 2007년 남아프리카 공화국에 자신의 이름을 딴 '리더십 아프리카'를 세웠는데, 이곳의 재학생들을 자신의 친딸이라고 여기고 있다. 4,000만 달러라는 거액을 들여 세운 이 초현대식 기숙 학교는 윈프리처럼 불우한 환경에 처한 여학생들을 선발해 학비는 물론 숙식까지 무료로 제공한다. 윈프리는 처음 신입생 152명을 선발할 때 본인이 직접 세밀한 면접을 실시했는데, 면접 과정에서 눈이 통통 붓도록 눈물을 흘렸다. 어려운 처지의 여학생들 얘기를 들으며 자신의 어린 시절 고생이 떠올랐기 때문이었다. 선발된 학생들은 대부분 부모가 없거나, 있더라도 극도로 가난한 학생들이라고 한다. 윈프리는 학생들을 자신의 딸이라고 여기고 있으며, 학생들의 부모들에게 '날 믿고 아이들을 맡겨 달라.'며 자신과 같은 성공한 리더로 키워 주겠다는 약속을 했다.

윈프리는 또 2009년 12월에는 애틀랜타의 한 학교에 150만 달러(약 18억 원)이 넘는 거액을 기부해 화제가 됐다. 이 학교 창설자인 론 클라크와의 약속을 지키기 위해서였다. 여행과 모험을 즐기던 평범한 청년이었던 클라크는 고향에서 잠시 머물던 중 동네 학교 선생님이 숨지자 임시 교사로 나선 적이 있는데, 이를 계기로 본격적으로 교육계에 뛰어들게 된다. 이후 영화 「언제나 마음은 태양(To Sir with Love)」에 나오는 시드니 포에티에처럼, 뉴욕 할렘가 등 주로 빈민가 학생들을 정성과 사랑으로 가르치며 수많은 미국인들에게 감동을 준 교사다. 토크 쇼에 출연한 클라크에게 윈프리는 "선생님을 반드시 후원하겠다."고 약속했는데, 이를 잊지 않고 실천에 옮겨 거액을 기부한 것이다. 워낙 힘들고 어렵게 학창 시절을 보냈기에, 클라크의 활동이 남의 일처럼 느껴지지 않았기 때문이었다.

윈프리는 이런 식으로 각계각층의 불우 이웃과 자선 단체, 학교 등에 지금까지 알려진 것만 5,000만 달러가 넘는 기부를 해 오고 있다. 노블레스 오블리주를 제대로 실천하고 있는 것이다.

이런 윈프리 역시 '안티 세력'이 없는 것은 아니다. 감히 흑인 여성이, 그것도 사생아 출신에 마약과 가출, 성폭행과 출산까지 경험하는 등 험한 어린 시절을 보낸 여성이 막대한 성공을 거두자 질투 어린 시선을 보내는 사람들이 적지 않다. 그러나 그런 큰 시련들은 따지고 보면 윈프리가 자초한 것이 아니다. 타고난 환경이 불우했을 뿐이지, 윈프리가 그런 환경을 스스로 선택한 것이 아니다. 오히려 그런 불우하고 비극적인 어린 시절을 딛고 오늘날 큰 성공을 거둔 윈프리의 굳은 의지에 박수를 보내도 모자랄 듯하다.

"당신이 어떤 것을 믿는다거나 무엇을 원한다고 말하면, 그 순간 그 소리를 가장 처음 듣는 것은 바로 당신 자신이다. 당신 스스로에게 한계를 두지 마라."

최고의 출발은 아니었지만 최고의 성공을 거두고 있는 윈프리가 사랑들에게 전해 주는 용기와 희망의 메시지다.

안젤라 브랠리 **Angela Fick Braly**

재계의 별이 된 웨이트리스

1961년 미국 텍사스 주 댈러스에서 태어났다. 라이트 초이스의 법률 고문을 맡은 일을 계기로 의료 보험 업계로 뛰어든 브랠리는 현재 미국 최대 의료 보험 기업 웰포인트의 최고 경영자 겸 이사회 의장으로 재직 중이다. 여러 차례에 걸쳐 《포브스》, 《포천》, 《월스트리트 저널》 등에서 영향력 있는 여성, 주목할 만한 여성으로 선정되었다.

준비된 '터미네이터'

안젤라 브랠리는 미국 최대 의료 보험 기업 웰포인트의 최고 경영자 겸 이사회 의장이다. 한국에서는 다소 생소한 업종이지만, 미국에서 의료 보험 기업이 일반 국민들의 일상생활에 미치는 영향은 상상을 초월할 정도다. 미국은 정부 차원의 전 국민 의료 보험을 실시하지 않고 있는 국가다. 이 때문에 민간 의료 보험 기업은 막대한 수익을 올릴 수 있고, 그중에서도 웰포인트는 가입 고객이 3,500만명, 연 매출 620억 달러에 달하는 미국 최대의 의료 보험업체다. 직원 숫자만도 4만 명에 이르는 거대 기업체의 최고위직에 올랐다는 점에서 브랠리는 '유리 천장'을 깬 대표적인 사례라고 할 수 있다. 또 어렵고 힘든 환경 속에서 성공 신화를 창조했다는 점에서 불우한 환경에 처한 모든 이들에게 희망의 본보기도 될 수 있다. 2008년 한 해 동안 브랠리가 받은 연봉은 870만 달러에 이른다. 한국 돈으로 환산하면 대략 90억 원이 넘는 액수인데, 이는 미국 내 여성 직장인 중 20위권 안에 포함되는 엄청난 고액이다.

당초 브랠리는 보험 전문가가 아니었다. 법학 박사 출신인 브랠리는 웰포인트에 법적 문제를 자문해 주기 위해 입사했으며, 입사 후에는 공보 업무 등을 맡았다. 이 때문에 2006년 말 웰포인트의 차기 최고 경영자를 선정하는 논의가 한참 진행 중일 당시 브랠리가 선출될 것이라고 예상하는 사람은 거의 없었다. 재계 전문가들 대부분이 사내 재무 전문가나 영업 책임자 중에서 최고 경영자가 뽑힐 것이라는 전망을 내놨다. 그러나 웰포인트는 전혀 의외의 인물인 브랠리를 최고 경영자로 선출했다. 월스트리트와 투자자들은 브랠리의 존재를 몰랐지만 브랠리 스스로는 이미 거대 기업의 최고 수장이 될 만반의 준비를 갖추고 있었다.

퇴근할 때 집에 서류 뭉치를 잔뜩 들고 가서 업무와 씨름할 정도로 일 중독자였던 브랠리였기에 생애 딱 한 번 찾아온 기회를 놓치지 않을 수 있었다. 세상은 브랠리를 알아주지 않았으나 브랠리는 언젠가 한번은 다가올 그날을 위해 스스로 끊임없이 연구하며 단련하고 있었다. 터미네이터라는 별명에 걸맞게 얽히고설킨 복잡한 난

제들을 명쾌하게 풀어내는 능력을 꾸준히 키워 왔다.

미국 의료 보험이 워낙 문제가 많은 시스템이다 보니 웰포인트 역시 여론으로부터 비난의 화살을 받는 일이 다반사였다. 실제 브랠리가 최고 경영자에 오른 지 채 넉 달도 안 되서 의료 보험 제도의 폐해를 적나라하게 파헤친 마이클 무어 감독의 영화 「식코 (Sicko)」가 개봉됐다. 브랠리는 졸지에 미국인들의 피를 빨아먹는 흡혈귀 같은 존재로 비난을 받아야 했다. 여론 재판은 브랠리를 악의 화신으로 몰고 갔지만, 브랠리는 소신을 굽히지 않았다. 상당수 의료 보험 회사들이 현재보다 보험 가입 문턱을 낮추라는 시민 단체들의 요구에 굴복했지만, 브랠리는 "단순하게 가입 문턱을 낮추는 것보다는 개개인에게 효율적인 보험 혜택을 제공하는 게 중요하다."며 주장을 굽히지 않고 있다.

버락 오바마 정부 출범 이후 의료 보험 개혁이 미국 사회의 최대 화두로 떠오르면서 브랠리의 행보는 국민들로부터 더욱 큰 관심을 받고 있다.

웨이트리스 생활에서 배운 것

브랠리는 오 남매 중 넷째로 태어났다. 브랠리와 형제들은 어린 시절부터 아르바이트로 돈을 벌며 학교에 다녀야 했다.

브랠리의 첫 직업은 식당 종업원이었다. 종업원 생활은 브랠리에게 '열심히 산다는 것'의 의미와 '사람들을 상대하는 요령'을 체득하게 해 줬다. 브랠리가 일하던 식당에는 홀로 아이를 키우며 어렵게 생계를 꾸려 가던 동료 종업원이 있었다. 이 종업원과 딸에게 성탄절은 늘 12월 25일 이후에야 찾아왔다. 생활이 워낙 궁핍했던 터라 성탄절이 지난 뒤 실시하는 세일 마감 시즌이 되어서야 성탄 선물을 구입할 수 있었기 때문이었다. 이 광경을 지켜보면서 브랠리는 '없는 사람들에게는 남들이 말하는 평범한 생활을 산다는 게 얼마나 어려운 일인가. 남의 돈 한 푼을 버는 게 얼마나 어려운 일인가.'라는 사실을 뼈저리게 느꼈다.

브랠리는 식당 종업원뿐 아니라 자동차를 탄 채 사진을 촬영할 수 있는 업체에서도 일을 했다. 하루 종일 비좁은 부스에 앉아 "좋은 날입니다 고객님."을 기계적으로 외쳐야 했다. 좁고 답답한 부스에 앉아 기계적인 웃음소리를 내며 고객들을 상대하는 하찮은 일이었지만 이를 통해 브랠리는 '내 기분이 어떻든 타인에게는 늘 미소와 기쁨을 줘야 한다. 그것이 바로 성공의 비결'이라는 교훈을 배우게 된다.

텍사스 공과 대학에서 경영학을 전공했지만 브랠리는 점차 법학 쪽에 관심을 갖게 된다. 기업 경영에 큰 영향을 끼칠 만한 주요 의사 결정 뒤에는 늘 법률적인 검토가 필수적으로 뒷받침된다는 사실을 깨달았기 때문이었다. 브랠리는 서던메소디스트 대학교 로 스쿨 입학을 결심한다. 여기서도 브랠리의 선택은 남다른 데가 있다. 언제가 될지 모르지만 먼 훗날 자기에게도 기업체 고위직에 오를 기회가 온다면 법률적 지식이 반드시 필요하다는 사실을 알고 준비한 것이다. 이때부터 정상을 위한 브랜리의 원대한 꿈은 이미 시작되고 있었을지 모른다. 당시로서는 미국 사회에서 여성이 기업체 최고위직에 오를 가능성은 그다지 높지 않았다.

하지만 브랜리는 어린 시절 웨이트리스 생활과 사진 업체에서 일하면서 배운 교훈, 즉 성공은 꿈꾸는 자만이 얻을 수 있다는 평범한 진리를 늘 가슴속에서 잊지 않고 있었다. 모두가 꿈을 꾼다고 목표를 달성할 수는 없지만, 꿈을 꾸지 않는 자는 그 꿈을 이룰 가능성 자체가 없다는 것을 알고 있었던 것이다. 먼 훗날 최고 자리에 오를 수 있을지 없을지는 알 수 없지만, 가능성을 알 수 없다고 해서 아예 꿈도 꾸지 않는 것은 스스로 그 목표에서 자기 자신을 멀어지게 하는 지름길이라는 사실도 잘 알고 있었다.

브랜리는 법학 박사 학위를 취득한 뒤 한 로펌에 취직한다. 브랜리가 로펌에서 맡았던 고객 중에는 미주리 주에서 청십자 운동(국민의 의료 복지 혜택을 협동조합 방식을 통해 해결하자는 운동)을 펼치던 라이트 초이스라는 단체가 있었다. 당시 이 단체는 비영리 협동조합 방식에서 일반 기업으로의 전환을 꾀하고 있었는데, 여기에는 이런저런 법적 제약이 뒤따랐다. 브랜리는 이 단체에 대한 여러 가지 법률문제를 처리해 주는 과정에서 탁월한 업무 능력을 발휘하기 시작했고, 결국 1999년 아예 라이트 초이스의 법률 고문으로 스카우트되었다.

라이트 초이스로 전직하게 된 이 사건을 기점으로 브랠리는 의료 보험 관련 업계에 본격적으로 발을 들여놓게 된다. 물론 연봉 측면에서는 전에 있던 로펌에 비해 손해를 봤지만, 브랠리는 보험 혜택을 받지 못하는 가난한 시민들을 위한 의료 보험 제공 운동에 애정을 갖게 된다. 브랠리의 업무 처리 능력을 알고 있는 전 직장에서는 브랠리에게 계속해서 복귀하라는 제안을 보냈지만 그는 청십자 운동에 더욱 매진했다. 처음에는 법률 고문이었지만 나중에는 이 단체 대표직까지 맡게 됐다. 한번 목표를 정하면 옆을 돌아보지 않고 오로지 끝장을 보기 위해 앞으로만 전진하는 브랠리 특유의 '터미네이터' 방식이 이때부터 발현된 것이다.

그리고 이 단체는 2002년 웰포인트에 합병된다. 브랠리 역시 자연스레 웰포인트에 합류하게 되며, 이후 법률 자문과 공보, 정부 기관을 상대로 한 업무 등을 전담하게 된다.

끊임없이 새로운 것을 배워라

브랠리는 늘 '새로운 것을 배워라.' '언제 기회가 다가올지 모른다.'는 문구를 가슴속에 담고 살아왔다. 누구나 한두 번은 그 같은 구절을 머리에 떠올릴 수는 있지만, 이를 행동으로 옮기며 실제로 미래를 꾸준히 준비하는 사람은 흔치 않다. 브랠리는 웰포인트 최고위직에 오른 뒤에도 끊임없이 새로운 지식을 탐구하고, 보다 나은 직무 수행을 위해 직원들과의 커뮤니케이션을 멈추지 않는 것으로 정평이 나 있다.

브랠리는 2009년 5월 한 강연에서 다음과 같은 발언을 했다.

"요즘 주변에 있는 기업체 경영자들을 만나 보면 경제 위기로 너무나 큰 어려움을 겪었다며 어려움을 호소합니다. 그러나 그들은 그 위기 과정에서조차 스스로 무엇인가를 배우고 있습니다. 그게 바로 리더입니다. 여러분도 마찬가지입니다. 여러분들이 원하던 어떤 자리나 직위에 올라갈 경우, '아 이제 목표 지점에 다 왔구나.'라는 생각을 할 수 있을 것입니다. 그러나 여러분들이 진정 깨달아야 할 것은 그 자리에 도착한 순간 또 다른 무엇인가를 새롭게 배우기 시작해야 한다는 점입니다."

자신이 어느 자리에서 어떤 업무를 맡든지 그 자리는 도착점이 아니라 새로운 출발점이 된다는 게 브랠리의 지론이다. 그리고 언제인가 닥쳐올 그 출발에 대비해 늘 자기 계발에 힘쓰는 브랠리를 《월스트리트 저널》은 2008년 '가장 주목할 만한 여성 50명' 중 1위로 올려놓았다.

사이데 고즈 **Saideh Ghods**

투병하는 모든 어린이의 수호신

1951년 이란의 테헤란에서 태어났다. 딸이 암에 걸린 일을 계기로 소아암 환자들을 위한 치료 공동체 마학을 설립해(1991) 운영하고 있다. 스위스 SGD NGO는 마학을 '중동 지역에서 가장 투명하고 탁월한 NGO'(2007)로 선정했다. 2008년《월스트리트 저널》이 선정한 '가장 주목할 만한 여성 50인'이다.

청천벽력이 떨어지다

사이데 고즈는 이란의 유명 작가이자 사회 운동가다. 한국에는 그다지 알려지지 않았지만 이슬람권에서는 꽤 유명한 여성이다.

외교관과 결혼해 한창 행복한 생활을 영위하던 고즈는 어느 날 어린 딸이 암에 걸렸다는 청천병력 같은 소식을 듣게 된다. 딸을 암으로부터 구하기 위해 혼신의 힘을 다하던 고즈는 입원해 있는 많은 소아암 환자들의 가족들이 치료비가 없어 결국 제대로 된 치료도 받지 못한 채 자식들을 떠나보내야 하는 안타까운 현실을 목격하게 된다. 이에 고즈는 적어도 돈이 없어 치료를 받지 못하는 소아암 환자들이 있어서는 안 된다는 일념하에 소아암 치료를 위한 사회 복지 공동체를 건설하기 시작했다. 이후 20년 가까운 세월 동안 무려 1만 5,000명에 가까운 소아암 환자들에게 경제적 혜택을 제공했다. 이에 더해 이란의 주변 국가에서 넘어오는 수많은 난민 어린이들을 수용하고 보살펴 주면서 이들에게도 의료 혜택을 제공하고 있다.

수년 전부터는 활동 범위를 국제적으로 확대, 빈곤국 어린이 암 환자들에게 질 좋은 의료 서비스를 제공하는 일에 지대한 공헌을 하고 있다. 고즈가 설립한 소아암 치료 공동체 '마학(MAHAK)'은 현재 아프가니스탄과 방글라데시, 온두라스, 케냐 등 전 세계 8개국에서 소아암 환자들을 돌보고 있다.

급반전된 인생

고즈는 1951년 테헤란에서 태어났다. 집안 분위기는 비교적 자유로웠고, 생활 수준 역시 전형적인 중산층이었다. 평범한 학창 시절을 거쳐 정치가의 꿈을 이루기 위해 테헤란 대학에 입학, 정치와 국제 지정학을 연구했다. 대학 졸업 직후 전도유망한 외교관과 결혼한 고즈는 해외 발령을 받은 남편을 따라 5년간 독일에서 생활하게 된다. 고즈 인생을 통틀어 이때가 가장 평탄하고 별 어려움 없는 시기라고 할 수 있다. 독일에 머무는 동안 고즈는 아들을 낳았으며, 유럽 지역의 유명한 시인들 작품을 감상하고 연구하며 여유로운 나날을 보낼 수 있었다. 고즈의 가족이 귀국할 때쯤 이란에서는 이슬람 혁명이 일어나 하루아침에 세상이 바뀌게 된다. 격동의 시기였지만 다행히 고즈는 독일 체류 경력을 인정받아 정부 부처에 취업, 국제 분야 업무를 담당하게 된다. 그리고 얼마 후 둘째인 딸 키아나가 태어났다.

키아나가 두 살 되던 해, 고즈의 운명을 180도 돌려놓는 엄청난 일이 발생했다. 신장 쪽에 이상이 있어 정밀 검사를 받은 키아나가 암에 걸렸다는 진단을 받은 것이다. 키아나의 암 진단 직후부터 고즈의 가족은 암과 사투를 벌여 나가야 했다. 직접 항암 치료를 받는 키아나도 힘들었지만 고즈 부부 역시 딸의 투병을 돕느라 정상적인 사회생활을 할 수 없을 정도로 고단한 나날이 이어졌다. 당연히 생활도 점차 어려워졌다. 키아나의 치료는 2년간 지속됐고, 마침내 건강을 회복하면서 가족에게도 다시 웃음이 찾아왔다.

다행히 딸은 다 나았지만, 고즈는 그 2년의 시간 동안 이전에는 알지 못했던 참으로 많은 것들을 경험하고 느낄 수 있었다. 가장 큰 깨달음은 너무나 많은 아이들이 중병에 걸리지만 경제적 이유 때문에 변변한 치료 한번 받아 보지 못한 채 세상을 하직하고 있다는 점이었다. 특히 수도 테헤란에서 멀리 떨어진 지방의 아이들은 아파도 제대로 된 진단을 받기 힘들뿐더러, 암 확진을 받더라도 돈이 없기 때문에 값비싼 항암 치료는 엄두도 못 내는 경우가 대부분이었다.

이 같은 안타까운 사연들이야 하루 이틀 있었던 얘기도, 새로운 애기도 아니었지만 딸의 투병 기간 동안 이를 직접 현장에서 목격한 고즈에게는 결코 남의 애기로 들리지 않았다. 딸이 항암 치료를 받는 동안, 고즈는 환자 가족들이 필요로 하는 게 어떤 것들인지 뼈저리게 체험할 수 있었고 같은 병원에서 병간호를 하던 많은 부모들과 이런저런 애기를 나눌 수도 있었다. 중산층에 속했던 고즈에게도 항암 치료로 인한 경제적 부담이 만만치 않았는데 하물며 지방이나 저소득층 가족들이 느끼는 고통이야 새삼 말할 필요가 없었다.

그렇다고 어린 환자들을 위한 정부 차원의 의료 지원 시스템이 체계적으로 마련돼 있었던 것도 아니었다. 자기 자녀가 중병으로 누웠을 때, 부모들은 그 누군가로부터의 도움을 절실히 원했지만 그 누군가를 찾기는 결코 쉬운 일이 아니었다.

고민을 거듭하던 고즈는 스스로 '그 누군가'가 되기로 결심을 하게 된다. 딸의 간호를 하면서 여러 가지 어려움을 직접 체험했던 고즈인지라 환자 부모들이 어떤 도움을 원하는지, 그들에게 어떤 혜택을 어떤 방식으로 줘야 하는지 그 누구보다 정확히 꿰뚫고 있었다.

고즈는 자신의 결심을 차근차근 행동으로 옮기기 시작했다. 굳이 키아나가 다 나았는데 뭣 하러 다른 집 아이들을 돕는 어려운 일을 시작하냐고 주변에서는 만류했지만 그의 결심을 꺾을 수는 없었다. 사재를 털고 주변 지인들과 친척들의 도움으로 소아암 환자들을 돕기 위한 조직을 만들기 시작했다. 뜻을 같이 하는 시민들이 한 명 두 명 모였고, 일부 기업들도 관심을 보이기 시작했다. 마침내 1991년 어린이 암 환자 6,500명을 보살피기 위한 마학 공동체가 세상에 첫 선을 보이게 된다.

14세 미만 어린이 중에서 암 진단은 받았지만 보험 혜택을 받기 힘든 빈곤층 출신일 경우, 마학은 각종 의료 서비스 혜택을 제공하게 된다. 일단 마학에 환자 이름과 가족을 등록하면 마학은 이들에게 기본적인 진단 비용에서부터 시작해 약값 및 입원비, 수술비, 화학 요법 및 방사선 치료 비용, 가족들의 숙박비 및 교통비까지 제공해 준다. 지방에서 올라온 빈곤층 환자의 가족들이 많기 때문에 마학에서 지원해 주는 교통비 및 숙식비는 해당 가정에 큰 도움이 된다. 아이들이 학교에 다니면서 통원 치료를 받아야 할 경우, 아이들의 학용품 비용까지 지원을 해 준다.

여기에 소요되는 비용은 전적으로 기부금으로 채워진다. 일반 기부금, 바자회를 통한 수익금, 아동 환자 개인에 대한 후원금 등이 모여 마학의 운용 자금으로 사용된다. 또 일부 상근 직원을 제외한 상당수 직원들과 의료진은 자원봉사자로 일을 한다. 마학은 이란 어린이뿐 아니라 주변 국가인 아프가니스탄과 이라크에서 넘어온 난민 어린이들에게도 각종 의료 혜택을 제공한다. 이란과 이라크가 전쟁까지 치르며 오랜 기간 동안 적대적 관계였던 점을 감안해 보면, 마학이 이라크 어린이들에게까지 복지 혜택을 제공해 주는 것은 실로 숭고한 인류애의 발현이라고 할 수 있다. 마학은 어린이 암 환자 치료를 위해 자체적으로 병원도 운영하고 있다. 테헤란 북동부

다라바드 지역에 위치한 마학의 자체 의료 시설에서는 최대 120명의 어린이 환자들을 수용할 수 있다. 병원 내 거의 모든 시설물과 기구, 의료용품들은 대부분 기부에 의해 채워졌다. 마학 측은 기부자들에 대한 감사의 표시로 각 물품들에 기부자의 이름을 적어 놓고 있다.

마학의 발전상은 눈부셨다. 하루가 다르게 재단 규모가 커졌고, 자원봉사자와 데이터베이스 등록자들의 숫자도 늘어났다. 그에 상응해 각계각층으로부터의 기부금도 늘어만 갔다. 마학은 오늘날 이슬람권을 통틀어 가장 성공적이고 모범적인 NGO로 자리매김하고 있다. (암으로 고통받았던 딸 키아나는 현재 건강을 되찾아 미국 버클리 대학에서 유학 생활을 하고 있다.) 마학이 제공하는 혜택을 입은 어린이 암 환자들은 2007년 말 현재 1만 5,000명에 이르고 있으며, 이란 사회에서 어린이 암 환자 사망률은 지난 1980년대 75퍼센트에서 최근에는 25퍼센트까지 떨어졌다. 한 여성의 위대한 결심과 행동이 한 국가의 소아암 환자 생존율을 크게 높여 나가고 있는 것이다.

가난 때문에 생을 포기할 수는 없다

마학은 이제 이란을 대표하는 의료 복지 공동체일 뿐 아니라 세계 각국으로 그 활동 범위를 넓혀 가고 있다. 이란을 방문하는 외국 인사들은 필수적으로 마학이 운영하는 복지 시절에 방문하는 게 하나의 관례처럼 굳혀질 정도다. (2009년 8월에는 탤런트 송일국 씨가 마학을 방문했다는 소식과 사진이 마학 홈페이지에 게재되기도 했다.)

최근 고즈는 이란 사회뿐 아니라 전 세계적으로 마학과 같은 소아암 환자 공동체를 건설, 지구상의 모든 어린이 암 환자를 구해 보겠다는 광대한 꿈을 행동으로 옮기고 있다. 그중 가장 대표적인 결과물이 소아암 환자를 위한 국제 협회 창설이다. 2004년 미국에서 시작된 ISCC(International Society for Children with Cancer)는 미국을 포함해 케냐, 온두라스 등 전 세계 각국에서 빈곤 때문에 제대로 된 암 치료를 받지 못하는 어린이 환자들에게 구원의 손길을 내밀고 있다.

고즈의 성공은 여러 가지 차원에서 다른 이슬람 여성들에게 귀감이 되고 있다. 일단 여성의 활동에 적지 않은 제약이 있는 이란 사회에서 비영리 기구를 통해 당당히 목소리를 내고 있다는 점이 눈에 띈다. 게다가 도저히 불가능해 보일 것만 같았던 의료 공동체 서비스를 이란과 국제 사회에 착근시켰다는 점도 높이 평가할 만하다. 이미 여러 국가에 의료 복지 재단이나 병원들이 있지만, 고즈가 세운 마학 공동체처럼 대규모로 복지 사업을 벌여 나가며 사회적 반향을 일으킨 경우는 흔치 않다. 자신이 암 환자의 어머니였던 경험을 살려 환자 가족들에게 가장 필요한 점이 무엇인지 면밀히 연구 검토한 후 실행에 옮긴 것이 오늘날 마학의 성공을 이끈 비결이라고 할 수 있다.

고즈가 맨 처음 마학을 구상했을 때, 과연 자신의 구상이 20년 후

이란 사회 전체의 어린이 암 환자 생존율을 높이는 결과를 나을 것
이라고 상상이나 할 수 있었을까. 그러나 딸을 구하려는 엄마의 마
음은 그 어떤 것보다 강했고, 그 마음에서 나온 결심에는 세상을 바
꿀 만한 단단한 힘이 있었다. 고즈의 활동 영역이 넓어질수록 죽음
과 사투를 벌이고 있는 아이들의 생명은 점점 연장되어 가고 있다.

2부

<u>스스로</u>
한계를 설정하지 말라

인정하기 싫겠지만 세상은 불평등하다. 앞으로 평등해질 가능성도 극히 적다. 모든 사람들이 부자가 될 수는 없고, 누구나 성공을 거둘 수는 없다. 법적인 금지와는 별개로 여전히 인종에 따른 차별은 존재하고, 나이와 외모, 학력, 출신 집안에 따라 사회적 대접은 달라진다.

이런 불평등에 더해 여성들은 '성적 차별'이라는 또 하나의 벽에 가로막혀 부당한 대우를 받는 경우가 많다. 굳이 페미니즘을 거론하지 않더라도 여전히 사회 구석구석에는 남성우월주의가 뿌리 깊게 자리 잡고 있고, 가뭄에 콩 나듯 여성이 고위직에 오르거나 큰 성공을 거둘 경우 언론들은 '여걸', '여장부'라며 호들갑을 떤다. 이런 현상 자체가 현대 사회에서 여성이 남성들과 겨뤄 성공을 거두기가 얼마나 어려운지를 대변해 준다.

이 장에 언급될 주인공들은 각자 자기가 속한 분야에서 최고봉에 오른 인물들이다. 흔히 말하는 '유리 천장'을 보기 좋게 깨뜨려 여성이 남성보다 못할 것이라는 편견이 얼마나 잘못된 것인지를 실적과 실력으로 보여 준 사람들이다.

인드라 누이와 크리스티안 아만포가 대표적이다. 인드라 누이는 다국적 거대 기업인 펩시 콜라를 이끄는 최고 경영자다. 미국 본토가 아닌 인도 출신 유학생이라는 점에서 그의 성공은 더욱 눈부시다.

영원한 라이벌인 코카 콜라에게 밀려 벼랑 끝까지 몰렸던 펩시는 누이의 지휘 아래 대대적인 반격에 성공한다. 세계 최고 식음료 기업의 수장이 되기까지 누이가 흘렸을 땀과 눈물은 실로 엄청났다. 일에 대한 미친듯한 열정과 끈기는 누이의 특장점이었다. '뼈를 입에 문 개'라는 말을 들을 정도로 한번 먹잇감을 입에 물면 결코 놓치지 않았던 누이다. 누이라고 해서 일반 직장인들이 받는 스트레스를 안 받을 수는 없었다. 때로는 회사의 운명을 결정지을 엄청난 결정을 내려야 했고, 때로는 '유색 인종, 여자, 외국 출신'이라며 자신을 흔들어 대는 반대 세력들의 험담을 감내해야 했다. 직장인이라면 누구나 받을 수밖에 없는 이 같은 스트레스를 누이 역시 피할 수는 없었고, 세계 최고 기업의 수장이라고 해서 그 해소 방법이 특별하지는 않았다. 집에 노래방 기기를 설치해 놓고 스트레스를 받는 날이면 고래고래 소리 지르며 노래를 부르기도 했고, 일렉트릭 기타를 미친듯이 쳐대며 복잡한 머릿속을 말끔히 정리하기도 했다. 따지고 보면 평범한 직장인들이 술 한잔 마시고 노래방에 가서 스트레스를 푸는 것과 별반 다르지 않다. 무인도에 혼자 살지 않는 이상 누구든 이런 저런 스트레스를 받고 좌절의 순간을 맛보기도 하지만, 그 순간을 어떻게 넘기고 본인을 업그레이드 시키느냐는 순전이 본인의 할 나름이다.

크리스티안 아만포에게는 현존 세계 최고 여기자라는 찬사가 따라붙는다. CNN, ABC 방송에서 아만포가 보여 온 취재 동선은 가히 광폭 행보라 불릴 만하다. 특히 총알이 빗발치는 전쟁터 한가운데서 아만포의 방송은 더욱 빛을 발했다. '전쟁이 있는 곳에는 아만포가 있다.'는 찬사는 하루아침에 이뤄진 것이 아니었다. 남들이 꺼리는 전쟁의 현장을 제 발로 찾아 들어가 생생한 포화 소리를 전 세계 안방에 전달했다. 남들은 시도조차 못 할 거물들과의 인터뷰를 끈질긴 노력 끝에 성사시켰다. 영국과 프랑스 등 서방 국가의 총리와 대통령은 물론 파키스탄과 리비아 등 언론의 접근이 허용되지 않는 독재 국가의 수반들과도 인터뷰를 성사시켰다. 인터뷰 성공 비결은 딱 하나였다. "될 때까지 시도한다."는 끈질김이었다. 아만포는 소위 말하는 방송용 외모와는 거리가 먼 이목구비를 지녔다. 더구나 아랍계 출신에다 투박한 영국식 영어를 구사하는 등 미국 방송가에서 성공하기에는 결코 유리하다고 할 수 없는 배경을 지니고 있다. 그럼에도 끈질긴 노력과 '한계는 없다.'는 도전 정신으로 차곡차곡 성공의 고지에 올라섰다.

또한 세계 금융계의 파워 우먼인 실라 베어 미국 연방 예금 보호 공사 의장이나 중국의 외환 전략을 총괄하고 있는 후샤오롄 인민 은행 부행장은 그 존재 자체가 여성들에게는 큰 힘이 될 만한 인물들이다.

'때문에'라는 생각이 앞서는 사람은 늘 변명을 찾기에 바쁘다. 반대로 '임에도'라는 생각이 앞서는 사람은 늘 방법을 찾으려 노력한다. 똑같은 환경에 처했어도 둘 중 누가 성공의 열매를 딸 수 있을지는 불을 보듯 뻔한 일이다. 스스로 한계를 설정한 사람은 그 설정 이상의 성공을 거두기 힘들다. 거꾸로 무한한 성공을 거둘 수 있다고 스스로를 믿는 사람은 그 어떤 시련이 닥쳐와도 결국은 이를 극복해 낸다. 우리가 접하는 상당수 일들은 안 돼서 안 하는 게 아니라 안 하기 때문에 안 되는 것이다.

나이나 랄 키드와이 Naina Lal Kidwai

스스로의 한계를 지워라

1957년 인도에서 태어났다. 인도 델리 대학 경영학과를 졸업하고 하버드 대학에서 경영학 석사를 받았다. 모건 스탠리 인도 지사장을 거쳐 모건 스탠리 부사장을 역임, HSBC 투자 부문 책임자 자리에 오른 뒤 인도 지역 부회장 겸 최고 경영자로 재직 중이다. 《월스트리트 저널》의 '가장 주목할 만한 여성 기업인 50명', 《타임》의 '떠오르는 글로벌 유력 인사 15인', 《비즈니스 투데이》의 '가장 영향력 있는 재계 여성 25인'에 선정되었다.

인도 금융계의 대모

나이나 랄 키드와이는 인도가 자랑하는 금융계 최고 스타다. 해외 유명 언론의 기사나 칼럼들을 읽다 보면 키드와이에게 '금융계의 구루(Guru)'라는 수식어가 자주 붙는다는 것을 알 수 있다. 인도 금융계의 정신적 지도자, 최고 권위자라는 의미다. 점차 많은 여성들이 인도 각 분야에서 두각을 나타내고 있고 금융계 역시 고위직에 등극한 여성들이 많이 탄생하고 있지만, 키드와이는 그중에서도 선구자, 개척자라는 칭호를 받기에 전혀 모자람이 없는 인물이다. 미국 하버드 대학에서 경영학 석사(MBA)를 취득한 최초의 인도 여성이 바로 키드와이다.

키드와이의 출발은 미약했다. 대학을 졸업한 뒤 경영 컨설팅 회사에 견습생 신분으로 입사해 바닥에서 3년을 굴렀다. 이후 하버드 대학 MBA를 시작으로 차곡차곡 계단을 밟기 시작해 마침내 인도 금융가에서 최고 파워를 휘두를 수 있는 정상의 자리에까지 올랐다. 스무 살에 사회생활을 시작한 이래 20여 년간 한 우물을 판 뒤 마침내 자기가 원하는 최고 자리에 등극한 셈이다. 그 과정에서 남성들이 만들어 놓은 조직 문화로부터 얼마나 많은 고통과 차별, 인내를 감내해야 했을지는 안 봐도 능히 짐작할 수 있다.

키드와이의 오늘날을 만든 핵심 키워드는 차별화와 자신감이다. 남성 위주의 사회에서 자신이 살아남을 수 있는 길은 바로 남들과 다른 차별화뿐이라는 것이 키드와이의 지론이었다. 차별하는 사회를 차별화로 뚫은 셈이다. 그리고 그 차별화를 이룰 수 있는 심리적 무기는 자신감이었다.

"나의 원동력은 바로 뭔가를 다르게 만드는 차별화를 의미한다. 모든 사람들은 자신의 능력을 십분 발휘해 남들과 차별화된 능력을 발휘할 수 있는 힘을 가지고 있다. 그 힘을 발휘해야 성공을 할 수 있다."

누구나 할 수 있는 말이고 몰라서 안 하는 게 아니지만, 키드와이는 자신의 말처럼 늘 남들과 차별화된 무엇인가를 만들어 냈다. 남들이 뛰어들지 않는 분야, 남들이 불가능하다고 생각하는 일들에 대한 차별화된 접근 방식, 그게 오늘날의 키드와이를 만든 핵심 요인이다.

여성의 사회생활에 대해 극구 반대하던 부모를 설득해 인도 여성 최초로 하버드 MBA를 취득한 것도, 인도 사회에서는 아직 낯설던 첨단 금융 기법 도입을 주장해 큰 성공을 거둔 것도 남들과는 다른 키드와이의 차별화된 접근 방식이 낳은 성과물이었다. 그리고 늘 그 누구에게도 뒤지지 않는다는 자신감을 가지고 스스로를 강하게 단련시켰다.

키드와이는 한 언론 인터뷰에서 "하버드 경영 대학원에 다닐 시절 주변에는 똑똑하고 훌륭한 동료들이 수두룩했다. 난 그들을 롤모델로 삼기도 했지만, 내 스스로에게 늘 질문을 던졌다. '내가 저들보다 못한 게 뭐가 있어?'라는 질문이었다. 난 그들보다 더 똑똑하고 훌륭한 사람인데 그들이 이룬 일들을 나라고 못할 이유가 하나도 없다는 그런 마음을 늘 가졌다."고 밝혔다. 인간은 차별을 받을수록 더 강해지는 존재라는 게 키드와이의 한결같은 생각이었다.

첫발자국을 두려워 말라

대학에서 경영학을 전공한 키드와이는 1977년 경영 컨설팅 회사인 프라이스 워터하우스 인도 지사에 입사한다. 키드와이가 입사했을 때 이 회사에는 여직원이 단 한 명도 없었다. 비단 프라이스 워터하우스뿐만 아니라 인도 사회 전체적으로 당시에는 여성의 사회 활동이 크게 환영받지 못하던 시기였다. 아무리 사업 관계상 만나는 여성들일지라도, 남성들은 여성에게 악수를 청하지도 않을 정도였다. 입사하는 데는 성공했지만 키드와이는 난감할 수밖에 없었다. 자신을 직장 동료가 아니라 흥밋거리로만 바라보는 뭇 남자 직원들의 시선 때문에 일거수일투족이 조심스러울 수밖에 없었기 때문이다. 동료 남자 사원들 역시 난감하기는 마찬가지였다. 여자와 직장 생활을 함께 한다는 것을 과거에는 상상도 못 해 봤기 때문이다. 키드와이가 과연 얼마나 직장 생활을 버텨 낼지는 동료들의 관심거리였다. 얼마 못 가 회사를 관둘 것이라는 관측이 지배적이었다. 그러나 키드와이는 남자 직원들의 편견을 딛고 꿋꿋이 3년을 버텼다. 그리고 1980년 하버드 경영 대학원에 입학해 경영학 석사 학위를 받게 된다.

키드와이가 유학을 결심하게 된 배경에는 남자들의 차별을 뚫고 성공하기 위해서는 좀 더 나은 방어책이 필요하다는 판단이 자리 잡고 있었다. 사실 인도 사회 자체가 남녀 차별에 관해서는 이중성을 지녔다는 평을 많이 듣는다. 인드라 간디 전 총리, 소니아 간디 집권 연정 의장 등 정가에서는 이미 여성들의 최고위직 진출이 활발하다. 반면 사회적으로는 아직도 남아 선호 사상이 뚜렷해 여자아이가 태어나면 이를 살해하는 사건이 끊이질 않는다. 또 남성 문맹률이 27퍼센트에 불과한 반면 여성 문맹률은 아직도 53퍼센트를 넘을 정도로 여성에 대한 교육의 기회가 적은 편이다. 키드와이는 이런 남성 중심 사회에서 성공하기 위해서는 자신만의 특장점과 무기를 하나라도 더 확보하는 게 중요하다고 생각했다.

하버드 MBA도 따지고 보면 하나의 학위에 불과할 뿐이다. 다만 키드와이가 하버드 MBA를 땄다는 사실이 주목을 받는 이유는, 당시로서는 인도 여성 중 아무도 하버드 대학에 유학을 가서 MBA 학위를 따낸다는 생각을 하지 못했다는 점에 있다. 여자가 굳이 미국 유학까지 가서 고생스럽게 MBA를 딸 필요가 있느냐는 인도 사회의 고정 관념은 키드와이에게 통하지 않았다. 당장은 힘들고 어렵더라도 더 높고 더 빛나는 미래를 보장받기 위해서는 아낌없이 투자를 해야 한다는 신념이 있었다. 남들과 다른 차별성, 남들보다 뛰어날 수 있다는 자신감은 키드와이의 평생을 지탱해 온 양대 기둥이었다.

하버드를 졸업한 뒤 인도로 돌아온 키드와이는 ANZ 그린들래이즈 은행에 입사한다. 프라이스 워터하우스에 입사할 당시에도 그랬지만, ANZ 은행에 입사해서도 키드와이는 외로운 존재였다. 롤 모델로 삼을 만한 선배 여성 사원이 없었기 때문이었다. 결국 키드와이는 스스로 훗날 들어올 여자 후배들이 따라올 수 있도록 새로운 길을 개척하기로 마음을 먹었다. 남들보다 빨리 출근하고 늦게 퇴근하며 악착같이 일했고, 퇴근길에도 일을 가져와 늦도록 서류와 씨름을 했다. 여느 워킹 맘들처럼 가정과 육아, 사회생활을 병행하는 게 쉬운 일은 아니었지만, 사회가 만들어 놓은 벽 앞에 허물어지는 나약함을 보여 주지는 말자고 스스로에게 다짐을 했다. 키드와이는 훗날 언론 인터뷰에서 "아침에 탁아 시설에 아이를 맡겨 놓고, 탁아소가 문 닫기 직전에 아이를 찾아오는 힘든 생활이 계속됐다. 좋은 신랑을 만나 편안한 생활을 하는 동창들의 삶과 내 자신이 비교되기도 했지만, 그런 일상을 힘들다고만 느꼈으면 아마 3,000번은 더 죽었어야 했을 것이다."고 말한 적도 있다.

이런 노력이 빛을 발하며 키드와이는 3년 만에 ANZ의 서부 지부 투자 업무 담당 간부직으로 승진했다. 그리고 1989년, ANZ 서부 지역 업무 총괄 사장이라는 고위직에 오르게 된다. 모두들 키드와이의 성공을 축하해 줬고, 키드와이가 거둔 성공이야말로 인도 사회에서 여성이 거둘 수 있는 사실상 최고 정점이라고 추켜세웠다.

그러나 키드와이는 현실에 만족하지 않았다. 1994년 세계적인 금융업체 모건 스탠리는 인도에 지사 설립을 모색하고 있었다. 급속히 발전하고 있는 인도 경제를 감안해 볼 때 조만간 인도가 국제 금융계의 허브가 될 수 있다는 판단에서였다. 문제는 신생 조직을 누구에게 맡길 것이냐였다. 인도 국내 사정을 잘 아는 인물이면서도 국제 금융 흐름에 정통해야 했고, 조직을 이끌 만한 리더십이 있어야 했다. 또 복잡하기 이를 데 없는 금융 업무에도 능통한 인물이어야 했다. 모건 스탠리는 적당한 인물을 수소문하기 시작했고, 그 최적의 인물로 키드와이를 주목하게 된다. 그리고 모건 스탠리는 마침내 인도 법인 투자 분야 총지휘자에 키드와이를 임명했다. 키드와이는 회사 측의 기대대로 회사의 초석을 확실히 다지는 한편 탁월한 영업 실적을 내기 시작했다.

키드와이가 특히 주목한 부분은 정보 통신(IT) 분야였다. 인도는 미국 실리콘 밸리에 버금갈 정도의 고급 IT 인력을 다수 확보하고 있었다. 1991년 인도 정부가 본격적인 경제 개방 정책을 실시한 이래 남부 방갈로르를 중심으로 한 인도 IT 업체들은 높은 기술력과 독창적 아이디어를 바탕으로 하루가 다르게 비약적인 발전을 거듭하고 있었다. IT 기업들은 기술에 비해 자금력이 부족했고, 이를 주식 시장 상장을 통해 해결하는 경우가 많았는데 키드와이는 바로 이 기업 공개 업무를 관장하며 엄청난 매출을 올릴 수 있었다. 이때부터 사실상 키드와이는 이미 인도 금융계 최고의 파워 우먼이라는 찬사를 들을 수 있었고, 내로라하는 금융업체들은 키드와이를 스카우트하기 위해 치열한 경쟁을 벌였다.

그리고 2002년 HSBC 은행은 인도 지역 투자 부문 책임자로 키드와이를 발탁했으며, 2005년에는 그에게 최고 책임자(부회장) 자리를 맡겼다. 키드와이가 HSBC 인도 지역 총책임자로 발탁되자 이제 인도뿐 아니라 세계 언론은 키드와이를 주목하기 시작했고《포천》과《타임》등 유수의 언론들은 키드와이를 아시아 최고의 파워 우먼으로 꼽는 데 주저하지 않았다. 외국계 은행의 인도 지사장 자리를 여성이 맡은 것은 키드와이가 처음이었다.

탁월한 재능과 부단한 노력, 항상 할 수 있다는 자신감, 업계 흐름을 정확히 읽어 내는 천부적 능력 등이 만들어 낸 성공이었지만 키드와이는 늘 자신의 성공을 부하 직원들 덕으로 돌렸다.

"업무라는 것은 여러 사람들이 내는 다양한 차원의 기술과 구상들이 모여서 이뤄지는 결정들이다."라며 겸손한 자세를 잃지 않았다. 자신을 낮출수록 가치가 빛난다는 이치를 오랜 직장 생활을 통해 터득한 키드와이였다.

결과를 걱정하지 말라

키드와이는 히말라야 산맥 행군을 즐기고, 야생 동물들을 관찰하는 취미를 가지고 있다. 평생에 거쳐 남들이 불가능하다고 여긴 장벽에 도전하고 결국 그것을 극복해 낸 키드와이의 품성과 산악 행군은 닮은 데가 많다.

키드와이가 사회에 첫발을 내딛던 시절과 지금은 세상이 많이 바뀌었다. 키드와이 스스로도 "이제 유리 천장은 과거에 비해 별로 없는 것 같아요. 오히려 쓸만한 남성을 뽑는 게 여성을 뽑는 것보다 힘들다고 느껴질 정도예요."라고 말한다. 키드와이는 많은 인도 직장 여성들이 자신과 같은 어려움을 밟지 않도록 적극적인 후원 활동을 펼치고 있다. 인도 자영업 여성 협회 활동을 하고 있으며, 빈곤층이 디지털 사회에서 낙오되는 것을 방지하기 위한 '디지털 파트너스'라는 사회 단체 활동에도 남편과 함께 깊숙이 관여하고 있다. 하루를 25시간으로 쪼개 써도 모자랄 키드와이지만 활발한 사회봉사 활동을 하고 있는 이유에 대해 "사회로부터 받은 것은 사회에 돌려줘야 한다고 믿기 때문"이라고 설명한다.

키드와이는 늘 높아 보이는 벽, 불가능해 보일 것 같은 장벽에 도전하고 넘어지고 다시 도전하고 결국 극복해 내는 인생을 살아왔다. 키드와이 역시 인생의 기로에서 수많은 고민을 하며 힘겨운 의사 결정을 내려 왔지만, 그 결과에 대해서만큼은 걱정을 하지 않았다고 한다.

"난 늘 사람이 꿈을 꾸고, 그 꿈을 이루기 위해 목표를 세우고, 최선을 다한다면 그 결과에 대해서는 걱정을 할 필요가 없다고 믿고 있습니다."

결과를 걱정하며 아무것도 하지 않는 삶으로는 결코 남들과 다른 성과를 이룰 수 없다는 도전 의식이 오늘날의 키드와이를 만든 힘이다.

콜린 바렛 Colleen C. Barrett

내가 힘들어도 남을 즐겁게 하라

1944년 미국 버몬트 주에서 태어났다. 1971년 사우스웨스트 항공에 입사해 총무 부장, 경영 담당 부사장, 고객 담당 부사장을 거쳐 회장 겸 최고 운영 책임자 자리에 올랐다. 현재는 사우스웨스트 항공의 명예 회장이자 JC 페니의 이사직을 맡고 있다. 《포브스》는 네 차례에 걸쳐 바렛을 '세계에서 가장 영향력 있는 100대 여성'으로 선정한 바 있다.

놀이터 같은 사무실

콜린 바렛이 누구인지 이해하기 위해서는 그가 속한 사우스웨스트 항공사가 어떤 기업인지 잠시 살펴보는 편이 빠르다. 미국 사회에서 사우스웨스트 항공은 늘 이야깃거리를 양산하는 기업이다. 미국에서 성공적인 노사 관계를 꼽을 때 빠지지 않고 등장하는 곳이 바로 사우스웨스트 항공이다. 사우스웨스트 항공은 후발 주자라는 핸디캡과 상대적으로 규모가 떨어지는 자본력을 노사가 한데 힘을 합쳐 극복해 내며 성공 가도를 달려 왔다.

2008년 금융 위기 이후 미국 경제계에 불황이 닥치고, 고유가의 한파가 몰아치면서 항공업체들은 극심한 경영 위기를 겪고 있다. 그러나 사우스웨스트만큼은 여전히 지속적인 성장세를 유지하고 있다. 사우스웨스트 항공이 이처럼 성공에 성공을 거듭하고 있는 비결은 무엇일까. 여러 요인이 있겠지만 창사 초기에 입사한 뒤 줄 곧 '가족 같은 직장 문화', '섬김의 리더십'을 강조해 온 콜린 바렛 의 역할이 큰 몫을 차지했다고 할 수 있다.

텍사스 주 댈러스에 있는 사우스웨스트 항공 본사를 방문하는 사 람들은 사무실 풍경에 대부분 깜짝 놀란다. 이곳의 사무실 분위기 는 일반 직장인들의 관점으로 보면 '기강 해이'라는 단어가 떠오를 정도다. 분위기가 자유롭다 못해 어지럽다는 인상을 받을 정도이기 때문이다. 일부 직원들은 자기 사무실 안에 큰 마네킹을 세워 놓았 다. 그리고 그 인형에는 수갑과 채찍을 걸어 놓았다. 언뜻 보면 가 학성 성행위 도구를 연상시키는 모습이다. 다른 사무실 근무자들은 각종 만화 캐릭터 사진을 벽에 크게 붙여 놓았다. 어떤 직원들은 사 무실에 간이 농구대까지 설치해 놓았다. 아무리 봐도 사무실이라기 보다는 카페나 놀이방 같은 인상을 주는 인테리어다. 뿐만 아니다. 아예 금요일 오후에는 전 직원들이 한곳에 모여 맥주 파티를 벌인 다. 그것도 바깥으로 회식을 나가는 게 아니라 아예 회사 내부에서 직원들이 모두 모여 신나는 파티를 즐기는 것이다. 만화에나 나올 법한 직장 모습이다. 할로윈 때는 회사 사장이 직접 기괴한 분장을 하고 기타를 치며 노래를 부를 정도니 그 자유로움이 어느 정도인지는 쉽게 짐작이 가지 않는다.

이 같은 사우스웨스트 항공의 독특한 경영 방식은 경영학계에서 큰 주목을 받고 있다. 학계에서는 사우스웨스트 항공의 경영 방식을 '펀(fun) 경영'이라고 부른다. 고객은 물론 직원들에게도 늘 즐거움을 주는 경영을 말한다. 이는 다른 업체에 비해 높은 임금이 아님에도 사우스웨스트 항공 직원들의 이직률이 현저히 낮아지는 결과를 가져왔다. 노조 가입률이 낮은 것도 아니다. 직원 중 대략 80퍼센트가 노조 가입자다. 회사 지분 12퍼센트 안팎을 직원들이 보유, 언제든 '직원들의 힘'을 과시할 여건도 갖춰져 있다. 그럼에도 이 회사에서는 지난 30여 년간 단 한 차례의 파업도 발생하지 않았다.

안정된 노사 협력 기조는 경영 성공으로 이어져 2007년 말 현재 승객 수 기준 세계 최대 항공사, 2008년 말 현재 39년 연속 흑자라는 전대미문의 성공 신화를 거듭하고 있다. 사우스웨스트 항공은 고객들에게도 자신들이 '즐거운 기업'이라는 점을 널리 홍보한다.

사우스웨스트 항공은 '부과금 천국'인 미국 항공업계에서는 이례적으로 비행 스케줄을 변경해도, 승객이 화물을 가져와도 별다른 요금을 부과하지 않는다. (2007년 이후 사우스웨스트 항공을 제외한 대부분의 미국 항공사들은 한국과 달리 승객 짐이 20킬로그램을 안 넘든 안 넘든 무조건 화물 요금을 받고 있다.) 사우스웨스트 항공 직원들은 심지어 고객들을 상대로 한국 같으면 상상하기 힘든 장난까지 친다. "뜨거운 커피 있어요."를 외치며 승객 사이를 걷던 스튜어디스가 갑자기 중심을 잃으며 고객 무릎에 커피 주전자를 쏟는다. 놀란 고객은 비명을 지르지만 알고 보면 빈 주전자다. 긴 장거리 여행에 지루해지기 쉬운 고객에게 잠시나마 즐거움을 주자는 취지의 장난이다.

즐거움이 좋다

이런 회사 분위기가 저절로 이뤄진 것은 물론 아니다. 처음 사우스웨스트 항공 설립에 관여한 초기 경영진들이 끊임없이 노력한 결과가 오늘날 따듯한 조직 문화 형성으로 이어졌다. 그리고 그 중심에 바렛이 있다. 바렛이 한 유명한 말이 있다.

"일이란 것은 하기에 따라서 즐거운 것이 될 수도, 고역스런 것이될 수도 있다. 둘 중 어떤 결과를 나을지는 자신의 태도에 달렸다. 난 즐거움을 택했다. 즐거움이 좋다."

이 한마디에는 바렛이 부하 직원들을 어떻게 다뤘고, 어떤 리더십을 발휘했는지가 함축적으로 담겨 있다. 여느 사회와 마찬가지로 미국 역시 직장에서 한 여성이 최고위직에 오르는 일은 쉽지 않다. '소파 위의 승진(직장 여성이 회사 고위층 남성을 사귀는 방식으로 승진하는 것을 지칭하는 은어)' 같은 부정적 단어가 한때 미국 드라마나 영화 주제로 자주 등장한 이유이기도 하다. 그 때문인지, 희소 확률을 뚫고 정상에 오른 여자 최고 경영자에게는 통상 '독하다'는 식의 부정적인 평이 따르는 경우가 많다. 남자들에 비해 두 배, 세 배 철저한 노력을 기울이는 과정에서 본의 아니게 직장 내 다른 동료들에게 독한 여성으로 비춰지거나, 실제 정상에 오른 뒤 독한 리더십을 행사하는 경우가 많기 때문이다.

바렛은 그런 점에서 보면 매우 독특한 인물이다. 늘 직원들에게 서로를 배려하라는 메시지를 그치지 않고 전달하고, 직원들이 첫 번째 고객이라는 정신을 강조하기 때문이다. 바렛은 인상 자체가 온화한 백인 할머니다. 실제 바렛과 관련된 글이나 기사 중에는 '엄마'라는 수식어를 사용한 글들이 눈에 많이 띈다. 3만 2,000여 명에 달하는 사우스웨스트 직원들을 마치 한 가족처럼, 직장을 마치 가정처럼 이끈 바렛임을 감안하면 엄마라는 애칭을 붙이는 것도 무리는 아닌 듯싶다.

물론 자상함과 배려만으로는 거대 기업을 성공적으로 이끌 수 없다. 바렛은 타인에게는 따뜻하고 인간미 넘치는 동료로 다가섰지만, 자기가 맡은 일에 있어서만큼은 엄격한 잣대를 들이댔다. 크고 작은 사고가 발생하고 대인 업무가 많은 항공업계 특성상, 바렛의 회사 역시 비상이 걸리는 경우가 많았다. 그럴 때마다 바렛은 몇 날 며칠을 사무실에서 철야로 근무하며 사건 해결에 최선을 다하는 열의를 보였다.

일처리 방식에서는 정공법을 택하는 게 바렛의 특징이다. 회장으로 재직하던 시절, 본인에게 불리한 내용이든 유리한 내용이든 이를 뒤로 숨기는 일이 없었다. 직원들에게, 더 나아가 고객들에게 모든 사안을 공개적으로 밝히고 그에 대한 해결책을 다함께 찾아 가는 방식을 택했다. 월스트리트의 많은 경영진들이 자기 이익 챙기기에만 급급한 채 회사에 켜진 비상 경고등을 은폐하다 결국 대규모 기업 도산을 불러온 것과 뚜렷하게 대조되는 부분이다.

어머니로부터의 교훈

바렛의 어린 시절은 가난했다. 학교 역시 아이비리그 같은 명문 대학 출신이 아니다. 미국 기업의 최고위직에 오른 여성들을 보면 주로 명문 대학 출신이거나 집안 자체가 명문가인 경우가 많고, 능력을 인정받아 이 회사 저 회사에 스카우트되다 젊은 나이에 최고 위직에 오른 경우가 많다. 그러나 바렛은 보잘것없는 집안 출신에, 평범한 대학을 나왔고, 당시로서는 이름도 없는 신생 기업에 입사해 한 우물을 판 끝에 정상에 올랐다는 점에서 다른 파워 우먼들과 여러모로 대비된다.

바렛은 스물여섯 살에 이혼한 뒤 아들 패트릭을 기르며 어렵게 싱글 맘의 삶을 살아왔다. 그러나 바렛은 자신의 처지를 비관하지 않았다. 본인은 힘들었어도 사람들에게 유머를 자주 구사하는 친절한 이웃이었다. 늘 긍정적인 태도를 유지하며 업무에 임했고, 그 결과 미국 재계에서도 흔치 않은 독특한 리더십을 만들어 냈다.

본인이 개인적으로 힘들고 어려운 상황에 처했을 때 직장에서 자꾸 이를 표시하고 불평을 하게 되면 처음엔 위로를 해 주던 동료들도 결국엔 본인을 기피하게 된다는 냉혹한 현실을 잘 알고 있는 바렛이었다. 그런 이치를 바렛에게 깨닫게 해준 이는 모친이었다. 바렛은 한 인터뷰에서 어머니로부터 배운 교훈을 다음과 같이 소개한 적이 있었다.

"어린 시절 모친께서는 나에게 황금률(golden rule)을 하나 가르쳐 주셨습니다. 저희 집은 무척 가난했지만, 어머니는 집에 찾아오시는 손님들을 늘 따뜻하게 맞아 주셨죠. 집안 형편을 생각하면 깜짝 놀랄 정도의 접대였습니다. 식구들조차 먹을 것이 풍족하지 않았지만 어머니께서는 늘 여분의 음식을 준비하셨다가 손님들을 접대하시곤 했습니다. 어머니께서는 제게 '항상 너보다 더 힘든 사람들이 있다는 것을 기억해야 한다.'며 이타심을 강조하셨고, 그 말 안에는 리더가 갖춰야 할 모든 것이 담겨 있었습니다."

바렛은 이타적인 태도에 긍정적인 마인드를 함께 갖추면 그 어떤 어려운 일도 헤쳐 나갈 수 있다는 점을 늘 직원들에게 강조해 왔다. 바렛은 "나에게 있어 성공이라는 것은 어떤 질문이나 요청이 왔을 때 '예스'라는 답을 할 수 있는 상태를 말합니다. 오늘 하루 어제와는 다른 긍정적인 차이점을 만들어 냈는지 늘 생각합니다. 누군가에게 '네, 할 수 있어요.'라고 말할 때 내가 성공하고 있다는 사실을 느낍니다."고 말한다.

그런 바렛을 동료들은 '사우스웨스트의 잔다르크(Joan of Arc)'라고 표현하기도 한다. 늘 긍정적인 마인드로 일을 하며 회사에 어려움이 닥칠 때마다 동료들을 격려하고 영감을 불어넣어 주기 때문이다.

바렛은 진심으로 직원들을 가족처럼 여겼다. 사우스웨스트 본사 건물 복도 벽이 직원 가족들의 사진으로 도배된 것도 바렛의 적극적인 지시에 따른 것으로 알려져 있다. 팀워크와 겸손, 유머와 친화, 가족애를 강조하는 바렛의 리더십은 동양적인 냄새가 물씬 풍긴다. 합리주의로 포장된 서구식 기업 문화를 무조건 경영 텍스트로 삼으려는 일부 한국 기업들에게 그래서 바렛의 리더십은 더욱 큰 시사점을 던져 준다고 할 수 있다.

실라 베어 Sheila Colleen Bair

세계 금융 질서를 만드는 여인

1954년 미국 캔자스 주에서 태어났다. 대학에서는 철학과 법학을 전공했다. 상품 선물 거래 위원회 위원장으로 재임하면서 재계에 영향력을 행사하기 시작했다. 뉴욕 증권 거래소 대관 업무 담당 부사장과 재무부 금융 업계 담당 차관보를 거쳐 2006년 19대 연방 예금 보험 공사 의장으로 취임했다. 2008년 전 세계적으로 닥친 금융 위기를 예견하기도 해 주목을 받았다.

세계 최고의 영향력

현재 세계에서 가장 영향력이 있는 여성을 고르라면 앙겔라 메르켈 독일 총리를 첫손에 꼽는 사람들이 많다. 미국, 중국, 일본, 프랑스 등과 함께 세계 경제 빅 5를 차지하는 독일을 이끌고 있는 여장부일 뿐만 아니라 버락 오바마 미국 대통령에게도 자주 '싫은 내색'을 할 정도로 당찬 면모가 강한 여성이기 때문일 것이다.

그렇다면 메르켈 총리와 자웅을 겨룰 수 있는 여성을 꼽으라면 누가 있을까. 언뜻 버락 오바마 대통령의 부인인 미셸 오바마, 현재 미국 국무 장관을 맡고 있는 힐러리 클린턴 등을 떠올릴 수도 있겠지만 세계 언론들은 주로 실라 베어 미국 연방 예금 보험 공사(The U.S. Federal Deposit Insurance Corporation, FDIC) 총재를 꼽는다. 베어는 세계 주요 매체들이 해마다 선정하는 '세계에서 영향력 있는 여성' 리스트에서 메르켈 총리와 늘 1, 2위를 다툰다. 메르켈 총리가 한 국가의 지도자라는 프리미엄을 업고 있기에 각광받고 있다면 베어는 사실상 세계 금융 질서에 막강한 영향력을 발휘하고 있는 그야말로 슈퍼 파워 우먼이다.

베어가 총재를 맡고 있는 연방 예금 보험 공사는 일반인들에게는 다소 낯선 기관이지만 세계 경제에 미치는 영향력은 실로 막강하다. 한국을 비롯해 각국에는 대부분 예금 보험을 전담하는 기구가 따로 설치돼 있다. 시민들이 은행에 예금을 맡길 때, '이 은행이 망하면 내가 맡긴 예금은 어떻게 되나.'라는 불안감을 느끼는데, 이 불안감을 해소시켜 주는 게 예금 보험 제도의 기본 기능이다. 즉, 은행이 망했을 때 예금자의 예금을 일정 수준까지 보상해 주는 제도가 예금 보험 제도고, 그 기능을 수행하는 곳이 예금 보험 공사다. 베어가 이끌고 있는 연방 예금 보험 공사도 기본적으로는 이 같은 예금 보험의 기능을 수행한다. 여기에 더해 최근 들어서는 세계 금융계의 중심지라고 할 수 있는 뉴욕 월스트리트에서 금융업체들에 대한 직접적인 규제, 채권에 대한 보증 업무까지 공격적으로 수행하고 있다. 또 파산한 금융업체들을 우량 자산과 부실 자산으로 분리해 이중 우량 자산만 매각하는 등의 업무까지 수행한다. 1930년

대 경제 대공황 당시 만들어진 연방 예금 보험 공사는 90여 년 만에 돌아온 경제 위기를 맞아 다시 한 번 그 빛을 발하고 있으며, 사실상 위기에 처한 월가에서 비상 응급 센터 같은 역할을 하고 있다.

연방 예금 보험 공사가 예금 보험 한도액(현재 한 구좌당 25만 달러)을 낮출 경우 적지 않은 예금자들이 불안감을 느껴 예금 인출에 나설 것이고, 은행들은 빠져나가는 예금들로 인해 큰 타격을 입을 수밖에 없다. 이 때문에 베어의 한마디 한마디에 월가 금융업체들뿐 아니라 전 세계 경제 전문가들은 귀를 쫑긋 세운다. 베어의 금융 규제책 발표나 경제 진단에 따라 뉴욕 주식 시장의 지수는 출렁거린다. 한국 증시가 과거보다는 미국 증시의 영향을 덜 받는다는 이른 바 '디커플링(탈동조화)'을 얘기하는 전문가들도 있지만, 한국 시간 기준으로 아침에 장을 마감하는 뉴욕 증시의 등락 여부에 따라 그날 한국 증시도 큰 영향을 받는 경우가 많다. 다른 국가들 증시도 마찬가지인데, 결국 베어의 발언 한마디에 따라 세계 주요 증시들이 춤을 추는 현상이 자주 발생하고 있다. 특히 2008년 경제 위기가 월가의 붕괴에서부터 시작된 금융 부문의 위기였음을 감안하면 베어가 세계 경제 회복에 미치는 영향력은 막대하다고 할 수 없다.

'규모가 큰 기업은 망하지 않는다.'는 이른바 대마불사 정책에 대해서 베어는 단호히 반대 입장을 취하고 있다. 2009년 7월, 베어가 의회에 출석해 "경영진의 잘못된 판단, 고위험 상품 추구로 위기에 빠진 금융업체들은 그대로 망하게 놔둬야 한다. 대마불사는 경제에

악순환만을 만들 뿐이며, 이는 반드시 깨져야 하는 개념이다."라고 증언하자 《뉴욕 타임스》는 '여러분은 아마 베어를 사랑하게 될 것'이라는 찬사 가득한 칼럼을 내보내기도 했다.

티머시 가이트너 미국 재무 장관을 비롯해 버락 오바마 정권의 주요 경제 관료들이 '대형 금융업체들이 도산할 경우 경제에 미치는 파급력이 너무 크다.'는 논리를 폈던 반면 베어는 실패한 금융업체는 그 경영진을 문책하는 것은 물론 회사 구조부터 다 뜯어고쳐야 한다는 강성 논리를 펼치고 있다.

연방 예금 보험 공사 총재가 누구인지조차 몰랐던 일반인들이 베어에 대해서만큼은 높은 인지도를 보이고 있는 것은 이처럼 뚜렷한 주관과 소신으로 금융 위기에 대처했기 때문일 것이다. 실제 베어가 이끄는 연방 예금 보험 공사는 2009년 상반기 중에만 69개 부실 은행을 인수해 관리하고 있다. 이들에 대한 생사여탈권을 베어가 쥐고 있는 셈이다.

금융 위기를 사전에 예측하다

베어는 외과 의사인 아버지와 간호사인 어머니 사이에서 태어났다. 캔자스 대학에서 철학을 전공했고 로 스쿨에 들어가 법학을 전공했다. 다시 말하면 정규 과정에서는 경제학을 공부해 보지 않은 여성이 근 20년간 미국 금융업체들을 떨게 만들고 있는 것이다.

대학 시절 그는 은행에서 아르바이트를 한 적이 있는데, 이는 훗날 베어가 은행이 어떤 과정으로 고객을 상대하고 이윤을 창출해 내는지 그 '개념'을 잡는 데 적지 않은 도움을 줬다. 졸업 이후 아칸소 대학에서 잠시 동안 교편을 잡다가 1979년 보건 교육 복지부에서 자리를 잡으면서 워싱턴 관가에 모습을 드러냈다.

1981년 당시 공화당 거물이었던 밥 돌 상원 의원 진영에 합류, 상원 법사 위원회에서 활약하며 서서히 두각을 나타냈다. 돌 의원은 젊고 똑똑하고, 무엇보다 소신과 철학이 뚜렷한 베어를 높이 평가했고 이후 베어에게 '정치적 아버지' 같은 역할을 하게 된다. 돌 의원이 1988년 당내 대선 경선에 나서면서 베어는 대선 캠프 내 여론 조사 업무를 총괄했다. 이때의 경험은 베어에게 워싱턴 정가에서 살아남기 위한 정치적 센스가 무엇인지를 알 수 있게 해 준 소중한 기회가 됐다.

대선이 끝난 뒤 뉴욕 증권 거래소 자문 변호사로 일하던 베어는 돌 의원의 권유로 1990년 캔자스 주 하원 의원 선거에 출마했다. 베어는 공화당 후보였지만 여성의 낙태 권리를 옹호하는 입장을 천명했다. 더구나 당시 베어는 미혼이었다. 보수적인 캔자스 유권자들에게 '미혼의, 낙태를 옹호하는 공화당 후보'가 제대로 먹혀들 리가 없었고 그 결과는 800표 차이의 낙선으로 이어졌다. 당시 주변에서는 베어의 출마 자체를 '무모한 도전'이라며 만류했지만 베어의 생각은 달랐다. 자신이 처한 여건이 불리하다고 해서 도전 자체를 포기하는 것은 앞으로 있을 더 많은 기회를 싹부터 잘라 버리는 짓이라는 생각이었다. 무모한 도전일지 몰라도 베어가 선거 과정에서 보여 준 끈기는 많은 사람들을 감동시키기에 충분했다. 선거에서는 졌지만 아무도 베어를 패배자라고 손가락질하지 못한 이유다. 1991년 역시 돌 의원의 후원으로 상품 선물 거래 위원회(Commodity Futures Trading Commission, CFTC) 위원장직에 오른 베어는 예상을 뛰어넘는 행보를 보이기 시작했다. 전통적으로 정부의 시장 개입을 반대하는 공화당 출신인 베어가 당연히 월가 규제에 반대하는 '온건파' 역할을 하게 될 것이라는 전망이 많았다. 그러나 베어는 엔론을 비롯해 당시 잘나가던 일부 기업들이 자신들의 상품 선물 거래를 '금융 사기 보호법' 대상에서 빼 달라는 로비를 해 왔으나 이를 단칼에 거절해 버렸다. 기업들의 로비는 집요했으나 꿈쩍도 하지 않았다. 한번 만들어진 원칙은 반드시 지켜져야 한다는 신념 때문이었다. 이때 만일 베어가 기업들의 로비에 휘둘렸다면 그의 인생 후반부는 진작에 나락으로 떨어졌을 것이다. 실제 베어에게 로비했던 엔론은 훗날 파산했고, 이 과정에서 과거 엔론에게 로비를 받았던 인사들 명단이 알려지면서 해당 인사들이 줄줄이 법의 심판을 받았다. 작은 이득에 눈이 멀기 시작하면 언젠가 반드시 대가를 치러야 한다는 이치를 누구보다 잘 알고 있던 베어이기에 이 같은 '인생의 함정'을 무사히 통과할 수 있었던 셈이다.

1995년 CFTC 위원장 임기가 끝나자 다시 뉴욕 증권 거래소에서 근무하던 베어는 2001년, 부시 대통령에 의해 재무부로 스카우트된다. 베어는 금융업체들을 관리 감독하는 업무를 맡게 되는데, 베어는 이때 이미 미국 금융업체들이 자격 미달 소비자들에게까지 무분별하게 주택 담보 대출을 실시하고 있다는 사실을 알게 된다. 특히 베어는 미국의 중앙은행 역할을 하고 있는 연방 준비 제도 이사회(Federal Reserve Board, FRB)가 은행들의 무분별한 대출을 사실상 방치하고 있다는 점을 신랄하게 비판했다. 경기 부양을 위해 저금리 정책을 장기간 유지하고 있던 앨런 그린스펀 당시 FRB 의장에게 모두들 찬사를 늘어놓았지만 베어만큼은 저금리 정책이 훗날 재앙을 부를 수 있다는 점을 정확히 예측하고 있었다. 그린스펀이 오늘날 금융 위기의 주범 중 한 명으로 비난받고 있다는 점을 감안하면 베어의 당시 예견이 얼마나 정확했는지 알 수 있다.

베어는 재무부에 근무하면서 은행권 대출 규정을 강화하는 여러 방안을 만들었지만, 금융권으로부터 막대한 정치 자금을 얻어 쓰고 있던 정치권은 아무도 베어의 제안에 귀를 기울이지 않았다. 결국 2006년 하반기부터 '서브 프라임 모기지 사태'라고 이름 붙여진 세계 금융 대란은 서서히 막을 올리게 된다. 이후 익히 알려진 대로 월스트리트는 나락으로 떨어지기 시작했고, 전 세계는 대공황 이래 최대의 경제 위기를 맞게 된다.

만일 베어의 예측에 백악관이 진즉에 귀를 기울였다면 그 같은 파국은 사전에 예방할 수 있었을지도 모른다. 베어는 재무부를 떠난 뒤 학계로 돌아가 후학을 양성하고 있었지만 2006년 베어의 재능을 아까워한 부시 대통령이 다시 중앙으로 불러들이면서 5년 임기의 연방 예금 보험 공사 총재를 맡게 된다. 베어가 관할하는 은행은 8,000개에 이른다. 사실상 베어는 미국 대부분의 은행들의 '안전판' 역할을 맡게 된 것이다.

힘 대 힘으로 맞서다

베어가 승승장구할 수 있었던 것은 그 어떤 외압에도 흔들리지 않는 소신과, 미래를 정확히 예측해 내는 분석력, 공과 사를 엄격히 구분하는 분별력이 있었기 때문이다. 오랫동안 고위 관료에 머무르면서 때로는 지인들을 통해, 때로는 막강한 로비력을 통해 베어에게 온갖 압박과 회유가 들어왔다. 때로는 규제를 풀어 주기만 하면 공직 은퇴 후 기업체 최고위직으로 모시겠다는 뿌리치기 힘든 유혹이 들어오기도 했다. (실제 과거 재무 장관을 지냈던 로버트 루빈이 시티 그룹 회장으로 초빙되는 등, 워싱턴에서는 고위 관료가 기업의 임원이 되는 회전문 인사가 하나의 관행으로 자리 잡고 있다.) 그러나 베어는 그런 유혹에 쉽게 휘둘리지 않았다. 회유와 압박이 들어올 때마다 베어는 '남들에게 당장은 서운하다는 말을 들어도 장기적으로는 원칙을 지켜 나가는 게 모두를 위해 좋은 일이다.'라는 소신으로 밀고 나갔다.

공직자는 그 무엇보다 국민들의 이익을 최우선으로 생각해야 한다는 소명 의식도 뚜렷했다. 당연한 소리로 들리지만, 실제 정치인들과 고위 관료들이 말끝마다 국민들을 입에 달고 살면서도 실제 행동에서는 특정 집단이나 계층의 이익만을 위한 정책을 자주 내놓는 현실에서 베어의 행보는 신선하게 느껴진다. 베어가 가장 혐오한 것은 소수의 정치인들과 관료들이 국민의 이익과는 무관하게 자기들만의 이익을 위해 규제를 무분별하게 풀어 주는 일이었다.

베어는 로비가 판치는 워싱턴 정가에서 이 같은 불합리를 타파하기 위해 끊임없이 목소리를 높여 왔고, 그로 인해 많은 업체들과 동료들로부터 따돌림을 당하기도 했다. 그러나 베어는 끝까지 소신을 굽히지 않았고, 그런 그에게 존 F. 케네디 도서관 재단은 '용기 있는 인물상'을 수여하기도 했다.

연방 예금 보험 공사를 이끌게 된 이후에도 베어는 무수한 금융 업체들에게 공공의 적으로 떠오르게 된다. '망할 은행은 망하게 내버려 두는 게 경제 전반에 좋다.'는 베어의 철학 때문이다. 어설프게 정부 돈으로 연명을 시켜 봤자 결국 환부는 도려내지 못하는 응급 처방에 그칠 수밖에 없다는 게 베어의 지론이다. 은행들은 이에 맞서 '총이 사람을 죽이는 게 아니라 총을 쥔 사람이 사람을 죽이는 것이다. 마찬가지로 주택 담보 대출을 내 주는 은행이 문제가 아니라 능력을 벗어나 무분별하게 돈을 빌려다 집을 구입하는 대출자들이 문제다.'라고 항변했다. 그러나 베어는 그런 은행들에게 탐욕에 사로잡힌 대출 관행을 중단하라고 엄포를 놨다. 정부로부터 공적 자금을 수혈받아 연명하고 있는 금융업체 최고 경영자들을 교체해야 한다는 베어의 발언도 월가를 떨게 만들고 있다.

반면 베어의 강력한 월가 규제 방침에 대해 국민들은 통쾌하다는 반응과 함께 환호성을 지른다. 공화당 출신이지만 오바마 정부 출범 당시 베어는 주요 직책에 중용될 것이라는 관측이 줄을 이었다. 재무 장관을 맡게 될 것이라는 관측도 끊이지 않았는데, 베어의 현 연방 예금 보험 공사 임기가 2011년까지 이어진다는 점 때문에 일단 입각 대상에서는 제외된 것으로 분석된다. 그러나 2009년 오바마 정부가 야심차게 발표한 금융 개혁 방안을 보면 오바마 정부는 앞으로 금융 규제의 키를 연방 예금 보험 공사보다는 연방 준비 은행 쪽에 부여한 모양새다. 외양으로만 보면 베어의 영향력이 더 줄어들 수도 있는 형국이지만, 오히려 베어 개인이 휘두를 수 있는 영향력은 갈수록 커지는 분위기다. 이는 이번 금융 위기를 맞아 월가의 '체질'을 완전히 탈바꿈시켜 보겠다는 베어의 행보가 워낙 명분이 있기 때문인 것으로 분석된다. 기업 생사여탈이 회계 장부가 아닌 로비력으로 좌우되는 부조리한 현실에 분노해 왔던 미국 국민들에게 베어의 원칙 있는 일처리는 시원한 청량음료 같을 수밖에 없다.

미국 거시 경제, 더 나아가 세계 금융 질서에서 베어만큼 큰 영향력을 행사하는 여성이 앞으로도 당분간은 나오기 힘들 것으로 보인다.

앙겔라 메르켈 Angela Dorothea Merkel
세계 최고의 파워 우먼

1954년 독일 함부르크에서 태어났다. 라이프치히 대학 물리학 박사를 취득하고 동독 정치 단체인 '민주 개혁'에 가입함으로 정치계에 뛰어들었다. 여성 청소년부 장관과 환경·자연 보존·핵 안전부 장관직을 거쳐 기민당 사무총장에 취임, 총리직에 도전했으나 고배를 마셨다. 2005년 드디어 연립 정부 총리에 당선되어 자국인 독일 내에서는 물론 유럽 연합을 비롯한 국제 무대에서 영향력을 발휘하고 있다.

최고의 파워 우먼, 속옷 광고에 나서다

2009년 5월 독일 베를린 시내 한복판에 등장한 대형 속옷 광고판. 중년의 여성과 남성들이 속옷 차림으로 서 있고, 헌 속옷을 가져오면 현금으로 일정 부분을 보상해 주겠다는 문구가 적힌 광고가 등장했다. 광고 속 그림에 등장하는 여성은 독일 현직 총리인 앙겔라 메르켈이었다. 속옷업체는 메르켈 정부가 추진하고 있는 경기 부양책을 모티브로 이 광고를 제작했다고 한다. 비록 사진이 아닌 그림이긴 하지만 현직 총리가 속옷 차림으로 광고에 등장했다는 사실 자체만으로 세계적인 화제를 불러 모으기에 충분했다.

메르켈 총리는 참 여러 가지 면에서 이야깃거리를 양산하는 여성이다. 메르켈은 일단 자타가 공인하는 세계 최고 파워 우먼이다. 《포브스》가 해마다 선정하는 '세계에서 가장 영향력 있는 100대 여성'에서 4년 내리 1위를 차지하고 있다. 미국의 대외 정책을 총괄하는 힐러리 클린턴 국무 장관도, 금융 질서를 좌우하는 실라 베어 연방 예금 보험 공사 총재도, 다국적 식음료 회사를 이끌고 있는 인드라 누이 펩시 회장도 끝끝내 메르켈의 아성을 무너뜨리지는 못하고 있다.

메르켈은 테크노크라트(기술 관료)로서 총리직에 올랐다는 점에서도 눈길을 끈다. 전문 정치인으로 출발한 게 아니라 학자로서 명성을 떨치다 정계에 입문, 독일 최고위직에 오른 인사다. 아무리 해당 분야에서 명성을 떨치던 인사라도 막상 정치권에 입문하고 나면 제대로 연착륙을 하지 못하는 경우가 부지기수다. '정치는 생물'이라는 말도 있듯, 정치계 특유의 생리에 적응하는 것이 보통 어려운 일이 아니기 때문이다. 그러나 메르켈은 '업종 전환'에 무난히 성공했을 뿐 아니라, 기성 정치인들을 뛰어넘는 강력한 카리스마를 발휘하며 정가에서 자신만의 독자적 지분을 확보하는 데 성공했다. 그래서 '독일판 마가렛 대처', '철의 여인'이라는 별명이 따라붙는다. 2008년 금융 위기 이후 세계 경제가 침몰 위기를 맞아 허우적거릴 때 강력한 경기 부양책을 폈고, 개별 기업에 대한 인수 합병 과정에까지 적극 개입하는 행보를 펼친 것도 후한 점수를 받는 부분이다.

특히 메르켈 총리의 똑 부러지는 성격을 알 수 있는 것은 2008년 이후 버락 오바마 미국 대통령과 펼쳤던 신경전이라고 할 수 있다. 메르켈 총리는 여러 사안에서 오바마 대통령과 대립각을 세우면서 자신의 입장을 굽히지 않고 있다. 미국 대통령과 자웅을 겨루는 모습 자체만으로도 세계 최고 파워 우먼이라는 호칭을 받기에 모자람이 없어 보인다.

촉망받는 물리학자

메르켈은 1954년 루터 교 목사인 부친과 영어 · 라틴 어 교사인 모친을 두고 서독 지역에서 태어났다. 현실 정치에 관심이 많았던 모친은 사회 민주당 당원이었는데, 이는 메르켈이 훗날 물리학자로 활동하면서도 늘 정치에 대한 관심을 끊지 않았던 태생적 요인이 된다.

어린 시절 메르켈의 가족은 당시 동독의 수도였던 베를린에서 80킬로미터 정도 떨어진 교외에서 살았다. 독일이 동서독으로 분리돼 있던 당시에도 양쪽 진영 국민들은 국경을 넘어 왕래를 하는 데에는 큰 어려움이 없었다. 물론 경제 수준이 낮은 동독에서 서독으로 이전하는 경우가 더 많았지만, 목사였던 메르켈의 부친은 목회 활동을 위해 서쪽에서 동쪽으로 넘어간 경우였다. 동독에서 청소년 시절을 보내게 된 메르켈은 청소년 조직인 자유 독일 청소년단(Freie Deutsche Jugend, FDJ)에 가입했고, 지역 선전 · 선동 담당자로 일하게 된다.

라이프치히 대학에서 물리학을 전공한 메르켈은 졸업 후 1990년까지 동베를린에 있는 물리화학 중앙 연구소(Central Institute for Physical Chemistry, CIPC)에서 근무했다.

1989년 베를린 장벽이 무너지면서 독일 사회는 대변혁의 시기를 맞는다. 메르켈 역시 당시 '민주 개혁(Democratischer Aufbruch)'이라는 신생 정당에 참여해 통일 조국에서의 정치적 역할을 모색하기 시작했다. 현실 정치에 본격적인 발을 내딛은 셈이다. 탁월한 정무 감각과 판단력, 예리한 현실 분석력을 바탕으로 당 대변인까지 올랐고, 1990년 동독 정권으로는 마지막이었던 로타르 데 마이치에르 정부의 대변인도 맡았다.

그러나 메르켈이 통일된 독일 정계에서 거물로 성장할 수 있었던 것은 정치적 대부(代父)인 헬무트 콜 수상이 있었기에 때문이었다. 콜 수상은 일찌감치 메르켈의 소신과 능력, 타고난 정치적 감각 등을 꿰뚫어 보고 후견인을 자처했다.

1990년, 메르켈이 속했던 민주 개혁은 기독교 민주 동맹(Christlich-Demokratische Union, CDU) 즉 기민당과 합당을 하게 되어 자연스레 메르켈도 기민당원이 된다. 이듬해, 콜 총리는 메르켈을 여성 청소년부 장관으로 발탁했고, 이후 메르켈은 1998년까지 내각에 머물며 행정 실무 경험을 두루 쌓게 된다. 이후 기민당 사무총장을 거쳐 2000년에는 마침내 당 총재 겸 원내 총무에 오르면서 '총리 후보

영순위'로 떠오른다. 2002년, 야권 통합 논의와 함께 메르켈은 가장 유력한 총리 후보로 떠올랐지만, 기독교 사회당 에드문트 슈토이버 총재에게 총리 후보 자리를 양보한다.

그러나 야권은 정권 교체에 실패했고, 메르켈 역시 계속해서 야당 생활을 이어 간다. 그리고 2005년, 이번엔 슈토이버 총재가 메르켈에게 총리 후보 자리를 양보하게 되고, 메르켈은 총선 승리와 함께 마침내 독일 역사상 최초의 여성 총리에 오를 수 있었다. 동독 출신의 이혼녀, 그것도 인생의 전반을 연구실에서만 보낸 기독교 출신 여성이라는 온갖 약점을 딛고 거대 독일호를 이끄는 선장에 당당히 등극한 메르켈이었다.

흔들림 없는 원칙

2008년 여름, 당시 버락 오바마 미국 민주당 대선 후보는 독일의 상징이라고 할 수 있는 브란덴부르크 문에서 연설할 수 있도록 독일 정부에 요청했다. 메르켈 총리는 이를 일언지하에 거절했다. 아직 정식 대통령으로 선출되지도 않은 다른 나라 대선 후보에게 자국의 역사적 공간을 허용해 줄 수 없다는 원칙 때문이었다. 당시의 거절을 두고 일각에서는 조지 부시 대통령의 부탁을 받은 메르켈 총리가 오바마 후보에게 망신을 준 것이라는 관측이 나돌았다. 그러나 이는 메르켈 총리의 성격을 감안해 보면 낭설로 보인다. 누구의 부탁을 받고 의사 결정을 하는 것은 메르켈 총리가 가장 싫어하는 일 중 하나다.

오바마 후보가 대통령에 당선된 뒤, 관타나모 포로수용소에 수감돼 있던 테러 범들을 독일로 이감해 달라는 요청을 했으나 메르켈은 이를 또 거부했고, 아프가니스탄에 주둔하고 있는 독일군 증원 요청에 대해서도 '노(No)'라고 답했다. 언뜻 보면 오바마 대통령에 대해 개인적으로 비호감을 느꼈기 때문인 것으로 보일 수도 있으나, 하나하나 따져 보면 다 이유와 명분이 있는 거부였다. 자국의 이익과 자국민의 안전을 최우선시해야 하는 일국의 수장으로서 당연히 내려야 하는 결정들이었다.

사실상 21세기 들어, 방법이 옳고 그르던 세계 최강국 미국의 대통령과 맞대결을 할 수 있는 지도자는 중국의 후진타오 주석과 북한 김정일 국방 위원장, 마무드 아마디네자드 이란 대통령, 그리고 메르켈 총리밖에 없어 보인다. 이중 메르켈 총리만이 서방 주요 선진국 정상 중 거의 유일하게 자기 목소리를 강하게 내고 있다고 볼 수 있다.

메르켈 총리가 '21세기 철의 여인', '독일판 마가렛 대처'라고 불리는 것은 메르켈이 취해 온 일련의 강경 정책들과 연관이 깊다. 마가렛 대처 전 영국 수상이 극렬한 노사 분규와 과도한 사회 복지 제도로 곪아 가던 영국 사회에 과감히 메스를 들이댔던 것처럼, 메르켈 총리는 유럽의 골칫덩이로 전락하고 있던 독일을 과감하게 변신시키는 작업을 벌이고 있다. 노조에 대한 과잉 복리 혜택 축소, 기

업 정리 해고의 간편화, 공공 기업의 과감한 민영화 등을 추진해 나
갔다. 사안 하나하나가 워낙 첨예한 이해관계가 충돌하는 문제들인
지라 여론의 반대가 극심했지만 눈썹 하나 깜짝하지 않고 독일의
오랜 고질들을 치유해 냈다. 당장의 여론 동향보다는 조국의 미래
를 감안한 정책들을 과감히 추진했다.

그러나 메르켈 총리가 높이 평가 받는 진정한 이유는 '물러설 때
물러설 줄 아는 용기와 지혜' 때문이다. 2002년 총리 후보를 다른
야당 총재에게 양보한 것이 대표 사례다. 당시 여론 조사 1위를 달
리던 메르켈의 인기를 감안하면 메르켈이 총리 후보로 나서겠다고
고집을 피워도 큰 무리가 없는 상황이었다. 그러나 메르켈은 자신
이 총리 후보직을 고집할 경우 야권 분열로 인해 정권 교체에 실패
할 수 있다는 점을 우려했고, 과감히 후보직을 슈토이버에게 양보
했다. 그리고 3년 뒤 똑같은 상황이 재연됐을 때, 이번에는 슈토이
버가 메르켈에게 총리 후보 자리를 양보했다. 말이 쉽지 총리 후보
자리를 남에게 양보한다는 것은 결코 쉬운 일이 아니다.

메르켈 총리에게는 늘 결단력과 기다릴 줄 아는 지혜, 용기와 포
용력을 갖춘 지도자라는 평이 뒤따른다. 총리 취임 후 과감한 정책
운용으로 경제 여건이 개선됐지만 "전임 정부가 기반을 잘 다져 놓
은 덕분"이라며 공을 남에게 돌리는 겸손함까지 갖췄다. 그럴수록
메르켈 총리 스스로의 품격도 덩달아 높아질 수밖에 없다. 남의 공
도 빼앗아 오지 못해 안달인 여타의 정치인들과는 인성이나 품격이

다르다고 할 수 있다.

2008년 세계를 강타한 경제 위기 때문에 독일 경제도 적지 않은 타격을 받았다. 2008년 상반기에는 세계 최대 수출국 자리를 중국에게 빼앗겼다. 메르켈 총리 앞에는 적지 않은 시험의 시간들이 펼쳐져 있는 것이다. 그러나 메르켈 총리는 인위적인 재정 확대 정책 대신 미래 성장 산업에 대한 집중적인 투자를 택하면서 경제 위기를 헤쳐 나가고 있다. 막대한 세금을 경기 부양책에 퍼부었더라면 당장 여론의 환대를 받고 자신의 정치적 인기는 상승할 수 있었겠지만, 그보다는 국가의 장기적인 이득을 계산해 선택한 정책이었다. 이런 메르켈 총리에게는 늘 '너무 차갑다'는 평과 '결단력이 뛰어나다'는 등 엇갈린 평이 내려지곤 한다. 하지만 지금까지는 대부분 메르켈 총리의 선택이 옳았다는 사실이 증명되고 있다.

지금껏 비교적 순탄했던 메르켈 총리의 정치 역정이 얼마나 성공적으로 계속될지는 여전히 예측 불허다. 그러나 지금껏 메르켈이 보여 온 정치력만으로도 메르켈에게 세계 파워 우먼 1위라는 호칭을 부여하는 데 전혀 부족함이 없어 보인다.

인드라 누이 Indra Krishnamurthy Nooyi

유리 천장은 깨지기 쉽다

1955년 인도 첸나이에서 태어났다. 예일 대학교에서 경영학 석사를 취득하고 존슨 앤드 존슨 인도 지사장직을 역임, 보스턴 컨설팅 그룹에 재직하기도 했다. 모토롤라 전략 담당 부사장 자리를 거쳐 1994년 펩시 콜라에 기업 전략 및 개발 담당 부사장으로 첫발을 들여 놓았다. 2001년 최고 재무 책임자(CFO) 자리를 거쳐 2006년 최고 경영자에 취임했다. 2007년부터는 펩시 콜라의 회장으로 재직 중이다.

뼈를 입에 문 개

인드라 누이 펩시 콜라 회장은 자타가 공인하는 미국 재계의 최고 커리어 우먼이다. 전 세계에 걸쳐 19만 8,000여 명의 직원이 일하고 있는 거대 다국적 기업의 최고위직에 여성이 올랐다는 것도 화제가 될 만한데, 거기에 유색 인종이라는 핸디캡까지 극복해 낸 전설적 인물이다. (더구나 미국 본토 출신이 아니라 인도에서 태어나고 대학 교육을 받은 뒤 미국으로 건너온 '순수 외국인' 출신이라는 점은 놀라울 수밖에 없다.)

누이가 경영진에 본격 합류한 2001년에 비해 현재 펩시의 연 매출액은 72퍼센트나 증가한 것으로 나타났다. 전 세계를 강타한 금융 위기로 성장세가 다소 둔화되기는 했지만, 펩시는 2000년대 들어 누이의 지휘 아래 성공 가도를 질주하고 있다.

1990년대 중반, 코카 콜라는 매출액에서 펩시를 크게 앞지르자 "더 이상 펩시를 신경 쓰지 않겠다."며 공식 승전보를 울렸다. 언론들도 100년간 이어 온 코카 콜라와 펩시의 콜라 전쟁이 드디어 종전을 맞았다는 보도를 잇달아 내놨다. 그러나 그로부터 10여 년이 흐른 현재, 오히려 펩시는 코카 콜라의 매출액을 큰 폭으로 앞서 가고 있다. 그 '기적의 10년'을 이끈 주인공이 바로 누이다.

펩시의 최고위직에 오르기 이전, 누이가 거쳐 온 회사들도 모두 내로라하는 초우량 기업들이었다. 경영 컨설팅 업계에서 최고 명성을 자랑하는 보스턴 컨설팅 그룹을 비롯해, 모토롤라, ABB 등에서 역량을 발휘해 왔다.

누이가 모두들 부러워하는 다국적 기업 총수 자리에 오를 수 있었던 배경에는 남들이 겁을 내며 꺼리는 일들에 과감히 도전해 나간 도전 정신이 깔려 있다.

1997년, 펩시 그룹 매출의 3분 1을 차지하던 레스토랑 사업 부문을 과감히 분사시킨 것은 누이의 최고 성과로 평가된다. 1990년대 말, 당시 펩시 그룹을 이끌던 최고 경영자 로저 엔리코는 켄터키프라이드치킨(KFC), 피자헛, 타코벨 등이 포함된 레스토랑 사업 부문 분사에 대해 회의적인 반응을 보였다. 그러나 분사를 끈질기게 주장한 누이의 설득을 받아들여 결국 분사를 단행했다. 레스토랑 사업 부분을 분리하는 것에 대해 일부 경영진들과 주주들이 우려를 표명했지만, 현재는 오늘날 펩시가 거둔 탁월한 경영 성과 중 하나로 평가된다. 펩시가 KFC 등을 분사시키자, 그 이전까지 펩시를 라이벌 업체로 생각하던 버거킹 등 다른 외식업체들이 매장에서 펩시콜라를 팔기 시작했다. 반면 분사시킨 업체들과는 여전히 전략적 제휴 관계를 유지, 매출액 감소를 상쇄했다. 결국, 누이의 의도대로 펩시는 기존에 직영하던 KFC 매장은 매장대로, 기존에는 관계가 서먹하던 버거킹 매장은 매장대로 모두 펩시를 공급하는 일거양득의 효과를 얻을 수 있었다.

로저 엔리코는 이 같은 누이를 두고 "마치 뼈를 입에 문 개 같다."고 표현했다. 한번 먹잇감을 물면 결코 놓지 않는 엄청난 근성과 열정의 소유자라는 의미다.

누이의 판단이 탁월한 선택이었다는 사실이 드러난 것은 레스토랑 사업 부문 분사뿐이 아니었다. 사람들이 갈수록 건강에 신경을 쓰고 웰빙을 강조하면서 단순히 탄산음료만 팔아서는 부가 가치를 창출할 수 없다는 게 누이의 판단이었다. 이 같은 예측 아래 1998년 주스 업체 트로피카나를 33억 달러를 들여 인수했다. 이때도 다른 경영진들은 거액을 주고 인수할 만큼 트로피카나의 가치가 높지 않다며 반대를 했지만, 누이는 인수 주장을 굽히지 않았다. 이 같은 누이의 판단이 적중했기에 오늘날 펩시 그룹은 단순한 콜라 회사에서 웰빙 시대에 걸맞는 각종 제품군을 갖춘 초일류 기업으로 변신하는 데 성공했다.

누이는 열렬한 스포츠 팬이다. 프로 농구 스타 마이클 조던이 뛰는 시카고 불스 팀의 경기를 몇 시간이고 반복 시청하는 것으로 유명하다. 그는 단순히 스포츠를 즐기는 데 그치는 것이 아니라, 스포츠에서 볼 수 있는 팀워크의 중요성을 직원들에게 늘 강조한다. 누이의 혁신적이고 창의적인 사고방식은 그의 자유로운 생활 방식과 무관하지 않아 보인다. 누이는 집에 커다란 노래방 기기를 설치해 놓는가 하면, 사무실에서도 늘 유쾌하게 노래를 부른다. 그렇게 스트레스를 날리고 활력을 얻는다. 사내 행사에서 전자 기타를 연주하던 누이의 모습은 '젊은 펩시'를 상징하는 하나의 아이콘이 됐다. 바쁜 업무 속에서도 한 박자 쉬며 여유를 찾으려는 생활 태도, 스스로 한계를 두지 않는 사고의 유연함이 바로 누이가 승승장구할 수 있었던 성공 비결이다.

'편안한 현실'보다 '불확실한 미래'를 택하다

누이는 인도 중산층 가정에서 태어났다. 중산층에서 태어난 대부분의 인도 소녀들이 주로 조신하게 학교를 다니고 집안일을 배우다가 시집을 가는 것과 달리 누이는 학창 시절부터 튀는 아이였다. 모범생과는 거리가 멀었던 누이는 친구들과 록 밴드를 결성해 기타리스트로 참여하는가 하면, 크리켓 선수로도 활약했다.

인도에서 대학과 대학원을 졸업한 뒤 다국적 기업인 존슨 앤드 존슨 인도 지사와 방직 회사에서 근무하던 어느 날 잡지에 게재된 광고에서 눈을 뗄 수가 없었다. 예일 대학교 경영 대학원 신입생 모집 광고였다. 누이는 광고를 보자마자 지원하기로 결심했다. 합격 여부도 알 수 없었고 부모님이 미국 유학을 허락해 줄지 어떨지도 몰랐지만, 일단 지원서부터 내기로 결정했다. 이미 갖고 있는 석사 학위와 안정된 직장이라면 인도 사회에서도 남부럽지 않은 인생을 살 수 있었지만, 누이는 편안하고 안정된 현실보다는 불확실하지만 더 큰 기회가 열려 있는 미래를 택한 셈이다. 그리고 얼마 후 불가능해 보였던 일이 동시에 일어났다. 첫째, 합격에 대한 기대를 그리 크게 하지 않고 있던 누이에게 예일 대학이 합격 통지서를 보낸 것이다. 더 놀라운 것은 그의 부모가 미국 유학을 허락했다는 점이다.

누이는 훗날 영국 《파이낸셜 타임스》와의 인터뷰에서 당시 상황에 대해 "보수적인 인도 남부 중산층 가정에서 딸을 그런 식으로 외국에 유학 보낸다는 것은 당시까지는 생각하기 힘든 일이었다."고 말했다.

누이가 유학길에 오를 수 있었던 것은 어머니의 영향이 컸다. 어머니는 그가 아직 청소년이었을 때부터 늘 무엇이 되고 싶은지 물은 뒤, 장래 희망을 이야기하면 "그 꿈을 이루기 위해 오늘 하루도 최선을 다해야 한다."는 말을 반복했다. 원대한 꿈과 목표를 품고 살아가는 사람과 하루를 그냥 대충대충 살아가는 사람은 훗날 엄청난 결과의 차이를 보인다는 점을 어머니 덕분에 늘 마음에 품고 있을 수 있던 것이다.

미래에 대한 강한 도전 의식과 이를 뒷받침해 주는 부모의 결단 속에 누이는 과감하게 미국 유학길에 오를 수 있었고, 30여 년이 흐른 현재 누이의 이름은 세계 기업 역사의 한 페이지를 당당하게 차지하고 있다.

유리 천장은 깨지기 쉽다

누이가 뛰어난 경영자라고 칭송받는 이유는 여러 가지다. 앞서 언급했듯, 우선 시대의 변화를 빠르게 읽어 내는 능력이 남들보다 탁월하다. 지금 당장 손해를 보는 것 같아도 장기적으로 볼 때 어떤 일이 더 큰 이득을 가져다주는지에 대한 통찰력이 남달랐다. 이 때문에 외식 사업 부문 분사라든가 트로피카나 인수 등 펩시의 존폐를 결정지을 큰 사안들을 성공적으로 진행하고 있다.

누이가 무슨 신통력이 있거나 용한 점쟁이를 알고 있어 탁월한 예측력을 키운 것은 결코 아니다. 그는 남들보다 치밀하고 집요하게 해당 사안에 대해 연구한다. 몇 날 며칠 식음을 전폐하다시피 집중하면서 연구에 연구를 거듭한다. 그리고 일단 결정을 내리게 되면, 남들의 비판에도 아랑곳하지 않고 결정 사항을 소신 있게 추진했다. 물론 이 같은 누이의 업무 처리 방식이 독단으로 흐를 가능성을 배제할 수는 없다. 그러나 그는 비판과 지적에 대해서도 충분한 방어 논리를 세울 수 있을 만큼 사전에 치밀한 연구와 분석을 한다.

누이의 주도 아래 펩시가 게토레이로 유명한 퀘이커 오츠를 인수했을 때가 가장 대표적인 사례다. 펩시와 퀘이커 오츠의 합병에 대해 많은 비판이 뒤따랐다. 그러나 누이는 당시 최고 경영자였던 로저 엔리코와 함께 5년여에 걸친 치밀한 사전 시장 조사 끝에 2001년 인수를 단행했다. 그러나 트로피카나 인수에 이어 퀘이커 오츠 인수까지 이어지다 보니 펩시의 영업망에는 과부하가 걸렸다. 결국 퀘이커 오츠 인수 초기인 2001년 하반기, 경쟁사 제품들이 매출 신장률 15퍼센트를 넘나들며 승승장구할 때 퀘이커 오츠 제품들만 7퍼센트 성장에 머물며 죽을 쑀다. 유색 인종에, 그것도 여자가 승승장구하는 모습을 탐탁지 않게 여기던 사내 라이벌 세력들과 월스트리트의 애널리스트들은 때를 기다렸다는 듯 누이의 선택이 틀렸다는 비판을 쏟아 내기 시작했다. 성급한 이들은 누이의 성공 시대가 이 인수 건을 계기로 드디어 막을 내릴 것이라며 코웃음을 치기도 했다. 그러나 누이는 성공에 대한 확신이 있었다. 자기가 오랜 세월 동안 공들인 작업에 대한 믿음과 퀘이커 오츠를 인수하기까지 걸린 5년간의 시간에 대한 믿음이 있었다. 정확히 말하면 자기 자신에 대한 강한 믿음이었다.

아니나 다를까, 누이의 예상대로 퀘이커 오츠를 인수한 효과가 서서히 나타나기 시작했다. 저성장으로 신음하던 매출 곡선이 어느 순간 바닥을 찍더니 무서운 상승세를 타기 시작했다. 이 모든 상황을 누이는 사전에 충분히 예측하고 있었다. 얼마 지나지 않아 펩시는 퀘이커 오츠 인수 덕분에 그룹 전체 매출액이 7퍼센트나 신장되는 역사적인 성장세를 기록했다. 누이를 끊임없이 흔들어 대던 반대파와 월스트리트의 애널리스트들은 졸지에 할 말을 잃고 말았다.

물론 누이라고 직장 내 불평등을 겪지 않은 것은 아니다. 오히려 누이만큼 기업 내부에서 심한 견제와 질투를 받은 사람도 드물 것이다. 유색 인종, 외국인, 여성, '굴러온 돌' 등, 누이는 라이벌들이 공격하기 좋은 모든 불리한 조건을 다 갖췄다. 하지만 그는 좌절을 몰랐다. 치밀한 준비와 과감한 결단, 늘 남들에게 쾌활하고 재밌는 사람이라는 인식을 심어 주는 감성적 리더십을 선보이면서 세계 최대 기업의 수장 자리에 올랐다.

누이는 지난 2001년 《비즈니스 인디아》와의 인터뷰에서 어떻게 직장 내에서 불평등을 이겨 내고 성공했는지 그 마음가짐을 밝힌 적이 있다.

"유리 천장은 분명 존재한다고 생각합니다. 하지만 그 천장은 투명하고 깨지기 쉬운 천장이랍니다. 여러분들은 그 천장을 분명 깰 수 있습니다."

옐레나 이신바예바 Yelena Gadzhievna Isinbaeva

나를 뛰어넘어 새로운 역사를 쓴다

1982년 러시아 볼고그라드에서 태어났다. 장대높이뛰기 세계 신기록을 스물일곱 번이나 갈아 치운 자타가 공인하는 육상계의 스타다. 2004 아테네 올림픽과 2008 베이징 올림픽 2회 연속으로 금메달을 목에 걸었다. 2009년 자신이 세운 세계 신기록을 깨기 위해 지금도 맹렬히 도전 중이다.

자신과의 처절한 싸움

옐레나 이신바예바는 21세기가 낳은 최고의 여성 스포츠 스타 중 한 명이다. 트랙 종목에서 자메이카 출신 단거리 선수인 우사인 볼트가 황제 자리를 점하고 있다면, 필드 종목에서는 이신바예바가 단연 최고의 인기를 구가하고 있다.

1990년대 후반부터 세계 청소년 육상계의 스타로 떠오른 이신바예바는 2002년 유럽 선수권 대회에서 2위를 차지하며 성인 무대에 화려하게 데뷔했다. 이후 치러진 각종 육상 대회에서 이신바예바는 특별한 이변이 없는 한 1위 자리를 독차지하고 있다. 어쩌다 이신바예바가 우승을 차지하지 못할 경우, 그게 오히려 더 큰 뉴스가 될 정도다. 참고로 한국 여자 장대높이뛰기 기록은 2009년 4월 22일 전국 실업 육상 경기 선수권 대회에서 임은지 선수가 기록한 4.35미터다. 이신바예바가 주니어 선수 시절 이미 4.40미터 기록을 돌파한 것을 생각해 보면, 그가 얼마나 탁월한 기록을 세우고 있는지 알 수 있다.

이신바예바가 대단하다는 것은 이미 선수로서 오를 수 있는 고지는 모두 올랐으면서도 피나는 훈련을 멈추지 않고 있다는 점이다. 올림픽에서 두 차례나 금메달을 목에 걸었고, 세계 신기록은 스물일곱 차례나 갱신했다. 국제 육상 경기 연맹(International Association of Athletics Federations, IAAF)이 주관하거나 국가별로 주관하는 육상 대회에서는 하도 많이 우승을 해서 그 정확한 횟수를 세려면 반나절은 걸릴 판이다.

통상 운동선수들이 토로하는 고충 중 하나가 '목표 상실'이라는 부분이다. 평생 노리던 높은 고지에 오르고 나면, 목표와 동기 상실로 인해 더 이상 운동에 전념하기 힘들다는 것이다. 올림픽이나 세계 선수권 대회 등 주요 대회에서 금메달을 따거나 탁월한 기록을 세운 스포츠 스타들 중 급격한 경기력 저하를 보이는 선수들이 적지 않은데 바로 이런 경우가 목표 상실, 동기 상실에 해당한다고 볼 수 있다.

이런 기준으로 보면 이신바예바는 백번 칭찬을 해도 모자란 선수다. 평생 한 번 우승하기도 힘든 올림픽에서 2연패를 달성했고, 자신이 보유하고 있는 세계 기록을 줄기차게 넘어서고 있다. 딱히 위협이 되는 라이벌이 없기 때문에 동기 부여가 되기 힘든 상황이다. 이 때문에 '나 자신과의 싸움'이라는 표현이 이신바예바처럼 딱 들어맞는 경우도 드물다.

특히 이신바예바는 모두들 불가능할 것으로 여겼던 5미터의 벽을 깨뜨리는 역사적인 위업을 이미 2005년 달성했다. 그 이후 1센티미터, 때로는 2센티미터씩 기록을 높이며 2009년 8월 스위스 취리히에서 열린 IAAF 골든 리그 5차 시리즈에서는 5.06미터까지 기록을 끌어올렸다. 말이 쉬워 1, 2센티미터지 실제 해당 기록을 넘기 위해서 이신바예가 흘린 땀방울이 얼마나 많았을지는 불을 보듯 뻔한 일이다.

2008년 이탈리아 로마에서 열린 골든 갈라 대회에서 5.03미터, 몬테카를로 대회에서 5.04미터, 베이징 올림픽에서 5.05미터를 돌파한 뒤 한동안 기록 갱신 행진이 뜸해지며 팬들의 우려를 사기도 했다. 특히 2009년 8월 베를린에서 열린 세계 선수권 대회에서 모처럼 만에 노메달을 기록, 팬들을 충격에 빠뜨리기도 했다. 그러나 불과 11일 뒤 열린 다른 대회에서 또다시 세계 신기록을 달성하면서 건재함을 과시, 육상계의 진정한 '여제(女帝)'임을 입증했다.

지독한 연습 벌레

사실 이신바예바가 오늘날과 같은 엄청난 인기를 누리게 된 또 다른 배경에는 여느 연예인 못지않은 뛰어난 외모가 있다는 사실을 부인할 수 없다. '미녀 새'라는 별명이 그래서 자연스럽게 따라붙는다.

이신바예바의 공식 인터넷 홈페이지(http://www.yelenaisinbaeva.com/en/)에 들어가 보면 이신바예바가 장대를 잡고 포즈를 취한 여러 장의 사진들이 나온다. 이신바예바가 누구인지 모르는 사람들이 이 사진을 본다면 슈퍼 모델 혹은 연예인이 포즈를 취한 것이라는 착각을 하기 쉬울 정도로 이신바예바의 외모는 수려하다. 그런 점에서 봐도 이신바예바가 장대높이뛰기라는 외길 인생을 걷고 있다는 사실에 높은 점수를 줄 만하다. 러시아를 포함해 옛 동구권 출신 여성 스포츠 선수들이 빼어난 미모를 앞세워 서방으로 건너가 결국 연예 활동을 하는 경우를 심심치 않게 볼 수 있는데 이신바예바는 그런 유혹에도 흔들림 없이 오로지 기록 갱신에만 집중하고 있다.

이신바예바는 혹독한 연습 벌레로 소문나 있다. 너무 연습을 열심히 한 나머지 걷기 힘들 정도로 온몸에 근육통을 느끼고, 손바닥 통증이 심해 장대를 잡기 힘들 정도인 날도 많지만 그럴 때마다 '연습으로 입은 부상을 연습으로 푸는' 지독한 훈련 방식을 취하는 것으로 알려져 있다. 각종 대회가 본격적으로 열리는 경기 시즌이 돌아오면 최적의 체중을 유지하기 위해 음식물 섭취에 있어서도 스스로 엄격한 기준을 설정한다. 워낙 자주 우승하다 보니 팬들은 이

신바예바가 우승하는 것을 당연시한다. 그러나 당사자인 이신바예
바에게 이 같은 팬들의 기대 심리가 엄청난 심리적 압박으로 작용
할 수밖에 없다. 이신바예바 스스로도 2008년 언론과의 인터뷰에서
"2004년 올림픽에서 우승했을 때보다 2008년 올림픽에서 우승할
때가 더 힘들었다. 팬들은 내가 여러 대회에서 우승을 하다 보니 올
림픽 우승을 당연하게 여긴다. 그러나 맨 처음 이룬 업적을 다시 반
복하는 게 쉬운 일은 아니다."라고 말했다.

이신바예바에게 있어 최고의 순간은 공중에 떠 있는 짧디짧은 찰
나의 순간이다. "비록 0.5초가 안 되는 짧은 순간이지만, 난 그 순간
정말 큰 희열을 느낀다."는 게 이신바예바의 말이다.

도전은 끝나지 않았다

이신바예바의 부모는 그가 열 살 되던 해, 체조 단원을 모집한다
는 신문 광고를 보고 여동생과 함께 자매를 체조단에 집어넣었다.
그러나 이신바예바의 키가 체조를 하기에는 너무 빨리 커, 고심 끝
에 큰 키를 이용할 수 있는 장대높이뛰기로 방향을 틀었다. 불리한
신체 조건에 좌절하지 않고, 새로운 블루 오션을 찾아 나선 셈이다.
그 이후 천부적인 신체 조건과 혹독하리만치 처절한 훈련이 어우
러지면서 오늘날 세계 육상계를 대표하는 최고의 선수로 우뚝
섰다.

이신바예바의 도전은 아직 끝나지 않았다. 그는 도전에 임하는

각오를 이렇게 말했다.

"내 생애에서 이뤄야 하는 것들이 아직 너무나 많다."

이신바예바는 특히 한국에 대한 애정을 여러 차례 표현해 우리에게는 더욱 친근감이 느껴지는 선수다. 2009년 11월 가진 인터뷰에서 "대구 육상 대회는 내가 가장 좋아하는 국제 대회 중 하나다. 관중들은 매우 열렬히 나를 응원해 주었다. 나는 대구의 공기를 진정으로 즐겼으며, 경기장은 아름다웠다. 세계 선수권 대회가 열리는 2011년까지 기다리기 힘들 정도다."라며 진한 애정을 과시했다. 또 최고의 휴가지로 중국 하이난 섬을, 가장 선호하는 음식으로는 일본의 초밥을 꼽을 정도로 아시아권 문화에 대해 깊은 애정을 갖고 있다.

이신바예바는 2013년 러시아에서 열리는 세계 육상 선수권 대회 이후 은퇴할 것이라는 의사를 여러 차례 밝혀 왔다. 실제 2013년에 은퇴한다 해도 그의 나이는 고작 서른한 살이다. 그때까지는 계속해서 전성기를 이어갈 수 있을 것이라는 추측이 가능하다.

물론 이신바예바 역시 '흐르는 세월' 앞에 잠시 지치는 모습을 보이기도 한다. 2010년 3월 카타르에서 열렸던 세계 실내 육상 선수권 대회 당시 입상에 실패하자 "너무 지치고 피곤하다."며 스스로 휴식을 선언했다. 그러나 1년 뒤 모스크바에서 열린 복귀전에서 다시 우승컵을 차지하면서 '휴식은 있어도 후퇴는 없는' 노력파 여걸의 모습을 만천하에 과시했다.

이신바예바 스스로 밝힌 최종 목표는 100년간 그 누구도 깨지 못할 기록을 세우는 것이다. 구체적으로 5.50미터까지는 뛰어넘어 보겠다는 게 이신바예바의 목표다. 까마득한 높이지만 엄청난 연습량을 자랑하는 이신바예바이기에 허황된 소리로 들리지만은 않는다. 은퇴 이후에는 국제 올림픽 위원회(IOC) 위원직에 도전해 평생을 한 우물만 파겠다는 게 이신바예바의 장기 플랜이다. '한계 없는 도전'을 쉼 없이 계속하고 있는 이신바예바가 언제까지 가장 높이 하늘을 날 수 있을지 세계는 숨죽여 바라보고 있다.

크리스티안 아만포 Christiane Amanpour

총보다 강한 펜의 여전사

1958년 영국 런던에서 태어났다. 1983년 CNN에 입사해 2010년 ABC 방송국으로 이직했다. 걸프전과 유고슬라비아 내전, 이스라엘과 팔레스타인 분쟁, 평양 현장 취재와 이란 대선 등 각종 분쟁 지역 현장 취재 및 주요 인물들과 인터뷰를 성사시킨 ABC의 간판 앵커다.

뉴스의 최전선

2009년 6월, 이란 대통령 선거가 끝나자마자 세계의 관심은 한 곳으로 쏠렸다. 대선 과정에서 유례없는 돌풍을 일으키며 집권 여당을 가슴 졸이게 했던 야당 후보 무사비를 과연 아마디네자드 대통령이 손보지 않을까 하는 점이었다. 그렇지 않아도 폭군으로 소문난 아마디네자드 대통령이 다시 집권 연장을 한 만큼, 무사비 후보에 대해 가혹한 응징을 할 것이라는 예상이 지배적이었다. 이와 반대로 서방의 눈을 의식해 별다른 위해를 가하지 못할 것이라는 반론을 펴는 사람들도 있었다. 모든 이들이 궁금해하던 이 의문을 한 기자가 직접 아마디네자드에게 질문한다. 모든 서방 언론을 대표해, 이란 정부가 이 기자에게만 텔레비전 인터뷰를 허용했기 때문이다. 바로 CNN 최고의 기자로 꼽히는 크리스티안 아만포였다. 아만포는 전 세계로 중계된 아마디네자드와의 단독 인터뷰를 통해, 과연 그가 정적 무사비에게 정치 보복을 하지 않을 것인지를 강하게 추궁했다. 무사비의 안전을 보장할 수 있느냐는 아만포의 질문에 아마디네자드는 "교통 법규를 위반하는 사람조차 지위 고하를 막론하고 벌금형에 처해지는 법"이라고 비유하며 사실상 무사비의 안전을 장담할 수 없음을 시사했다. 아마디네자드라는 독재자의 속내가 아만포의 날카로운 추궁에 의해 세상에 드러나던 순간이었다.

아만포는 한마디로 현존하는 세계 최고의 인기 언론인이다. CNN이 가진 매체력 덕분에 아만포가 세계적 거물이나 명사들을 단독 인터뷰하고 있다는 비판도 있지만, 아무리 CNN 기자라고 해도 아만포처럼 수많은 명사들을 인터뷰하는 것은 결코 쉬운 일이 아니다. 아만포가 지금까지 인터뷰했던 인물들의 면면은 화려하기 그지없다. 무하마드 하타미 이란 대통령을 비롯해, 야세르 아라파트 팔레스타인 자치 정부 수반, 토니 블레어 영국 수상, 자크 시라크 프랑스 대통령, 페르베즈 무샤라프 파키스탄 대통령 등이 재직 중 아만포와 인터뷰를 가졌다. 북핵 6자 회담의 북한 측 대표를 맡고 있는 김계관 외무성 부상 역시 아만포의 인터뷰 명단에 올라 있다. 러시아 극우파 정치가인 블라디미르 지리노프스키는 미국 기자들과는 절대 인터뷰를 갖지 않겠다며 콧대를 높였으나 예외적으로 아만포의 인터뷰 신청은 거부하지 않았다. 여느 기자라면, 아만포가 인터뷰에 성공했던 거물 중 한 명만 인터뷰에 성공해도 '평생의 업적'으로 두고두고 내세울 수 있을 것이다.

2010년 4월 ABC 방송으로 자리를 옮긴 뒤에도 특종 행렬은 계속 이어지고 있다. 특히 최근 몇 년간 중동 지역을 휩쓸고 있는 '민주화 열풍' 속에서 아만포의 존재 가치는 더욱 두드러졌다. 이집트 반정부 시위대에게 퇴진 압력을 받고 있던 호스니 무바라크 대통령과의 인터뷰를 성사시켰고, 트리폴리 해안 도로가에 있는 한 레스토랑에서는 무아마르 카다피 리비아 국가 원수와 대담을 가질 수 있었다.

아만포의 취재 범위는 가히 전 지구에 걸쳐 있다고 할 수 있다. 동유럽 사회주의 붕괴를 비롯해 걸프전 취재, 보스니아 내전, 아프리카 소말리아와 르완다 내전, 이스라엘과 팔레스타인 분쟁, 이란 핵 문제, 북한 핵 개발 논란, 9·11 테러 등 최근 20여 년간 일어난 국제적인 주요 이슈 현장에는 늘 아만포가 있었다.

20세기 중반부 최고의 여기자가 여성 최초의 종군 기자로 추앙받고 있는 이탈리아의 오리아나 팔라치라면, 20세기 후반과 21세기를 주름잡고 있는 최고의 여기자는 단연 아만포다.

걸프전으로 우뚝 서다

아만포는 1958년 영국 런던에서 태어났다. 아버지는 이란 출신 항공사 간부였고, 어머니는 영국인이었다. 어린 시절 아만포의 가족은 이란으로 귀국했고, 유년 시절을 그곳에서 보냈다. 열한 살 때 아만포는 다시 영국으로 돌아왔고, 이후 그곳에서 십 대 성장기를 보낸다. 이란에 남아 있던 가족은 1979년 이란에서 이슬람 혁명이 일어나면서 유럽으로 쫓겨나는데, 이때 그의 부모는 사실상 평생 축적한 부와 명예를 송두리째 잃어버리게 된다.

아만포가 어린 시절 영국과 중동(이란)을 오가며 생활했던 경험은 훗날 유럽과 중동 문제에 대한 기초적인 교양을 쌓는데 큰 도움이 됐다. 또 이슬람 혁명이 일어나기 이전, 이란에서 살았던 경험은 엄격한 원리주의에 기초한 신정(新政) 정치를 펼치고 있는 현 이란 정부에 대한 날카로운 비판 의식을 키우는 계기가 됐다.

아만포는 미국으로 건너가 로드아일랜드 대학에서 언론을 전공하면서 본격적인 언론인의 꿈을 꾸기 시작한다. 대학 졸업을 앞두고 언론사에 인턴으로 입사한 아만포가 담당한 일은 기자나 프로듀서가 아니라 일종의 보조직이라 할 수 있는 조사 팀이었다. 아만포가 졸업하던 당시나 지금이나 서구 주류 사회에서 중동계 출신은 어디까지나 이방인 대접을 받을 수밖에 없었다. 아만포가 재직 중이던 언론사에서도 알게 모르게 아만포를 푸대접하는 선배들이 적지 않았다. 아만포는 방송 기자 일을 희망했지만, 회사 측은 영국식 억양과 이국적인 외모를 트집 잡으며 좀처럼 기회를 주지 않았다.

그러나 아만포는 좌절하지 않았으며, 오히려 남들의 편견은 자신이 발전할 수 있는 좋은 계기가 될 수 있다고 여겼다. 당장은 힘들고 앞날이 불투명해도 늘 준비하고 연습하며 희망을 잃지 않고 있으면 언젠가는 기회가 찾아오리라고 스스로를 다독이며 마음을 다잡아 나갔다. 만일 기회가 주어진다면 그 기회를 반드시 놓치지 않겠다는 의지를 다진 것이다.

1983년 9월, 아만포는 당시 창사 3년밖에 되지 않았던 CNN에 입사하면서 드디어 꿈을 펼칠 기회를 잡았다. 현장 기자로서의 기회가 주어진 것이다. 오랫동안 갈망해 왔던 기회가 오자 아만포는 움츠렸던 발톱을 드러내기 시작했다.

남들이 가지 않고, 남들이 꺼려하고, 남들이 가장 기피하는 방법을 통해 남들보다 더 빨리 정상에 오르는 것이 아만포의 승부수였다. 외모가 뛰어난 것도, '출신 성분'이 뛰어난 것도 아닌 자신이 정상에 오르기 위해서는 남들과 차별화된 그 무엇인가를 찾아야 한다고 생각한 것이었다. 그 승부수가 바로 국제 분쟁 지역을 누비는 종군 기자의 길이었다.

말이 쉬워 종군 기자지, 여자의 몸으로 총알이 빗발치는 전쟁터를 누비는 게 쉬운 일은 아니다. 전쟁이 나면 다른 기자들은 짐을 싸서 도망치기 바빴지만, 오히려 아만포는 그 전쟁의 중심부에서 총탄을 피해 가며 안방에 생생한 뉴스를 전달했다.

시작은 걸프전이었다. 1990년 발발한 이라크의 쿠웨이트 침공, 이듬해 발발한 걸프 전쟁을 지구촌에 실시간으로 중계하면서 아만포는 순식간에 전 세계적으로 유명세를 떨치기 시작했다. 전장을 누비면서 보도하는 장면이 화제가 됐지만, 사실 그의 가장 뛰어난 능력은 아무런 원고 없이도 방송을 척척 해낸다는 데 있다. 상황이 시시각각으로 급변하는 전쟁의 특성상 사전에 원고를 써서 뉴스를 진행하기가 힘든 경우가 대부분인데, 아만포는 즉흥 보도를 잘하는 것으로 유명하다. 이는 아만포가 긴박한 상황에서도 냉정함을 잃지 않을 정도의 침착성을 가졌다는 의미이며, 해당 상황을 순간적으로 판단하고 보도할 수 있을 만큼 사전에 철저하게 공부를 했다는 사실을 보여 준다.

이후 이라크 북부 지역에서 발생한 쿠르드 족 분리 독립 운동, 보스니아와 헤르체고비나 내전 사태 등을 현장에서 취재하면서 20세기 종반부를 화려하게 장식했다. 아만포는 영어뿐 아니라 프랑스어, 이란 어(Farsi)에도 능통하다. 이는 아만포가 각국 주요 정상들과 통역 없이 인터뷰하는 데 큰 도움을 주고 있다.

한 가지 재미난 점은 이슬람권 출신인 아만포가 유대계 남자를 만나 결혼을 했다는 점이다. 아만포의 남편은 빌 클린턴 정부 시절 국무부 대변인을 지낸 제임스 루빈이다. 루빈은 현재 컬럼비아 대학에서 객원 교수로 일하고 있으며, 그의 여동생(즉, 아만포의 시누이) 엘리자베스 루빈 역시《뉴욕 타임스》기자로 활동하고 있다. 아만포는 과거 남편인 루빈을 대상으로 인터뷰를 진행해 세간의 관심을 끌기도 했다. 아만포와 루빈 사이에 태어난 아들은 이름을 다리우스라고 지었는데, 이는 우리가 알고 있는 옛 페르시아 제국의 다리우스 황제에서 따온 이름이다. 이란 인과 영국인의 피가 반반씩 흐르고 있고, 현재는 뉴욕에서 살고 있는 미국인이지만 아만포가 얼마큼이나 조국 이란에 대한 애정을 갖고 있는지 알 수 있는 대목이다.

진실을 세상에 알리는 기자

아만포의 인터뷰 내용에 대해 물론 모든 시청자들이 만족하는 것은 아니다. 일부 언론학자들은 아만포가 단순한 팩트(객관적 사실) 전달에 충실하기 보다는 지나치게 자신의 개인적 견해를 전달하고 있다며 비판한다. 이 때문에 아만포를 기자보다는 편집인으로 간주해야 한다는 비판도 있다. 하지만 기자가 개인의 비판적 견해를 어느 수준에까지 보도에 담아도 되는지에 대한 논란은 정답이 없는 문제다.

아만포의 능력이 더욱 돋보이는 것은 인터뷰가 성사되기까지의 과정에서 보이는 끈기와 인내력 때문이다. 세계적 유명 인사들에 대한 인터뷰를 성사시키기까지 아만포는 계속해서 정성을 쏟는다. 인터뷰 성사를 위해 수년 동안 해당 인물에게 공을 들인다. 현장 취재 역시 마찬가지다. 미국의 적대국일지라도 해당 정부를 상대로 끈질기게 취재 요청을 하면서 답변을 기다린다. 2008년 2월에는 북한 영변 핵 시설의 전경과 냉각탑, 플루토늄 추출 과정 등을 직접 취재해 전 세계에 내보냈는데, 이 취재를 위해 아만포는 9년 동안 북한 정부를 조른 것으로 알려져 있다.

또한 아만포처럼 종군 기자로서 오랫동안 전쟁터를 누빈다는 게 얼마나 어려운 일인지는 일반인들이 상상하기 힘든 부분이다. 포탄과 총성이 난무하는 격동의 현장에 용감히 뛰어들어 그 모습을 안방에 생생하게 중계한다는 것은 결코 쉬운 일이 아니다. 총알이 언론인을 피해 가지는 않는다. 때로는 극심한 공포감이 들기도 하지만 가장 완벽한 취재를 위해 목숨을 내걸고 현장을 누비는 아만포의 모습은 그 자체로 감동적 뉴스거리가 되곤 한다. 아만포는 "때로는 전쟁터에 들어간다는 게 너무 겁나고 떨리지만, 일단 현장에 들어가면 로큰롤 음악을 즐기듯 일을 해야 한다."고 말한다. 그만큼 기자로서의 직업의식과 소명 의식이 뛰어난 아만포다. "난 심장 속, 뼛속, 심지어 디엔에이(DNA) 속까지 철저한 현장 체질"이라는 아만포의 말은 허풍이 아니다. '전쟁이 있는 곳에는 아만포가 있다(Where There's War There's Amanpour).'는 《뉴욕 타임스》의 헌사는 하루 아침에 이뤄진 것이 아니다.

아만포는 때로 외부의 부당한 압력에 대해 용기 있는 목소리를 내기도 한다. 9 · 11테러 이후 조지 부시 정부가 이라크 전쟁을 수행하면서 언론인들에게 보도 통제를 가했다는 고발을 최초로 한 것도 아만포였다. 한없이 자유로울 것 같은 미국 언론도 때로는 '국익'을 앞세운 공권력의 통제 앞에 고개를 숙이곤 한다. 아만포는 한 시사 프로그램에 출연, 부시 정부가 이라크 전쟁을 벌이면서 정부에 우호적인 뉴스를 내보내기 위해 CNN을 비롯한 언론들을 위협했다고 폭로해 파문이 일었다. 전쟁터를 누비는 용기뿐만 아니라 거대 권력 앞에서도 결코 움츠러들지 않는 용기를 보여 준 것이다.

아만포는 셀 수 없이 많은 상을 타 그 목록을 일일이 열거하기조차 힘들 정도다. 그러나 아만포가 수상한 최고의 상은 아마도 1998년 보스니아로부터 받은 명예시민증이지 않을까 싶다. 아만포가 시민증을 받은 이유는 1992년부터 4년간 보스니아 내전의 참상과 진실을 세상에 생생하게 알려 줬기 때문이다. 보스니아 곳곳을 누비며 자신들의 아픔을 전 세계에 알려 준 아만포의 헌신적인 취재 활동에 대해 보스니아 사람들은 감사의 마음을 잊지 않고 있었다. '가려지고 은폐된 진실을 세상에 알리는 기자'인 아만포에게는 그 어떤 훈장보다 영예로운 최고의 찬사가 아닐 수 없다.

힐러리 클린턴 Hillary Diane Rodham Clinton

국제 질서를 디자인하다

1947년 시카고에서 태어났다. 남편인 빌 클린턴을 전국 최연소 아칸소 주지사에 당선시켰고 본인은 특허권 및 지적 재산권 전문 변호사로 명성을 날렸다. 1992년 빌 클린턴이 대통령에 당선됨에 따라 2001년까지 영부인 역할을 수행했다. 이후에는 본인이 직접 정치에 뛰어들어 2000년 뉴욕 주 상원 의원 당선을 시작으로 2008년에는 민주당에서 버락 오바마와 경합을 벌였다. 버락 오마바의 당선 이후 국무부 장관으로 임명되어 역할을 수행 중이다.

새벽 세 시에 전화가 걸려온다면

사실상 미국의 대외 업무를 총괄하는 국무부 장관은 국제 질서를 만들고, 재편하고, 운용하는 세계 외교가의 최고 실력자다. 그 자리에 힐러리 클린턴이 앉아 있다. 경선 당시 최대 라이벌이었던 버락 오바마 대통령이 힐러리를 국무 장관에 발탁한 것도 대단하지만, 그 자리를 전격 수용한 뒤 아무 군소리 없이 주군을 모시는 힐러리도 참 대단한 여성이다.

특히 힐러리(남편인 빌 클린턴과 혼동할 우려가 있어 힐러리로 부르기로 한다.)는 여전히 민주당 내 주요 차기 대선 후보로 꼽히는 인물이다. 오바마 대통령이 재선에 성공해 8년간 백악관에 머물다 나가고 민주당이 새로운 대권 주자를 찾을 경우, 힐러리 역시 여전히 득표력을 가진 유효한 카드가 될 수 있다는 것이 정치 전문가들의 평가다. 로널드 레이건 전 대통령이 70대 초반 나이에 처음 대통령직에 올랐고, 2008년 대선에서 70대 초반인 존 매케인 공화당 후보가 대선 주자로 나섰다는 것을 감안해 보면 2016년 대선 때 69세가 되는 힐러리가 다시 출마를 선언한다 해도 그리 늦은 나이는 아니라고 할 수 있다.

어지간하면 당에 머물며 끊임없이 라이벌(오바마 대통령)을 흔들며 당장 차기 대선부터 노리는 것이 일반적 정치인의 전형이라면, 힐러리는 일단 정적의 제안을 수용한 뒤 정적의 성공을 위해 정성을 다해 근무를 하고 있다. 그것도 자신의 정치적 교두보라 할 수 있는 상원 의원직까지 내던지면서 말이다.

2008년 미국 대선에서 최고의 이슈는 단연 경제와 안보였다. 이 중 안보 문제는 힐러리가 오바마 후보를 가장 매섭게 몰아붙인 부분이었다. 연방 상원 의원 초선에 불과한 오바마 후보가 과연 복잡하기 이를 데 없는 외교 현안과 안보 문제를 제대로 처리해 낼 능력이 있느냐는 점이 공박의 주요 포인트였다. 그중 대표적인 논란이 '새벽 3시' 광고 시리즈였다. 새벽 3시, 백악관에 국가 안보와 관련된 긴급 전화가 올 경우, 오바마와 힐러리 중 누가 전화를 받는게 더 국가 이익에 좋겠느냐는 질문을 던진 텔레비전 광고다. 힐러리가 오바마의 외교 경험 미숙을 부각시키기 위해 만든 광고인데, 이 광고로 힐러리는 적지 않은 정치적 효과를 얻을 수 있었다. 그러나 역설적으로 이제 힐러리는 국무 장관을 맡음으로써 오바마와 함께 새벽 3시에 일어날 만한 국가 중대사를 함께 책임져야 할 자리에 올랐다. 그리고 지금까지는 그 역할을 기대 이상으로 잘 수행해 오고 있다는 것이 대체적인 평가다. 조지 부시 정권 8년간 진행되어 온 테러와의 전쟁을 종식시키면서 점차 미국을 지구촌의 친구로 되돌리고 있는 과정에서 힐러리는 막강한 영향력을 행사하고 있다.

부시 정권 8년 동안 유아독존 외교 행태를 고집했던 미국이 오바마 정부 출범 이후 '신 국제 참여 시대'를 천명한 가운데 힐러리는 세계 각국을 분주히 돌아다니며 화합과 협력의 메시지를 전달하고 있다. 20세기 후반과 21세기 초반을 통틀어 국무 장관 중 힐러리만큼 대통령으로부터 많은 자율성을 부여받은 채 업무를 수행하는 장관은 없다고 할 수 있다. 이는 오바마 대통령이 아직 완벽하게 체득하지 못한 국정 운영 능력을 힐러리는 영부인 생활 8년을 통해 간접적으로나마 키워 왔다는 점에서 이해하면 된다.

힐러리는 국무 장관으로 지명된 후 의회 인사 청문회를 준비하는 과정에서부터 스마트 파워(smart power) 외교를 강조했다. 부시 정부가 막강한 군사력과 경제력을 바탕으로 상대국을 굴복시키겠다는 하드 파워를 앞세웠다면, 힐러리는 문화적·정치적·감성적으로 접근하는 소프트 파워(이 개념 자체는 하버드 대학의 조지프 나이 교수가 처음 언급했지만, 이를 국무 장관이 외교 철학으로 삼겠다고 천명한 것은 사실상 힐러리가 처음이다.)와 하드 파워를 적절히 조화시키는 스마트 파워 외교 정책을 구사해야 한다고 강조했다.

실제 전통적 앙숙이었던 터키와 아르메니아가 관계 정상화 협정을 맺게 되기까지 힐러리 장관의 막후 중재 역할이 컸다는 평이다. 일각에서는 조지프 바이든 부통령에게 중요 외교 업무를 뺏기고 있다는 비판을 내놓고 있지만, 여전히 힐러리엔 대한 지지도가 60퍼센트를 넘고 있는 것만 봐도 국민들이 얼마나 그를 사랑하고 있는지 알 수 있다.

시련을 넘어

워낙 잘나가는 여성이다 보니 힐러리의 인생이 늘 찬란했을 것 같지만 한 꺼풀만 벗겨 보면 힐러리만큼 불행한 결혼 생활을 한 여성도 드물다. 이제는 꽤 시간이 흐른 탓에 세간의 기억 속에서 사라져 가고 있지만 남편 빌 클린턴은 둘째가라면 서러워할 바람둥이다. 힐러리는 자기 집(백악관)에서 남편이 어린 인턴과 숱하게 밀회를 즐긴 사실을 알고도 이를 인내해야 했다. 대통령직에서 물러난 지 한참 지났지만 여전히 클린턴 대통령의 '바람기'에 대한 증언은 심심찮게 흘러나오고 있다. 듀케인 대학의 켄 곰리 교수 같은 경우는 신간 『미국 미덕의 죽음(*The Death of American Virtue*)』이라는 책에서 클린턴이 재임 시절 모니카 르윈스키 외에도 다른 여성과 혼외정사를 즐겼다고 폭로했다. 진위 여부와는 상관없이 힐러리에게는 분노가 치밀 만한 얘기들이지만 힐러리는 그때마다 초인적인 인내력을 발휘하며 가정을 지켜 왔다. 물론, 힐러리가 정치적 야심이 크기에 끝끝내 남편을 용서해 주는 모습을 보였다고 비판하는 사람들도 있지만, 초인적인 인내심을 발휘한 사실 자체는 부인할 수 없다. 힐러리는 늘 딸 첼시에 대한 소중함, 가정의 소중함을 강조하면서 여자로서는 견디기 힘든 고통의 순간들을 이겨 나갔다. 어쩌면 자신이 미국 여성들의 롤 모델이 되고 있다는 막중한 책임감 속에 자기 스스로 추슬렀을지도 모를 일이다. 그 과정에서 힐러리가 얼마나 많은 피눈물을 쏟아 냈을지는 상상하기 어렵지 않은 일이다.

어떤 유명 교수가 했다는 "내 딸은 힐러리처럼 자랐으면 좋겠다. 그러나 내 부인은 힐러리를 닮지 않았으면 좋겠다."는 농담은 힐러리의 능력이 남자들이 보기에도 얼마나 위대한 것인지, 남성 위주로 돌아가는 정치계에서 그의 존재가 얼마나 대단한 것인지를 단적으로 나타내 준다.

직물 공장을 운영하던 부친과 평범한 가정주부였던 모친 사이에서 태어난 힐러리는 초등학교에 입학하는 순간부터 학교 선생들의 사랑을 독차지할 정도로 학업 성취도와 교우 관계, 특별 활동 등에 있어 모두 두각을 나타냈다. 가정의 분위기는 다소 보수적이었지만 힐러리의 부모는 그가 여성이라는 이유만으로 차별을 받아서는 안 된다는 점을 늘 가르쳤고, 자신 역시 학창 시절부터 사회 문제에 대해 큰 관심을 나타냈다.

힐러리는 1964년 배리 골드워터 당시 공화당 대선 후보의 선거 자원봉사자로 나서면서 본격적인 '정치 활동'에 나서게 되는데 이때 힐러리의 나이는 겨우 열일곱 살이었다. 웨슬리 대학을 최우수 성적으로 졸업하고 예일 대학교 로 스쿨에 입학한 힐러리는 여기서 평생의 동반자가 될 클린턴을 만난다. 변호사 자격을 취득한 직후부터 이미 힐러리는 일 잘하고 똑똑한 여성으로 워싱턴 정가에 소문이 자자했다. 특히 하원에서 워터 게이트 사건과 관련된 탄핵 절차 업무에 관여하면서 깔끔하고 효과적인 일 처리로 수완을 발휘하면서 수많은 대형 로펌들로부터 영입 제안을 받았다. 그러나 약혼자를 따라 아칸소로 내려간 힐러리는 그곳에서 터를 잡았고 이후 남편이 아칸소 주지사에 오르고 결국 대선 고지에 오르기까지 찬란한 성공의 역사를 써 내려간다.

살아 있는 역사

힐러리는 2009년 2월 한국을 방문했을 당시 이화여대를 방문해 특강을 했다. 당시 힐러리는 "사회의 번영과 평화, 안정을 위해시는 여성이 사회에 완전히 참여할 수 있는 권리가 주어져야 한다."고 강조했다. 자신의 말대로 힐러리는 미국 사회, 더 나아가 지구촌 곳곳의 번영과 평화, 안정을 위해 자신의 역량을 십분 발휘하고 있는 파워 우먼이다.

텔레비전 화면으로 비춰지는 힐러리의 모습은 늘 찔러도 피 한 방울 안 날 것 같은 당찬 모습이지만, 방한 시 힐러리의 모습을 지켜본 많은 사람들은 그가 생각보다 온화한 할머니 같은 푸근한 모습을 하고 있다고 입을 모았다. 실제 이대 강연에서도 자기 딸보다 나이 어린 학생들에게 용기와 희망을 잃지 말라는 메시지를 여러 차례 강조했고, 예정된 시간을 넘겨 가면서까지 평소에는 잘 언급치 않던 가정사를 들려줬다. 그 모습은 마치 어머니와 딸들이 도란도란 정담을 나누는 광경과 흡사했다.

실제 힐러리는 유머 감각도 남다른 데가 있다. 2009년 여름, 힐러리는 계단에서 구르면서 팔꿈치 골절상을 입었다. 당시 러시아와의 군비 축소 협상이 주요 외교 이슈였는데, 힐러리는 '팔'이라는 의미의 영어 단어 '암(arm)'이 '무기'라는 뜻으로도 쓰이는 점을 감안, "난 또 다른 형태의 군축(arms control)에 전념하고 있다."고 말하는 유머 감각을 보이기도 했다.

세상에는 선천적인 재능을 갖거나 부모를 잘 만나 쉽게 성공하는 파워 우먼도 많고 반대로 극한 환경에서 처절한 노력 끝에 정상에 오른 파워 우먼들도 많다. 힐러리는 두 가지 경우의 교집합이라고 할 수 있다. 재능도 있었지만 후천적인 노력으로 큰 성공을 이뤘기 때문이다. 타고난 재능과 열정, 인생 고비고비마다 발휘한 엄청난 인내력과 결단력, 그리고 찬란한 성공에 이르기까지…….

바보나 천재가 아닌 이상 인간은 평균 수준의 재능을 타고나고 그 주어진 재능을 누가 얼마나 갈고 닦느냐에 따라 훗날 엄청난 결과의 차이를 나타낸다. 그리고 그 대표적인 본보기가 바로 힐러리다. 본인의 자서전 제목 『살아 있는 역사(*Living History*)』처럼 힐러리는 하루하루 새로운 역사를 써 나가고 있다.

3부

불의에
맞서 싸우다

지금 이 순간에도 세계 곳곳에서는 억압과 학대를 당하거나 부당한 대우를 받으며 하루하루를 고통 속에 살고 있는 사람들이 적지 않다. 세계 어디에선가 전쟁과 내전, 독재 정치는 여전히 진행 중이고, 개인이 거부하기 힘든 부조리의 벽은 두텁게 자리 잡고 있다.

이 장에는 사회적인 편견과 차별, 불합리, 억압, 폭력이라는 다중의 고통 속에서도 결코 삶의 의지를 꺾지 않은 여성들의 이야기가 그려져 있다. 불합리한 억압에 온몸으로 저항해 결국 역사에 길이 남을 찬란한 성과를 이뤄 낸 주인공들의 이야기는 너무나 극적이어서 오히려 비현실적으로 느껴질 정도다.

이 장에 등장하는 두 여걸, 소말리 맘과 베티 마코니의 유년 시절을 관통하는 하나의 키워드는 '지옥 같은 현실'이다.

두 명 모두 아주 어린 시절 성폭행을 당했고, 이후 인간으로서는 차마 입에 담지 못할 처절한 능욕을 여러 차례 당했다. 그러나 그들의 눈물을 닦아 주거나 아픔을 달래 줄 사람은 주변에 아무도 없었다. 오히려 세상은 비정하게 그들을 유린했고, 짓밟았다. 삶의 의미를 찾기 힘든 지옥 같은 시간들이 이어졌지만 맘과 베코니는 결국 이를 이겨 냈고 결국 자기 인생의 주인공은 바로 자기임을 증명해 냈다.

전쟁통에 부모를 모두 잃은 후 성폭행을 당했던 소말리 맘은 윤락가에 팔려 강제로 매매춘을 하던 중 목숨을 걸고 탈출을 감행했다. 이후 자신과 같은 처지에 놓인 성매매 아동들을 구출하는 시민운동에 투신, 오늘날 고국 캄보디아뿐 아니라 세계 곳곳에서 아동 성매매를 뿌리 뽑기 위한 처절한 투쟁을 벌이고 있다. 맘처럼 어린 시절 성폭행을 당했던 마코니는 훗날 교사가 된 뒤, 아프리카 사회에 만연한 성폭력으로부터 어린 소녀들을 구출하고 자립 기반을 마련해 주기 위한 사회 운동을 주도해 나가고 있다.

맘과 마코니가 벌이고 있는 '불의와의 전쟁'은 현재 진행형이다. 맘의 성매매 근절 캠페인을 못마땅해한 포주들은 맘의 친딸을 성폭행하는 천인공노할 범죄까지 저질렀다. 마코니의 사회 운동을 '남성에 대한 도전'으로 간주한 기득권 세력들은 마코니의 목숨을 위협했고, 결국 마코니는 고국을 떠나 외국으로 피신할 수밖에 없었다.

온갖 협박이 끊이지 않음에도 맘과 베코니가 불의에 맞서 싸울 수 있었던 가장 큰 원동력은 자기 자신에 대한 끝없는 사랑이었다. 여성으로서 상상하기조차 싫은 굴욕과 수치를 수없이 당했지만, 언젠가 그 현실을 이겨 내고 삶의 주인공이 될 것이라며 스스로에게 힘을 북돋워 준 사랑의 힘이 컸다. 그 힘은 과거 불행했던 본인의 모습과 비슷한 처지에 놓여 있는 불우한 주변을 돌보는 엄청난 에너지가 되고 있다.

이 장에는 전쟁의 포화, 독재자의 채찍, 테러 집단의 광기(狂氣)에 맞서 싸운 여전사들의 투쟁기도 이어진다. 때로는 영화를, 때로는 컴퓨터 자판을, 때로는 청진기를 무기 삼아 불의에 항거하는 여성들이 그 주인공이다. 그 누군들 날아다니는 총알이 무섭지 않고, 테러 집단의 살해 위협이 무섭지 않을 수 있을까. 그러나 목숨이 왔다 갔다 하는 위급한 상황에서도 용기를 잃지 않은 이 여성들의 굳센 의지가 있었기에 인류의 삶은 한 발 한 발 의미 있는 전진을 거듭하고 있다.

쿠바의 반체제 블로거인 요아니 산체스는 특히 인터넷에 익숙한 젊은 세대에게 아이콘이 될 만한 인물이다. 2010년 12월 이후 아프리카와 중동 지역을 휩쓸고 있는 민주화 열풍, 이른바 '재스민 혁명'도 바로 온라인이 있었기에 가능했다. 오랜 독재에 시달리고 있는 쿠바 국민들의 고통을 온라인을 통해 소소하게 전달하는 산체스에게 오바마 미국 대통령이 직접 찬사를 보내고 있을 정도다. 불의에 맞선다는 것이 반드시 거창한 투쟁을 의미하지는 않는다. 일상생활 속에서 무심코 지나치기 쉬운 작은 문제점들에 대해서 우리가 조금만 관심을 기울이고, 조금만 용기를 낼 수 있다면 그 결과는 본인도 예상치 못할 만큼 크게 다가온다는 것을 산체스는 우리에게 여실히 보여 주고 있다.

불의에 맞선다고 항상 좋은 결과가 나오리라는 보장은 없다. 때로는 현실과 적당히 타협하고 못 본 체하는 것이 더 편해 보일 때도 있다. 그러나 굴종과 침묵을 택하는 것은 결국 더 큰 불의와 부조리를 가져올 뿐이다. 이 장에 등장하는 파워 우먼들이 우리에게 던지는 질문도 바로 그것이다. 침묵과 방관이 근본적인 해답이 될 수 있는가. 당신은 당신 삶의 진정한 주인인가.

소말리 맘 Somaly Mam

지옥에서도 희망의 꽃은 핀다

1970(1971)년 캄보디아에서 태어났으며 현재 작가로, 아동 성매매 폐지 운동가로 활동하고 있다. 십 대에 강제로 성매매를 해야 했던 자신과 같은 삶을 사는 아이들이 더 이상 생기지 않도록 '처참한 환경에 처한 여성들을 위한 행동'(1996)과 미국에서 소말리 맘 재단을 창립(2007)했다. 2009년 《타임》이 선정한 '세계에서 가장 영향력 있는 100대 인물' 중 한 명이다.

좌절은 없다

소말리 맘. 캄보디아 출신의 40대 초반 여성. 작은 체구의 맘이지만 그는 인류의 가장 부끄러운 치부를 제일 앞에서 치유하는 전쟁 같은 나날을 보내고 있다.

맘의 삶을 추적하다 보면 '참 이런 인생도 있구나.'라는 감탄사가 절로 나온다. 그녀의 인생은 어지간한 영화보다 더 감동적이다. 어린 시절 부모를 잃은 맘은 십 대에 강제로 결혼을 한 뒤 집창촌에 팔려 성매매 여성의 삶을 살게 된다. 그녀가 있던 성매매 업소는 삶과 죽음이 하루에도 수십 번씩 교차하는 곳이었다. 철조망이 처지고 감시의 눈길이 번뜩이는 그 높은 담벼락을 극적으로 탈출한 맘은 이후 자신처럼 처참한 환경에서 신음하는 성매매 소녀들을 탈출시키는 시민운동을 주도하며 지금 이 순간에도 온갖 협박과 위험을 무릅쓰고 성매매 소녀들의 구세주 역할을 하고 있다.

평범한 사람이라면 이미 모든 것을 체념하고 한탄으로 삶을 포기했을 법한 힘든 나날이 이어졌지만 맘은 그 질곡의 세월을 삶에 대한 강인한 의지로 버텼다. 그리고 거기서 한 발 더 나아가 자신의 목숨을 걸고 타인에게 구원의 빛을 비춰 주기까지 하고 있다. 맘은 타인에 의해 인생의 절반을 지옥에서 보냈지만, 나머지 절반의 인생은 타인의 행복을 되찾는 데 바치고 있다.

비참한 국민들

극적인 맘의 삶을 이해하기 위해서는 캄보디아의 비극적인 현대사부터 잠깐 살펴볼 필요가 있다. 이웃 베트남에서 전쟁(월남전)이 일어나자 캄보디아의 시아누크 정부는 중립을 유지하며 국내에서 활약하는 공산주의자들을 묵인해 주었다. 이에 불만을 품은 우파 지도자 론 놀이 1970년 미국의 지원을 받아 쿠데타에 성공하면서 정권을 잡았고, 시아누크 정부는 축출되기에 이른다. 론 놀은 국내에서 활동 중이던 캄보디아 공산당, 즉 크메르 루즈를 집중 탄압했다. 그러나 1975년 크메르 루즈가 론 놀 정권을 무너뜨리며 공산주의 정권을 수립했고, 중국의 지지를 등에 업은 크메르 루즈의 지도자 폴 포트가 총리직에 올랐다. 이후 크메르 루즈는 전 국민을 상대로 역사상 가장 잔혹한 정책들을 펼치기 시작했다. 국민들은 대규모 국책 사업에 동원됐고, 농장으로 집단 이주돼 강제 노역에 시달려야 했다. 교육 수준이 높거나 조금이라도 반정부 성향을 보일 여지가 있는 시민들을 대량 학살하는 일이 비일비재했으며, 그 숫자는 120~200만 명 수준에 이르렀다. 바로 영화「킬링필드(The Killing Fields)」에 등장하는 생지옥의 현장이다.

크메르 루즈 정부는 이웃 베트남과도 사이가 좋지 않았다. 1979년 베트남군은 결국 캄보디아를 침공해 크메르 루즈를 서쪽 내륙 지역으로 내몰았다. 이후 크메르 루즈 잔존 세력과 베트남이 지원하는 새로운 정부, 왕정복고주의자, 우파 반군 등이 얽히고설켜 피비린내 나는 살육전을 이어 갔다. 10년에 걸쳐 쿠데타가 반복되고, 새로 정권을 잡은 세력이 이전 정권을 피로 응징하는 일이 반복되면서 국민들은 비참한 상태를 면치 못했다. 이 기간 동안 '법질서'와 '윤리'라는 단어는 캄보디아와 거리가 먼 사전 속 용어일 뿐이었다.

특히 힘없는 여성들에 대한 남성들의 인권 유린은 상상을 초월할 정도였다. 백주 대낮에 여성들을 납치하는 일이 다반사였고, 아직 초등학교에 입학하지 않은 어린 소녀들까지 집창촌에 팔아 넘겨 이른바 '성 노예'로 삼는 일이 횡행했다. 이처럼 무질서와 반인륜 범죄가 판치던 1970년대, 맘 역시도 유년 시절 불행의 소용돌이 속으로 휘말려 들어간다.

지옥 같은 나날들

맘은 일단 생년월일이 언제인지 불분명하다. 출생에 관해 말해 줄 수 있는 부모나 조부모가 모두 실종됐기 때문이다. 그래서 각종 매체들은 맘을 소개할 때마다 '1970년대 초반 출생'이라고 한다.

맘은 캄보디아 동부 몬둘키리 지역에서 태어났다. 열 개의 소수민족이 살고 있는 몬둘키리는 울창한 삼림과 폭포로 유명한 지역이며, 지도만 놓고 보면 캄보디아에서 가장 넓은 지역이기도 하다.

이 지역에 살고 있는 사람들은 예나 지금이나 빈곤 상태를 면치 못하고 있는데 맘의 가족도 예외는 아니었다. 가난하다는 단어로는 그 정도를 표현하기 힘들 만큼 처절한 가난이었다. 밥을 먹을 때보다 끼니를 거르는 게 더 익숙했으며, 맘 역시 걸음마를 배우자마자 구걸을 다녀야 했다. 그러나 이후 닥칠 불행과 비교해 본다면, 가족과 함께 구걸을 다닐 수 있었던 이때가 맘에게는 차라리 행복한 시절이었다.

맘이 아직 어린아이였던 어느 날, 갑자기 부모가 실종됐다. 정확히 언제, 어디로, 왜, 누군가에 의해 사라졌는지는 아직까지도 알려지지 않고 있다. 당시 상황을 기억하기에는 맘이 너무 어린 나이였고, 당시 상황에 대해 증언해 줄 인물도 남아 있지 않기 때문이다. 다만 복잡했던 1970년대 캄보디아 정세를 생각하면 어디론가 끌려가 강제 노역에 시달렸거나 아예 학살당했을 가능성이 높다는 추정이 가능하다.

부모가 사라지자 맘은 외할머니에게 맡겨졌다. 하지만 맘의 불행은 부모의 실종에서 끝나지 않았다. 이번에는 외할머니가 어디론가 사라져 버린 것이다. 부모 때와 마찬가지로 맘의 할머니 역시 실종 상황에 대해서는 알려진 바가 없다.

부모, 외할머니가 사라지고 홀로 남겨진 맘은 나무 밑에서 잠을 자고 동네 사람들에게 음식을 구걸하며 하루하루를 연명했다. 맘을 불쌍하게 여긴 한 젊은 부부가 맘을 데려다 키웠지만 사정이 여의치 않자 아홉 살 됐을 무렵, 다시 동네의 한 노인에게 양육을 맡기게 된다.

노인은 맘에게 자신을 할아버지라고 부르게 했으며, 맘의 부모를 찾아 주겠노라고 약속했다. 그러나 이 노인이 맘을 키운 것은 다른 욕심이 있었기 때문이었다. 사실상 공짜로 부려먹을 하녀를 구하던 차에 맘을 소개받자 기꺼이 양육을 맡은 것이다. 어린 맘은 노인의 집에서 온갖 허드렛일을 해야 했으며, 때로는 들판에 나가 중노동에 시달리며 품삯을 벌어 와야 했다. 그렇지 않아도 힘든 나날이 이어지고 있던 맘에게는 태생적인 고통도 뒤따랐다. 맘은 프농 족 출신이었고, 이 때문에 피부색이 검었다. 캄보디아 사회가 전체적으로 가난을 면치 못하고 있었지만 그중에서도 프농 족은 무식하고 야만적인 민족으로 여겨져 멸시를 받았다. 맘 역시 온갖 멸시를 당해야 했다.

어느 날 다른 때와 마찬가지로 들판에서 농사일에 허덕이고 있던 맘에게 한 소년이 다가왔다. 맘을 가엾게 여긴 이 소년은 이웃 마을에 가면 학교 선생님이 살고 있다고 말해 줬고, 맘은 무작정 길을 나서 그 선생님의 집을 찾아갔다. 마음씨 착했던 선생님은 맘을 학교로 데려가 학생으로 등록을 시켜 줬고, 맘은 노인의 눈치를 보면서 며칠 동안 학교에 다닐 수 있었다. 맘 인생에서 처음으로 행복한 나날이 찾아왔던 셈이지만, 그 행복은 채 한 달을 가지 못했다.

하루는 노인이 맘을 이웃의 상인 집에 심부름을 보냈다. 노인은 맘에게 "그에게 가면 등잔용 기름을 줄 터이니 그것만 받아오면 된다."고 말했다. 그러나 노인의 말과 달리 상인은 맘에게 기름을 주지 않았다. 대신 맘을 성폭행했다. 어린 맘은 울면서 집에 돌아왔지만, 정작 노인은 기름에 대해서는 묻지도 않았다. 노인은 상인과 미리 말을 맞춰 밀린 외상과 맘의 순결을 맞바꿔 버린 것이다.

맘이 14~16세가 됐을 무렵, 노인은 '탄'이라는 이름의 군인에게 맘을 시집보낸다. 사실상 맘을 팔아 버린 것이다. 물론 맘은 탄의 얼굴을 한 번도 본 적이 없었지만, 시집을 가라며 강압적으로 고함을 치는 노인의 명을 거역할 수는 없었다. 맘에게 몹쓸 짓을 하기는 노인이나 탄이나 별반 다르지 않았다. 탄은 걸핏하면 맘을 두들겨 팼고, 때로는 얼굴에 총부리를 겨누며 말을 안 들으면 죽여 버리겠다고 협박했다. 군인이었던 탄은 훈련을 나가며 자주 집을 비웠고, 그때마다 맘은 쌀 한 푼, 동전 한 닢 남아 있지 않은 집에서 배를 곯아야 했다. 그리고 어느 날, 훈련을 나간 탄은 끝내 돌아오지 않았다. 부모와 외할머니가 그랬듯, 그나마 맘이 의지할 만했던 남편 역시 또 한 번 맘을 홀로 남겨 둔 채 사라진 것이다. 자신을 두들겨 패던 남편이었을망정 그나마 가족을 이뤘다는 안도감 속에 작은 행복을 꿈꾸던 맘에게 이후 본격적인 고난이 시작됐다.

시간이 흘러도 탄이 집에 돌아오지 않는다는 사실을 눈여겨본 노인이 다시 맘에게 접근했다. 노인은 좋은 일자리를 소개해 주겠다며 맘을 어디론가 데려갔다. 바로 집창촌이었다. 전쟁의 포화 속에 캄보디아 사회 곳곳에 만연해 있던 '성 노예의 삶'이 맘에게도 시작된 것이다. 지금까지의 삶도 고통의 연속이었지만 집창촌에서의 생활은 고통의 수위가 이전과는 비교가 되지 않았다. 맘의 신체는 더 이상 자신의 것이 아니었고, 삶 역시 이제는 자신의 것이 아니었다. 맘의 말과 행동은 모두 포주의 지시에 따라 결정됐다. 포주에게 반항하는 것은 상상도 할 수 없는 일이었다. 가혹한 응징이 뒤따랐기 때문이었다. 주먹세례는 차라리 가벼운 편이었다. 살점을 저미는 고문과 강간이 매일같이 이어졌고, 때로는 포주 주먹에, 때로는 손님 주먹에 맞아 심각한 부상을 입기도 했다. 맘은 하루 평균 열다섯 명 이상의 남자를 상대해야 했고, 그렇게 해서 받는 대가는 한 달에 2만 원이 채 되지 않았다.

어느 날 밤, 맘은 친하게 지내던 동료 성매매 여성이 포주 손에 처참하게 맞아 숨지는 광경을 직접 목격하게 된다. 맘은 성 노예로서의 삶을 계속 살다가는 자신 역시 생명이 위태로워질 수 있다는 것을 다시 한 번 깨닫게 된다. 그 뒤 은밀히 탈출 계획을 세워 나갔고, 마침내 이곳에 조사를 온 사회 복지 단체의 도움으로 탈출을 강행하게 된다. 포주와 그들이 고용한 감시인들의 추격을 목숨을 걸고 따돌린 끝에 맘은 결국 자유를 얻게 된다. 태어나면서부터 지금까지 여성으로서는 겪기 힘든 고통의 세월을 보낸 끝에 마침내 어두운 터널을 빠져나온 셈이다.

시간이 많이 흐른 것 같지만 이때 맘의 나이 겨우 스무 살 남짓이었다. 20여 년 밖에 살지 않았지만, 평범한 사람이라면 평생에 한 번 겪기도 힘든 불행한 일들을 너무나 많이 겪고 또 겪은 맘이었다.

불의와 싸우다

집창촌을 탈출해 난생처음 정상적인 사회인이 된 맘은 주변의 도움으로 병원에서 허드렛일을 하는 직업을 갖게 된다. 맘은 언젠간 이 지옥 같은 캄보디아를 떠나 더 넓은 세상에서 못 다한 배움을 다 하겠다는 원대한 희망을 갖고 새벽부터 밤늦도록 부지런히 일을 했다. 비록 작은 돈이지만 한 푼 두 푼 돈을 모으기 시작했고, 마침내 프랑스로 장기 여행을 떠날 수 있을 만큼의 돈을 모았다. 프랑스로 건너간 맘은 식당에서 일을 하는 한편 사회단체에서도 열심히 봉사 활동을 한다. 이 과정에서 한 시민운동가를 만나서 결혼(어린 시절 강제로 했던 결혼을 포함하면 사실상의 재혼)을 하게 되고, 세 명의 자식을 얻었다. 눈물과 고통 속에서 어린 시절을 보내 온 맘에게는 꿈에서도 그려 보지 못할 행복한 시절이 찾아온 것이다.

하지만 맘의 머릿속에는 늘 고국에서 여전히 고통스런 삶을 살아가고 있는 수많은 성매매 소녀들이 떠나지 않았다. 자신은 운 좋게 지옥에서 탈출하는 데 성공했지만, 한 해에도 수천 명의 어린 소녀가 인신매매되고 성 노예로 전락하는 조국의 현실을 어떻게든 고쳐야겠다는 생각이 머릿속에 맴돌았다. 수십 년간 전쟁과 독재, 대학살이 반복적으로 벌어진 캄보디아에서는 소녀들이 성 노예로 팔려 가는 일이 여전히 빈발하고 있었으며, 때로는 백주에도 여성들이 강제 납치되는 일도 발생했다. 부모들이 자기 딸을 포주들에게 팔아넘기는 패륜적 사건 역시 드문 일이 아니었다. 맘은 이런 현실을 외면한 채 혼자만 프랑스에서 평안한 삶을 사는 것에 대해 일종의 부채 의식을 느끼고 있었다.

이제 좀 편안하게 살라는 주변의 만류를 뿌리치고 마침내 맘은 귀국행 비행기에 몸을 싣는다. 그리고 1996년, '처참한 환경에 처한 여성들을 위한 행동(Agir pour les Femmes en Situation Précaire, AFESIP)'이라는 시민 단체를 결성한다. 자신처럼 어린 나이에 강제로 집창촌에 팔려 온 소녀들을 구출해 내고 교육시켜 재활을 돕는 것을 주목적으로 하는 이 단체는 성매매 업소들을 집중 감시하면서 강제로 팔려 온 여성들이 있는지 판별한 뒤 경찰의 도움을 받아 업소를 급습, 구출 작전을 수행한다. 특히 구출해 낸 성매매 여성들에게는 단순히 쉼터를 제공할 뿐 아니라 교육의 혜택과 기술 습득의 기회도 제공해 그들이 자립할 수 있는 기반을 마련해 주고 있다. 또한 성매매 업소에 있는 적지 않은 소녀들이 각종 성병과 에이즈에 감염되어 있는데, 이들에 대한 치료를 제공하는 것도 맘의 주요 업무다. 맘이 캄보디아에서 시작한 AFESIP 운동은 라오스와 베트남, 태국을 비롯해 인근 국가로 퍼져 나갔고, 2007년에는 미국에까지 '소말리 재단'이 들어서게 된다.

맘의 헌신적인 반(反) 인신매매, 성매매 근절 캠페인은 전 세계에서 극찬받고 있고 수없이 많은 인권 단체와 유명 언론들은 크고 작은 상을 맘에게 안기고 있다.

이미 세계적 명사 반열에 오른 맘이지만 아직도 캄보디아에 있는 AFESIP 본부에서 다른 성 노예 출신 여성 및 아이들과 함께 생활하고 있으며, 수많은 성 노예 소녀들의 엄마 역할을 맡고 있다.

1996년 이후 그가 구출해 낸 성 노예들은 3,000명이 넘는 것으로 추산된다. 구출 당시 이들 대부분은 십 대 소녀들이었고, 심지어 다섯 살짜리 꼬마도 있었다고 한다. 워낙 많은 여성들을 구출하다 보니, 맘은 이미 포주들에게는 공공의 적이 된 지 오래다. 실제 맘은 수없이 많은 살해 위협을 받았고, 주변에서는 '수위'를 조절하며 활동을 하라는 조언을 하기도 한다. 지난 2006년에는 실제로 복수를 노린 인신매매 조직이 맘의 딸을 납치한 뒤 성폭행하는 비극적인 사건이 발생하기도 했다. 맘 역시 인간이기에 자신과 가족에게 직접적으로 가해지는 이 같은 살해와 납치 위협에 두려움을 느끼지 않을 수 없을 것이다. 하지만 너무나 힘들었던 어린 시절을 한시라도 잊을 수 없는 맘으로서는 단 한 명의 성 노예라도 더 구출하기 위해 시간을 쪼개고 또 쪼개 맹렬하게 활동을 펼치고 있다.

맘은 한 언론 인터뷰에서 자신이 이 일을 왜 하고 있는지에 대해 말한 적이 있다.

"전 행복하다는 것이 어떤 것인지 확실히는 모르겠어요. 하지만 AFESIP에서 매일 밤 소녀들과 새우잠을 자면서 내가 받아 보지 못했던 사랑을 그들에게 줄 수 있을 때, 그때 전 행복을 느낍니다."

인간이 자신의 삶에 대해 얼마나 큰 의지를 품느냐에 따라 운명의 방향까지 완전히 바꿀 수 있다는 것을 여실히 보여 주고 있는 맘이다.

아얀 히르시 알리 Ayaan Hirsi Ali

굴종이 아닌 온전한 나만의 삶을 위하여

1969년 11월 소말리아의 모가디슈에서 태어났다. 정치인, 시나리오 작가, 여권 운동가로 활동하고 있다. 네덜란드 국회 하원 의원에 당선되었으며 미국 싱크 탱크 기업 연구소 객원 연구원이다. 이슬람 세계의 여권 탄압을 그린 영화 「굴종」의 시나리오 작업 때문에 살해와 암살 위협에 시달리고 있다.

여성판 살만 루시디

아얀 히르시 알리는 여성판 살만 루시디라고 생각을 하면 이해가 빠를 듯하다. 작가 루시디가 저서 『악마의 시(*Satanic Verses*)』 때문에 전 세계 이슬람 원리주의자들로부터 살해 위협을 받으며 도피 생활을 하고 있듯, 알리 역시 이슬람 내 여권(女權) 탄압을 정면으로 다룬 책과 시나리오를 집필했다는 이유로 살해 위협을 받으며 세계 이곳저곳으로 도피 행각을 벌이고 있다.

알리가 세상에 이름을 본격적으로 떨치게 된 계기는 텔레비전용 단편 영화 「굴종(Submission)」의 시나리오를 쓰면서부터다.

이 영화는 친척에게 성폭행을 당한 한 이슬람 여성이 강제로 결혼까지 하게 되면서 겪는 아픔을 그리고 있다. 이슬람 원리주의자들의 공분을 산 부분은 주인공이 온몸에 이슬람 경전인 『코란』 문구들을 새긴 채 채찍질을 당하는 장면이 포함돼 있기 때문이다. 원리주의자들 입장에서 보면 이 영화는 『코란』을 모독하는 내용을 담은 것일뿐더러, 이슬람 여성이 감히 대중 앞에서 나체를 드러내는 만행을 저지르고 있다.

결국 이 시나리오를 바탕으로 영화를 만든 네덜란드 출신 감독 테오 반 고흐는 이슬람을 모독했다는 이유로 2004년 11월 모로코 출신 이민자 청년에게 길거리에서 살해됐다. 이 청년은 고흐 감독을 죽인 것으로는 분이 풀리지 않았던 듯 이슬람의 궐기를 촉구하는 격문을 작성해 고흐 감독의 사체 위에 꽂아 놓아 충격을 더했다. 편지의 수신자는 알리였다. 고흐 감독이 살해되자 네덜란드 전역에서 반(反) 이슬람 정서가 확산되면서 이슬람 사원과 신도, 교육 기관들이 과격 시위대의 공격을 받는 소요 사태가 야기됐다. 한마디로 「굴종」 때문에 유럽 곳곳에서 이슬람과 반 이슬람 세력 간 문명의 충돌이 일어난 셈이다.

이슬람 문화에 대한 많은 오해와 편견이 있다는 지적이 있기도 하지만, 여하튼 이슬람권 일부에서 여성들이 이런저런 식으로 인권을 탄압받고 있다는 뉴스는 끊임없이 흘러나온다. 그리고 여성들이 그 권위적인 체제에 도전한다는 것은 목숨을 담보로 하지 않는 한 상상하기 어려운 일이다. 그러나 알리는 그 불가능해 보이는 일에 기꺼이 생명을 내걸고 있다. 말과 작품으로뿐 아니라 자기 스스로 어린 시절부터 강제 결혼을 피해 해외 망명길에 오르는 등 "내 인생은 내가 결정짓는다."는 신념을 굽히지 않고 있다.

언제 어디서 원리주의자들의 총탄이 날아들지 모르는 긴장된 순간의 나날이지만, 알리는 이슬람 여성의 권리를 주장할 수 있는 모든 방법을 강구하고 있다. 아직도 새장 속에 갇혀 있는 이슬람 여성들을 해방시키기 위한 전사의 역할을 자임하고 있는 것이다.

인권을 최고의 가치 중 하나로 여기는 유럽 각국들은 2004년 이후 알리에게 크고 작은 인권 관련 상을 수여하고 있다. 미국에서도 주요 인권 단체들이 알리에게 수상의 영광을 안겨 줬다. 그러나 알리는 대부분의 시상식에 참석하지 못하고 있다. 그가 어느 장소에 나타난다는 낌새만 보이면 이슬람 원리주의자들이 '공개 처형' 명령을 내리기 때문이다. 현재 미국의 싱크 탱크인 기업 연구소 (American Enterprise Institute for Public Policy Research, AEI) 객원 연구원으로 등록돼 있지만, 실제 알리가 어느 곳에서 연구 활동을 벌이고 있는지는 철저히 비밀에 부쳐져 있다.

인생의 기로에서 '험로'를 택하다.

알리는 1969년 11월 아프리카 소말리아의 수도 모가디슈에서 태어났다. 학자 출신인 아버지 히르시 마간 이쎄는 혁명을 통해 정권을 교체해야 한다는 주장을 펼친 야당 투사였다. 알리가 태어난 뒤 얼마 지나지 않아 부친은 소말리아 정부에 의해 투옥됐다. 외국에서 공부하면서 서방 문화를 접한 부친은 딸을 나름대로 자유분방하게 키우려고 노력했다. 또한 이슬람 여성들에게 가해지는 각종 폐습이 딸에게 가해지는 것을 막기 위해 노심초사했다. 대표적인 것이 이슬람 여아들이라면 피할 수 없는 할례 의식이었다. 여성의 성욕을 억제시킨다는 그릇된 명분하에 치러지는 할례는 여성의 생식기 일부를 절개하는 수술이다. 어린 소녀들을 대상으로 치러지는데, 마취도 하지 않은 채 할례를 시술하다 보니 상당한 고통이 따를뿐더러 일부 소녀들은 고통을 참지 못한 끝에 목숨을 잃기까지 한다. 알리의 부친은 딸이 할례를 받지 못하도록 보호막이 되어 주었지만, 부친이 감옥에 갇히자 할머니가 기어이 알리에게 할례 의식을 강행했다. 이때가 알리의 나이는 겨우 다섯 살이었다.

알리가 열 살이 됐을 때 가족은 케냐 수도 나이로비로 이주했다. 알리는 전형적인 이슬람권 소녀로 자라났다. 자발적으로 교복 위에 히잡을 두르고 등교할 정도로 신앙심이 깊었고, 아직 코란의 뜻을 다 이해하기도 힘들 나이에 이미 코란의 구절 하나하나에 매력을 느껴 친구들과 자주 토론을 벌였다. 이란 최고지도자 호메이니가 살만 루시디에게 사형 선고나 마찬가지인 '파트와(종교적 결정)'를 내린 것에 대해서도 적극적으로 지지를 표했다.

하지만 알리는 대학에 입학하면서부터 현실에 눈을 뜨기 시작했다. 대학 생활을 통해 서구의 문물을 접하면서 이슬람 여성이 처한 비참한 현실에 대해 분노를 느끼기 시작한 것이다. 특히 알리는 미국의 십 대 소녀가 탐정으로 등장하는 소설『낸시 드류』시리즈를 읽으면서 여성이 스스로 자신의 문제를 해결할 수 있는 존재이며, 남성의 하위 계급이 아니라는 사실을 자각하기 시작했다.

그러나 대학 졸업을 앞둔 알리에게 기다리고 있는 운명은 여느 이슬람 여성의 인생 여정과 크게 다르지 않았다. 친척들은 본인의 의사와는 상관없이 알리를 먼 친척과 결혼시키기로 결정한다. 말 그대로 강제 결혼이었다. 운명에 순응하며 이슬람의 여성으로 평범한 일생을 살 것인가. 아니면 저항하기 힘든 이슬람 관습에 온몸으로 대항할 것인가의 기로에 선 알리는 고민에 고민을 거듭했다. 마음속에서는 '그냥 평범한 여성으로서의 삶을 사는 게 나에게도, 가족에게도 좋지 않겠는가.'라는 외침이 들려왔다. 괜한 평지풍파를 일으켰다가는 가문의 명예와 본인의 안온한 삶이 뿌리째 흔들릴 수도 있을 것이라는 불안감이 밀려왔다. 반면 단 한 번뿐인 인생을 그렇게 제도와 관습에 얽매여 수동적으로 사는 것은 너무나 불행한 삶이 될 수밖에 없을 것이라는 본능적인 거부감이 가슴 한구석을 때렸다. 특히 어린 시절 아무 이유도 모른 채 관습이라는 이유만으로 할례를 받았던 불합리에 대해 늘 진지한 고민을 해 오던 알리였다.

결국 오랜 고민 끝에 알리는 후자를 택했다. 평안하되 수동적인 삶을 사는 것보다는 단 한순간을 살더라도 능동적인 삶을 사는 것이 더 낫다는 결심을 굳힌 것이었다.

1992년 당시, 알리의 가족은 아프리카를 떠나 독일로 이민 와 생활하고 있었다. 가족들이 점지해 놓은 알리의 신랑감은 캐나다에 살고 있었고, 알리는 비자가 나오는 대로 가족들에 뜻에 따라 캐나다로 시집가기로 예정돼 있었다. 능동적인 삶을 살기로 결심을 굳힌 알리는 가족들에게는 '결혼 전 마지막으로 친지들에게 인사를 하고 돌아오겠다.'는 핑계를 댄 뒤 네덜란드로 건너갔다, 네덜란드 입국에 성공 한 뒤에는 뒤도 돌아보지 않고 망명을 신청했다.

네덜란드 정부는 알리를 정치적 망명자로 인정해 주었고, 거주권을 부여했다. (훗날 이 과정에서 알리가 자신을 '소말리아 내전 피해자며, 난민 캠프에서 생활했다.'는 허위 서류를 제시했다는 논란이 불거지게 된다. 알리는 결혼을 거부할 시 친척들에게 당할 신체적 보복을 우려해 다소 허위가 있더라도 필사적으로 망명 서류를 작성한 것이라고 주장했다. 그러나 알리는 결국 이 문제로 국회 의원직에서 사퇴하게 되고, 결국 알리의 시민권 박탈 여부를 놓고 강경파와 온건파가 맞선 끝에 2006년 네덜란드 연립 정권은 붕괴된다.)

망명 이후 알리는 청소부부터 시작해 우편 분류 업무에 이르기까지 온갖 허드렛일을 전전하며 생계를 이어 갔다. 주경야독 끝에 레이덴 대학 대학원에 입학하고, 재학 중 『프로이트 정신분석학』 등 과거 이슬람권에서는 쉽게 접해 보지 못했던 서적들을 탐독하게 된다. 동시에 망명자 센터에 머물고 있던 소말리아 출신 여성들을 도우며 본격적으로 사회 활동을 시작한다. 알리는 어학 공부도 게을리 하지 않아 영어와 네덜란드 어, 아랍 어 등 6개국어를 구사하는데 이는 훗날 알리가 세계 각국에서 고통받는 이슬람 여성들의 현실을 두루두루 이해할 수 있게 만드는 주요한 배경이 된다.

가족들의 추적을 피하며 무사히 대학원을 마친 알리는 네덜란드 노동당 계열 연구소에 발을 내디디며 정계에 입문했고, 9·11테러 이후에는 이슬람에 대한 비판의 칼날을 본격적으로 들이대기 시작한다. 알리는 방송 매체에 직접 출연하거나 기고를 통해 이슬람 과격 원리주의자들의 그릇된 사고방식을 질타했다. 그리고 마침내 2002년, 이슬람 여성들의 압박과 설움을 담은 책 「아들 공장(*De Zoontjesfabriek*)」을 출간하게 된다.

이때 처음 알리는 이슬람 과격주의자들의 공개 처형 대상 명단에 오르게 된다. 그리고 영화 「굴종」은 알리를 세계적 명사의 반열에 올려 준 동시에, 영원한 피난민 신분으로 만들어 줬다. 본격적인 형극의 삶이 시작된 것이다.

굴종하는 삶은 존재 이유를 스스로 부정하는 것

알리는 핍박받는 이슬람 여성들에게 구세주 같은 존재다. 하지만 정작 본인의 안전은 완벽하게 구원하지 못하고 있다. 그가 머물고 있다는 소문이 도는 그 즉시 해당 건물 주변에는 처형을 요구하는 원리주의자들의 시위가 끊이지 않는다. 실제 미국과 유럽 보안 당국에는 알리를 겨냥한 테러 정보가 여러 차례 입수되기도 했다. 심지어 일부 과격 단체들은 알리에게 죽음을 안겨 줘야 한다는 랩 음악을 만들어 인터넷상에 퍼뜨리기도 했다.

심리적, 육체적 위협 수위는 갈수록 높아지고 있지만 알리는 한 발도 물러서지 않고 있다. 언론과의 인터뷰 등에서 알리는 "「굴종」을 만든 고흐 감독의 죽음에 대해서는 크게 상심했지만 난 내가 만든 영화에 무한한 자부심을 갖는다. 그리고 내가 그런 생각을 하지 않게 된다면 그것은 내 스스로 존재 이유를 부정하는 것이다."라는 입장을 밝혔다. 고흐 감독의 유가족 역시 알리에게 협박에 굴하지 말고 계속해서 앞으로 전진해 달라는 독려의 메시지를 전달하고 있다.

알리는 요즘에도 미국과 유럽, 호주 등지를 누비며 활발한 저술과 강연 활동을 펼치고 있다. 그가 주로 천착하는 주제들은 이슬람 여성들의 짓밟힌 인권을 어떻게 회복할 것이냐는 문제다. 더불어 동성애자에게 채찍 수천 대를 가하는 식의 가혹한 체벌을 내리고 있는 일부 이슬람 국가의 그릇된 사법 제도에 대해서도 비판의 칼을 들이민다.

최근 들어 알리는 단순히 이슬람권 내부의 문제뿐 아니라 인류 공동으로 해결해야 할 문제에 대해서도 소신을 밝히고 있다. 우선 선진국이 지금과 같이 체면치레용으로만 빈국을 지원해서는 결코 인류의 빈곤 문제를 해결할 수 없다는 점을 강조하고 있다. 선진국과 빈국이 공생할 수 있는 구조적 해결책을 마련해야 한다는 것이다. 또한 어떤 이유든 인간이 천부적으로 부여받은 표현의 자유를 타인이나 사회, 국가가 침해해서는 안 된다는 점을 역설하고 있다.

보통 투사라고 불리는 사람들이 국내 정치면 정치, 종교면 종교 등 특정 분야에만 역량을 집중하는 경우가 많은 반면 알리는 투쟁 전선을 갈수록 확대하고 있다. 그만큼 적들도 늘고 있지만 결코 소신을 굽히지 않는다. 같은 여성으로서 할머니, 어머니, 친구들이 받아 온 형언할 수 없는 고통과 아픔을 그 자신도 누누이 느껴 왔기 때문이다. 또 빈곤의 대륙 아프리카 출신으로서 본인이 목격해 온 경제적 · 정치적 불평등을 더 이상 방치해서는 안 된다는 시대적 사명감을 강하게 느끼고 있는 것이다.

인간은 타인으로부터 협박을 받으면 수그러들거나 뜻을 굽히기 마련이다. 알리가 과격분자들의 압박에 굴하고 움츠러들었다면 오히려 그들은 알리를 더욱 벼랑 끝으로 몰아붙였을지도 모른다. 그러나 알리는 정공법을 택했다. 타인에게 위협과 공격을 받으면 바로 그 자리에서 다시 일어서서 자신을 더 강하게 단련한 것이다.

만일 알리가 친족들이 정해 준 대로 평범한 남성에게 시집을 갔다면, 평범한 엘리트 연구원의 길을 걸었더라면, 과격주의자들 요구대로 이슬람을 비판하는 일을 스스로 그만뒀다면, 지금보다는 한결 평화롭고 순탄한 삶을 살 수 있었을 것이다. 그러나 그는 그 반대의 길을 택했다. 단 한 번뿐인 인생을, 타인이 만들어 놓은 틀에서 사는 것은 너무나 억울하고 불합리하다는 소신을 가진 알리였다. 물론 그 소신을 따른 결과 어렵고 힘든 여정을, 가시밭길을 가고 있지만 그 안에서 자신과 남들에게 부끄럽지 않은 '굴종 없는 인생'을 살아가고 있다.

2010년 한국에서도 출간된 회고록 『이단자(*INFIDEL*)』(2006)에서 알리는 왜 그토록 파란만장하게 인생을 살고 있는지 그 이유를 다음과 같이 밝혔다.

"나는 자기 두 발로 땅을 딛고 설 수 있는 하나의 온전한 존재가 되고 싶었다."

요아니 산체스 Yoani Maria Sanchez Cordera

키보드로 독재와 맞서다

1975년 쿠바에서 태어났다. 언어학자이자, 프로그래머이며 쿠바의 현실을 알리는 블로그 '헤네라시온 Y'를 운영하고 있다. 그의 블로그는 미국 CNN과 《타임》이 공동으로 선정한 '2009년 베스트 블로그 25'이다. 《타임》이 선정한 '세계에서 가장 영향력 있는 100대 인물' (2008)이며, 다보스 포럼이 선정한 '글로벌 젊은 리더'(2009)이기도 하다.

혜성과 같이 등장하다

2008년부터 세계 각종 유수 언론에서 선정하는 '영향력 있는 인물', '글로벌 차세대 리더', '최고 블로그' 등에 줄곧 이름을 올리고 있는 쿠바의 여성 블로거 요아니 산체스. 산체스는 블로그 헤네라시온 Y(GeneracionY. www.desdecuba.com/generaciony/)를 통해 쿠바의 민주화와 자유를 노래하는 신세대 운동가다. 그는 체제 전복을 꾀하는 극단적이고, 폭력적인 방식이 아니라 자신이 일상에서 보고 느끼는 현실들을 외부 세계에 전하는 방법을 통해 독재 정권의 부조리를 질타하고 있다. 이른바 생활 밀착형 운동가다.

산체스는 쿠바의 억압적인 사회 현실을 온라인을 통해 전 세계에 조목조목 소개하고 있으며, 각국 네티즌들은 베일에 싸여 있던 쿠바 사회의 실상을 산체스 덕분에 간접 체험할 수 있다. 산체스가 운영 중인 블로그에 글이 올라오기만 하면 전 세계 네티즌들은 뜨거운 반응과 격려를 보낸다. 블로그의 한 달 평균 방문자 수는 1,400만 명에 이른다.

당연히 쿠바 정부 입장에서는 산체스가 눈엣가시 같은 존재다. 그가 거주하는 하바나의 집 주변에는 정보 기관 비밀 요원들이 상주하면서 그의 일거수일투족을 감시하고 있는 것으로 알려져 있다. 산체스는 2008년 스페인 최대 언론사《엘 파이스》가 제정한 '오르테가 이 가세트' 상을 수상하기 위해 출국을 요청했으나 쿠바 당국은 이를 거부했다. 해외 언론들이 어떻게든 수상 소감을 듣기 위해 전화 인터뷰를 시도했으나 이마저도 좌절됐다. 2009년 3월 산체스는 체코 프라하에서 열린 국제 다큐멘터리 필름 페스티벌 심사 위원으로 초빙됐으나 이번에도 쿠바 정부는 산체스의 출국을 끝내 허용하지 않았다. 정부는 부인하고 있지만 사실상 산체스는 출국 금지 상태에 처해진 것으로 보인다.

산체스의 블로그 역시 호텔이나 학교 등 쿠바 사회 공공 기관 망으로는 접속이 불가능하다. 이렇듯 정부 당국의 감시와 견제가 심하지만 산체스는 꿋꿋하게 블로그를 운영 중이다. 산체스가 2~3일에 한 번 글을 쓰고 사진을 첨부해 해외에 있는 지인들에게 이메일을 보내면, 그들이 블로그에 글을 올리는 방식을 택하고 있다. 산체스는 암시장 등을 돌아다니면서 컴퓨터를 직접 조립해 사용하고 있는 것으로 알려졌다.

아직 한국에는 그다지 널리 알려져 있지 않지만 이런 식으로 산체스와 그의 해외 친구들이 운영하는 헤네라시온 Y는 독재와 압제에 대항하는 젊은이의 목소리를 대변하는 양심의 소리로 이미 전세계 지식인들에게 찬사를 받고 있다.

Y세대의 대변자

2007년 4월 처음 문을 연 헤네라시온 Y는 스페인 어를 필두로 영어, 일본어, 이탈리아 어, 중국어, 독일어 등 17개국 언어로 볼 수 있다. 각국 언어로 서비스되는 방식도 독특하다. 세계 각국 네티즌들이 자발적으로 산체스의 글을 자국어로 번역해 사이트를 만든 뒤 이를 산체스 사이트에 링크로 걸어 두는 방식이다. (한국어 서비스도 제공되는데, 산체스의 사이트에서 한국 사이트로 연결되는 아이콘이 태극기와 북한 인공기를 절반씩 합성한 형태라는 점이 눈길을 끈다.)

그렇다면 산체스가 자기 블로그 이름으로 삼은 헤네라시온 Y, 영어식으로 하면 제너레이션 Y는 어떤 의미를 담고 있을까. 사실 '제너레이션 Y'보다는 '제너레이션 X' 혹은 'X 세대'가 더 우리들 귀에 익다. 제너레이션 X는 그 이전 세대와 달리 자유분방하고 개성을 중시하며, 집단의 가치보다 개인적인 가치를 우선시한다는 세대를 지칭한다.

반면 헤네라시온 Y는 쿠바라는 국가의 특수한 역사와 관계가 깊은 용어다. 산체스가 블로그를 통해 밝힌 헤네라시온 Y는 1970~1980년대 쿠바에서 태어난 20~30대 젊은이들을 가리킨다. 당시 소련의 영향권 아래 있던 쿠바는 새로 태어난 아이들 이름을 지을 때 소련식 느낌이 나는 알파벳 Y를 포함시키는 경우가 많았다고 한다. 그래서인지 쿠바 유명인들 이름 중에는 율리에스키, 유네스키 등 Y로 시작하는 이름이 유독 많다. 산체스의 이름인 요아니(Yoani) 역시 Y로 시작한다.

즉, 헤네라시온 Y는 과거 소련의 영향력이 강했던 시절 태어나 오늘날 쿠바를 살고 있는 평범한 쿠바 청년층을 지칭하는 말이다. 다시 말하면, 냉전이 사회를 억누르던 시대에 태어나 냉전이 끝난 지금까지도 냉전의 잔재에 신음하고 있는 쿠바의 젊은이들을 뜻하는 용어가 바로 헤네라시온 Y 다.

동 세대의 열망을 가슴에 품고

평범한 어린 시절을 보내고 대학에서 스페인 어와 중남미 언어학을 전공한 산체스는 졸업 논문에서부터 슬슬 사회 변혁에 대한 열망을 내비치기 시작한다. 논문 주제는 「압제 아래서의 언어: 중남미 독재 체제 아래의 문학 연구(*Words Under Pressure: A Study of the Literature of Dictatorship in Latin America*)」였다. 산체스가 대학을 다니던 1990년

대는 사회주의 체제가 붕괴하면서 쿠바 경제도 나락으로 떨어지던 시기였다. 사회주의가 몰락하기 전, 소련은 쿠바의 경제 원조국이었으며 쿠바의 대외 무역 중 80퍼센트는 직간접적으로 소련과 연결돼 있었다. 쿠바 경제에서 절대적 비중을 차지하던 소련이 무너지자 쿠바 역시 졸지에 경제적 어려움을 겪을 수밖에 없었다.

대학 재학 시절인 1993년 현재의 남편인 헤이나도 에스코바를 만난 산체스는 2년 뒤 아들을 낳았다. 2000년 대학 졸업과 함께 아동 문학 출판사에 자리를 잡았다. 그러나 출판사 일만으로는 생계를 잇기가 힘들어 관광 가이드와 스페인 어 강사 등 여러 직업을 부업으로 병행해야 했다. 쿠바의 Y세대는 자국의 암담한 경제 현실을 피해 일자리를 얻기 위해 외국행 비행기에 몸을 싣는 경우가 흔했다. 산체스 역시 2002년 더 나은 일자리를 찾아 스위스로 이민을 갔으나 2년 뒤 다시 쿠바로 돌아왔다. 스위스에 머물던 시절 웹 프로그래밍 언어인 HTML을 배우며 웹 사이트를 만드는 기본적인 테크닉을 연마했다. 이를 바탕으로 쿠바로 돌아온 2004년, 사회 핫 이슈에 대한 뉴스 분석과 논쟁을 중계하는 온라인 잡지 《공감(Consenso)》을 만들었다. 이 잡지는 지금도 쿠바 지식인 사회에서 널리 읽히는 주요 매체로 자리매김하고 있다. 산체스는 이어 개인 블로그들을 한군데 모은 포털 사이트 '쿠바로부터(Desde Cuba)'를 구축했다. 이때까지만 해도 산체스의 직업은 사실상 컴퓨터 프로그래머 쪽에 가까웠다고 보는 게 정확할 것 같다.

2007년 초반, 산체스는 일부 지식인, 작가들과 함께 쿠바의 억압된 사회 분위기를 주제로 심도 있는 논쟁을 벌여 나간다. 사법 당국의 감시가 심한 터라 공개적인 장소에서 학술회의를 열 수 있었던 것은 아니었고, 주로 참가자들끼리 장문의 이메일을 통해 자신의 의견을 표출하고, 이에 대해 반박과 재반박을 진행하는 방식이었다. 지식인들이 주고받은 이메일들은《공감》에 게재됐으며, 쿠바 당국은 이때부터 산체스를 요주의 인물로 주목하며 감시의 손길을 뻗치기 시작했다.

정부 압박에 맞서다

산체스는 2007년 4월 9일 마침내 블로그 헤네라시온 Y를 만든다. 그리고 일상에서 목격한 사회주의 독재 체제의 부조리를 잔잔한 필치로 작성해 블로그에 올리기 시작했다.

블로그에 올린 첫 번째 글은 야구와 관련된 것이었다. 쿠바는 온 국민이 야구에 죽고 야구에 사는 야구의 나라다. 그 글에서 산체스는 어느 쿠바 가정에서나 자신이 응원하는 팀 이름을 외칠 수도 있고, 원하는 팀의 포스터를 붙일 수는 있으나 오로지 그 주제는 야구에만 한정돼 있다고 적었다. 사실상 야구팀을 응원하는 것 외에는 그 어떤 정치적, 사상적 견해도 표출할 수 없는 답답한 사회 현실을 비꼬아 쓴 글이다. 산체스는 "'모든 사람에게 인터넷의 자유를' 이라는 구호를 외칠 수 있는 그날을 꿈꿔 본다."는 문구로 첫 글의 결론을 맺고 있다.

산체스의 글은 주로 이런 식이다. 카스트로의 장기 독재가 힘없는 쿠바 소시민의 삶을 어떻게 피폐하게 만들고 있는지에 초점이 맞춰져 있다. 언뜻 읽기에는 비판 수위가 높지 않지만 그 안에 담겨 있는 비판의 각은 예리하다. 때로는 수도 하바나 뒷골목에 걸려 있는 오래된 커피 가게 간판을 찍어서 올린다. 정부는 시민들이 사회주의 혁명 이전 시절, 머나먼 과거에 대한 향수를 느끼지 못하도록 오래된 커피 상표를 모두 없앴지만 산체스는 허름한 뒷골목에 남아 있던 커피 가게 간판을 용케 발견해 사진을 찍은 뒤 블로그에 올린 것이다.

어떤 글에서는 "비밀경찰들이 협박을 했지만 그들을 따돌리고 지방을 여행했다. 그곳에서 당국의 눈을 피해 블로그 게시물의 게시 시간을 조작하는 방법을 시민들에게 가르쳐 주었다."며 관련 사진을 올리기도 했다. 가족과 함께 유명 가수의 콘서트에 갔다가 요주의 인물이라는 이유로 입장을 거부당하자, 콘서트장 담장에 서서 귀동냥하는 사진을 찍어 블로그에 올리기도 했다. 그 사진을 보는 외국 네티즌들은 취미 생활조차 마음대로 못하는 쿠바 사회의 부조리를 생생히 느낄 수 있다. 이처럼 산체스는 일상생활에서 느끼는 독재 권력의 부당함, 부조리를 여성 특유의 섬세한 필치로 담아내고 있다.

2009년 6월에는 이란 대선 정국을 뒤흔들어 놓은 민주화 시위에 대한 부러움과 교훈에 대해서도 담담하게 감상을 적어 놓았다. 거대 담론이 아니라, 일상의 체험에서 느끼는 점들을 바탕으로 한 글과 사진들이다 보니 오히려 세계 네티즌들과 더 쉽게 공감대를 형성할 수 있었다.

오바마로부터의 응원 편지

쿠바는 2009년 사회주의 혁명 50주년을 맞았다. 철권을 휘둘렀던 피델 카스트로는 이미 권좌를 동생 라울에게 넘겨줬다. 사회주의 정치 체제와 자본주의의 경제 원리를 접목시킨 중국식 개혁 개방에 호감을 가진 라울이 등장함에 따라 쿠바 사회가 좀 더 개혁과 개방의 길로 나아갈 것이라는 기대 섞인 전망이 적지 않았다. 실제 라울은 과거 같으면 상상키 힘든 휴대 전화 구입 자유화와 같은 일련의 개방 정책을 내놓았다.

그러나 산체스는 이 같은 라울의 정책이 결국 형 피델이 펼친 독재 정치와 근본은 별반 다르지 않다고 지적한다. 휴대 전화 구입 자유화 조치만 해도 이미 십 수 년 전부터 암시장을 통해 얼마든지 가능했다고 산체스는 지적한다. 쿠바 사회 구석구석으로 침투해 들어오고 있는 서구 문물에 대해 라울이 마치 자기가 관대하게 이를 허용해 준 양 생색을 내고 있다는 것이다. 산체스는 이런 라울 카스트로에 대해 "그의 공약은 로제타석의 글자만큼이나 명확하다."고 조롱했다. 라울이 국민들에게 선심성 정책을 내놔 봤자 그 속이 뻔히

들여다보인다는 지적이었다. 물론 이 같은 글은 산체스의 생명을 위험하게 만들 수 있는 내용이다. 아무리 피델 카스트로가 물러났다고 해도 아직 쿠바 사회는 대놓고 정부를 욕할 수 있을 만큼 민주화가 이뤄진 사회가 아니기 때문이다.

실제 산체스는 2009년 11월 초, 신원 불명의 남성 세 명에게 납치되어 집단 폭행을 당해 한동안 목발 신세를 지기도 했다. 산체스는 이 사건에 대해 "그들의 폭력 때문에 다소 의기소침해진 것은 사실이지만 끝내 나를 겁주지는 못할 것"이라며 활동을 계속할 의지를 불태우기도 했다. 엄밀히 말하면 목숨 걸고 반체제 운동을 하고 있는 산체스지만, 스스로는 자신의 활동에 대해 '소심한 운동'이라며 겸손해 한다. 그러나 독재 정권의 삼엄한 감시와 끊임없는 압박 속에서도 꾸준히 블로그 활동을 하고 있는 산체스를 '소심'하다고 보는 사람은 아무도 없을 것이다.

그의 이런 활동을 지지하는 전 세계 네티즌 중에는 버락 오바마 미국 대통령도 포함돼 있다. 오바마 대통령은 2009년 11월 산체스에게 보낸 편지에서 "당신의 블로그 활동을 지지한다. 모든 쿠바 사람들이 자유롭게 의사를 표현할 수 있는 날이 오기를 기대한다."고 밝혔다.

이제 산체스가 올리는 글 하나하나는 지구상 몇 개 안 남은 사회주의 독재 국가의 종언을 알리는 주요 가늠자로서의 역할을 하고 있다. 산체스는 온갖 협박이 날아 들어와도, 비밀경찰이 자신뿐 아

니라 가족들의 일거수일투족을 감시하고 있어도 민주화에 대한 열
망을 꺾지 않는다. 보통 강단과 용기가 아니라면 불가능한 일이다.
그렇기에 산체스의 글 한 구절 한 구절은 그 어떤 무기나 화력보다
강력하게 쿠바 독재 정부를 허물어뜨리고 있다.《타임》이 '세계에서
가장 영향력 있는 인물 100명'에 산체스를 넣은 이유이기도 하다.

베티 마코니 Betty Hazviperi Makoni

검은 대륙을 환하게 비추는 여전사

1971년 짐바브웨에서 태어났다. 시민운동에 참여하기 전에는 교단에 서기도 했다. 성폭력과 성매매, 가정 폭력 등에 시달리는 아이들을 위한 단체 걸 차일드 네트워크의 설립자이며 CNN이 선정한 '올해의 영웅'(2009)이기도 하다. 그밖에도 국제 청년 회의가 선정한 '세계 최고 젊은이'(2007), 국제 비영리 기구 칠드런스 월드 제정 '세계 어린이 대상'(2007) 등을 수상했다.

최악의 환경에 맞서 싸우다

물가가 하루가 다르게 치솟아 돈의 가치가 매일매일 떨어지고, 이 때문에 정부가 직접 나서 돈의 유통 기한을 정한 나라. 국민 100명당 94명이 실업자이고 1인당 연간 소득이 200달러가 안 되는 최빈국이자 콜레라가 한번 발발하면 연간 4,000명이 아무 처방도 못 받고 숨져 가며 인구 4명 중 1명은 에이즈에 감염된 나라. 그럼에도 대통령의 부인은 늘 세계 여행 중이며 온갖 명품 쇼핑으로 외화를 축내는 나라.

세계 최악의 독재자로 꼽히는 로버트 무가베 대통령이 30년 가까이 철권통치를 펼치고 있는 아프리카의 빈국, 짐바브웨를 설명하는 구절들이다. 짐바브웨는 사회, 경제, 정치적으로 불안정한 상태를 오래도록 유지하다 보니 국민들의 삶이 정상적일 수가 없다. 이런 짐바브웨에서 인권, 특히 사회적 약자들의 인권을 기대하는 것은 애초부터 무리다. 20세기 중반 이후 서구 열강으로부터 독립을 이룬 상당수 아프리카 국가들은 공통적으로 장기 독재, 정정(政情) 불안, 대규모 민족 분쟁, 인종 간 학살 및 전쟁 범죄 등으로 고통받고 있다. 그 연원을 따져 보면 제국주의 시대 열강들이 자기들 편의대로 국경선을 확정하거나 소수 민족 거주지를 재편하거나, 타 종교 간 적대감을 의도적으로 유발해 놓은 경우가 많다.

짐바브웨 역시 예외는 아니다. 가난과 인권 유린, 장기 독재라는 아프리카 대륙 전체의 보편적 현상에 더해 짐바브웨는 특히 에이즈 문제로 국민 대부분이 큰 고통을 겪고 있다. 에이즈로 인해 사망자가 늘어나는 것도 문제지만, 국민들이 잘못된 미신을 바탕으로 에이즈 문제를 다루고 있다는 점이 더 큰 문제로 부각되고 있다.

짐바브웨에서는 순결한 처녀와 동침을 할 경우 질병이 치료된다는 황당한 미신이 널리 퍼져 있다. 이 때문에 에이즈에 감염된 환자들이 십 대 소녀, 심지어 아직 열 살이 채 안 된 어린 여아들을 범하는 사례가 비일비재하다. 문제는 이 같은 천인공노할 행위가 범죄로 인식조차 되지 않아 가해자에게는 별다른 처벌이 내려지지 않는 경우가 많다는 점이다. 또 성폭행을 당한 소녀들은 이 같은 사실이 마을에 알려질까 두려워하면서 쉬쉬하다가 별다른 치료를 받지 못한 채 에이즈에 감염돼 죽음을 맞는 경우가 적지 않다.

베티 마코니는 이 같은 처참한 조국의 현실에 맞서 싸우는 시민운동가다. 마코니가 운동가로 변신한 데에는 개인적인 경험이 크게 작용했다. 어린 시절, 마코니 역시 여느 소녀들처럼 성폭행을 당했고, 가정 폭력에 시달리던 어머니는 아버지에게 맞아 죽는 끔찍한 일이 벌어졌다. 그나마 마코니는 운 좋게 대학 교육까지 마치고 교편을 잡았지만, 제자들이 여전히 가정 폭력과 성폭행, 인신매매 위협에 시달리는 것을 목격하면서 이들을 구출해 내기 위한 단체인 걸 차일드 네트워크(Girl Child Network, GCN)를 설립하게 된다.

오늘날 GCN은 전 세계에서 가장 주목받는 시민 단체 중 하나로 성장했다. 마코니가 성폭행이나 성매매, 가정 폭력으로부터 구출해 낸 어린이와 여성들은 지금까지 3만 5,000여 명을 넘고 있으며, 이들 중 상당수는 공동생활을 통해 아픔을 치유한 뒤 정상적인 사회생활로 복귀하는 데 성공했다. GCN은 현재 짐바브웨뿐 아니라 말라위, 스와질랜드, 남아프리카 공화국 등 다른 아프리카 여러 국가로 활동 범위를 넓혀 나가고 있다. 유니세프와 글로벌 펀드, 스티븐 르위스 재단, 유럽 연합, 주 짐바브웨 미국 대사관 등 각국 정부와 재단으로부터 재정적인 지원을 받고 있다.

어린 시절 성폭행을 당했고, 성인이 된 뒤에는 자신과 같은 아픔을 겪고 있는 어린이와 청소년, 여성들을 위해 사회단체를 만들어 활동한다는 점에서 보면 마코니는 캄보디아의 여전사 소말리 맘과 유사한 인생 경로를 겪고 있다고도 할 수 있다. '세계 어린이 대상' 2007년도 수상자는 소말리 맘이었고, 이듬해 수상자는 마코니였다. 국제 무대에서는 존경받는 파워 우먼들이지만, 각자가 소속된 사회에서는 끊임없이 살해 위협을 받고 있다는 것도 둘의 공통점이다.

학대받던 인생에서 행동하는 인생으로

마코니는 겨우 여섯 살 때 동네 상점 주인에게 처음 성폭행을 당한 이래 여러 차례 성폭행을 당했다. 처음 성폭행을 당했을 때 어머니가 마코니에게 해 준 말은 "마을에 알려지면 안 되니 입을 다물어야 한다."는 것이었다. 피해자가 오히려 죄인 취급당하는 짐바브웨의 사회 분위기를 어머니 역시 잘 알고 있었기 때문이었다. 그런 어머니조차 마코니가 아홉 살 되던 해 어느 날 밤, 아버지에게 무지막지한 폭행을 당한 끝에 숨지게 된다. 이 끔찍한 광경을 보면서 마코니는 '불의를 맞아 입을 다물어 봤자 결국 돌아오는 것은 죽음뿐'이라는 사실을 깨닫게 된다.

어머니가 살해된 뒤 마코니는 보육원에 맡겨진다. 불행한 가정을 떠나 보육 시설에 맡겨진 것이 마코니에게는 차라리 잘된 일이었다. 어린 시절부터 똘똘했던 마코니는 보육원 선생님들의 귀여움을 독차지했고, 선생님들은 학업 성적이 우수한 마코니를 물심양면으로 지원, 대학 교육까지 마칠 수 있게 도와줬다. 마코니는 대학을 졸업한 이후 고등학교에서 교편을 잡았다. 자신처럼 어린 시절을 불행하게 보낸 수많은 아이들을 돕고, 가르치고 싶다는 바람 때문이었다.

어린 시절부터 꿈꿔 온 선생님이 됐지만 마코니의 마음은 편치 않았다. 너무나 많은 제자들이 아무런 예고도 없이 학교를 나오지 않거나 중퇴하는 일이 빈발했기 때문이었다. 아이들은 집에서 부모나 형제에게 폭행을 당해 결석을 하거나 이웃 남성들에게 성폭행을 당한 뒤 임신을 해 아예 학교를 떠나는 경우가 많았다. 어떤 아이들은 성폭행으로 인해 에이즈에 감염됐으나, 자신이 병에 걸린 줄도 모르고 생활하다 결국 병이 깊어져 쓰러지기도 했다. 아이들에게는 학교가 그나마 보호막이 될 수 있었지만, 수업이 끝난 뒤 언제까지나 학교에 남아 있을 수는 없는 노릇이었다.

제자들의 비참한 현실 앞에 고민하던 어느 날, 마코니는 아이들에게 한 가지 제안을 하게 된다. 방과 후에도 학교에 남아 서로의 말 못할 고민에 대해 수다도 떨고, 함께 공부도 하면서 서로에게 용기를 북돋워 줄 수 있는 일종의 동아리를 만들어 보자는 것이었다. 그 제안에 따라 처음 아홉 명의 제자가 방과 후 따로 만나 자신이 겪은 성폭행이나 가정 폭력 등에 대해 의견을 나누고 해법을 구해 갔다. 이 모임이 바로 1988년 처음 탄생한 GCN의 모태가 됐다. 아이들은 자신의 겪은 일이 스스로의 잘못으로 초래된 일이 아니라 어른들의 그릇된 성(性) 인식 때문에 벌어진 일이었음을 점차 깨닫게 되었다. 또 자신들이 당한 일을 평생 부끄러워하며 마음속 비밀로 삼지 않아도 된다는 사실도 알게 됐다. GCN 모임은 짐바브웨 사회에서 큰 반향을 일으켰고, 시작된 지 채 일 년이 되지 않아 전국에서 100여 개의 GCN이 생겨났다. 짐바브웨 시민 단체들뿐 아니라 국제 인권 단체들도 GCN의 활동을 주목하며 찬사를 보내기 시작했다. 그 어느 곳에서도 보기 힘든 '성폭행 청소년들의 자립적 재활 모임'이었기 때문이다.

1999년, 마코니는 기부받은 땅 위에 재활촌을 만들어 성폭행 피해 청소년들을 직접 보살피기 시작했다. 자원봉사자, 경찰, 주민들은 성폭행 피해 아이들을 재활촌으로 옮긴다. 이곳에 도착한 아이들은 처음 72시간 동안은 응급 처치를 받게 되고, 이후 재활과 상담 프로그램을 통해 성폭행 사건 이전 수준의 정신적, 육체적 건강을 회복한 뒤 학교에 복귀하게 된다. 현재 짐바브웨에는 700개가 넘는 GCN이 운영되고 있으며, 세 개 지역에서 재활촌이 운영되고 있다. 재활촌 프로그램을 통해 구출된 성폭행 피해 여성과 어린이들은 3만 5,000여 명에 이르고 있으며, GCN을 통해 각종 도움을 받은 아이들은 30만 명을 넘는 것으로 추정된다.

GCN의 주요 활동 중에는 성폭행 피해를 당한 소녀들에게 '두려워 은폐하지 말고 당당히 신고하라.'는 교육을 시키는 것이 포함돼 있다. 이런 교육 덕분에 최근 들어서는 하루 평균 여덟 건의 성폭행 범죄가 신고되고 있다. 마코니는 2000년 교사직을 사임한 뒤 본격적으로 GCN 활동 전파를 위해 전 세계를 누비고 있다.

그릇된 신화를 깬 아름다운 신화

현재 마코니는 영국에서 살고 있다. 지난 2008년, 마코니의 활동을 정치 활동이라고 규정한 세력들이 마코니에게 살해 협박을 가하기 시작했다. 마코니와 GCN은 성폭행범을 엄중 처벌하고 소녀들을 보호하기 위한 입법 활동을 꾸준히 펼쳐 왔는데, 이를 못마땅하게 여긴 일부 정치 세력들이 마코니가 정치 활동을 한다고 몰아붙이며 시비를 건 것이다. 결국 마코니는 끊임없는 위협을 받은 끝에 쫓겨나다시피 조국을 떠나야만 했다.

소녀들을 성폭행한 파렴치들 중에는 짐바브웨 사회에서 나름대로 권력과 돈줄을 쥔 인사들이 적지 않았다. 이들은 마코니의 활동이 여론의 힘을 얻을 경우 자신들이 처벌될 수도 있다는 점을 우려, 마코니에게 직간접적인 위협을 가했다. 일부는 마코니의 집과 GCN 주변을 에워싸며 협박을 가하기도 했다. 마코니 역시 이들의 협박에 맞서 뜻을 굽히지 않았지만 위협 수위가 지나치게 높아지자 불가피하게 피신을 할 수 밖에 없는 지경에 이르렀다. 비록 몸은 영국에 머물고 있지만 오늘날 마코니는 짐바브웨, 더 나아가 아프리카 대륙 곳곳에 만연돼 있는 '처녀성 신화(처녀성을 가진 어린 소녀를 범할 경우 병이 낫는다는 신화)'를 깨기 위해 온몸을 불사르고 있다. 이 잘못된 신화의 피해자 중에는 심지어 이제 막 걸음 걷는 법을 배운 한두 살짜리 여아들까지 포함돼 있다고 한다. 일반인들의 상상을 뛰어넘을 법한 소리지만, 마코니가 미국 CNN 방송 인터뷰에서 밝힌 내용에 따르면, 자신이 목격한 최연소 성폭행 피해자는 태어난 지 하루된 신생아였다고 한다.

마코니가 GCN과 재활촌 활동에서 가장 중점에 두는 것은, 성폭행을 당한 아이들이 스스로 재활 과정에서 받는 모든 프로그램의 책임자가 되게 한다는 점이다. 즉, 수동적으로 재활 프로그램을 받는 것이 아니라 능동적으로 재활 프로그램을 받게 하는 방식이다. 이는 아이들이 스스로를 피해자라고 인식할 경우 계속해서 움츠러들 수밖에 없고, 끝끝내 재활에 성공하지 못할 가능성이 높기 때문이다.

마코니는 이미 국제 사회에서 신화적인 존재가 돼 가고 있다. 사회의 부당한 관습을 깨고, 아무런 잘못도 없이 억울하게 피해자가 된 청소년들을 보살피는 국제 인권 사회의 대표적 아이콘으로 우뚝 선 것이다.

"아이들의 모습 속에서 매일매일 나의 모습을 발견한다."는 그의 말대로, 마코니는 스스로의 아픈 과거를 딛고 매일매일 새로운 신화를 만들어 나가고 있다.

잉그리드 베탕크루 Ingrid Betancourt Pulecio

가슴속 분노로 어둠을 밝히다

1961년 콜롬비아에서 장관과 대사를 역임한 아버지와 미스 콜롬비아 출신 어머니 사이에서 태어났다. 2002년 대선 유세 도중 콜롬비아 무장 혁명군에게 납치되었다가 6년 만인 2008년 정부군의 비밀 작전을 통해 극적으로 구출되었다. 2008년 프랑스 최고 훈장인 레지용 도뇌르를 받았으며 2004년과 2009년 노벨 평화상 후보에 올랐다.

2,321일 동안 잊혀졌던 여인

지난 2002년 2월 어느 날, 콜롬비아 대선 야당 후보였던 잉그리드 베탕크루가 납치됐다는 소식이 세계 각국 주요 통신사에 긴급 타전됐다. 콜롬비아의 혼탁한 사회상을 잘 아는 이들에게 베탕크루의 납치는 그다지 놀랄 만한 뉴스는 아니었다. 베탕크루를 납치한 좌익 게릴라 단체 '콜롬비아 무장 혁명군(Fuerzas Armada Revolucionarias, FARC, 파르크)'은 요인들에 대한 납치를 밥 먹듯이 해 온 단체기 때문이다. 파르크가 요인들을 납치하는 이유는 크게 두 가지다. 우선은 사회적 혼란을 가중시키고 체제를 불안하게 만들기 위함이고 두 번째 이유는 몸값을 노린 일종의 납치 비즈니스 때문이다.

요인에 대한 납치가 워낙 빈발하는 콜롬비아다 보니 베탕크루 역시 얼마 지나지 않아 거액의 몸값을 치르고 풀려날 것이라는 예상이 많았다. 그러나 금방 끝날 것 같았던 베탕크루의 억류 기간은 점점 더 길어져 갔다. 처음 베탕크루의 조속한 귀환을 믿어 의심치 않았던 가족들의 바람과는 달리 하루가 지나고 한 달이 지나고 일 년이 지나도 파르크는 베탕크루를 석방하지 않았다. 베탕크루의 지지자들은 서서히 그의 존재를 잊기 시작했고, 베탕크루의 석방을 위해 힘쓰던 국제 인권 단체들도 차츰 희망을 잃기 시작했다. 모두의 뇌리 속에서 그의 존재는 차츰 아스라이 사라져 가는 하나의 전설처럼 자리 잡혀 가고 있었다.

오랜 시간이 흐른 뒤인 2008년 7월 2일, AP 통신 등 주요 통신사 긴급 뉴스란에는 '베탕크루 구출'이라는 긴급 뉴스가 흘러나오기 시작했다. 구출 과정은 극적이었다. 콜롬비아 정보국 비밀 요원들이 시민 단체 관계자로 가장해 파르크 측에 접근했다. 비밀 요원들은 '당신들이 잡고 있는 열다섯 명의 인질들을 우리 헬리콥터를 이용, 멀리 떨어진 당신들의 새 지도자에게 운송해 주겠다.'며 파르크 대원들을 속였다. 비밀 요원들은 인질 열다섯 명과 파르크 대원들을 헬기에 태워 상륙했고, 헬기가 상공에 이르자 파르크 대원들을 순식간에 제압해 버렸다. 비밀 요원들은 인질들에게 "우리는 콜롬비아 정보국 비밀 요원들입니다. 당신들을 구하기 위해 시민 단체 관계자로 속였습니다. 당신들은 이제 자유입니다."라는 선언을 했고, 인질들은 기쁨의 환호성을 질렀다. 인질들 속에 포함돼 있던 베탕크루에게도 기나긴 악몽의 시간이 끝나는 순간이었다.

납치된 뒤 2,321일이라는 기나긴 시간 동안 사람들의 뇌리에서 점차 사라져 갔던 베탕크루는 지구촌 사람들의 희미해진 기억을 깨고 이렇게 다시 현실의 문 안으로 뛰어 들어왔다. 마치 "난 여전히 이렇게 살아 있다."는 포효를 하듯 세계인의 눈앞에 극적으로 나타난 것이다.

영화 같은 삶

베탕크루가 살아온 인생 행보를 살펴보면 영화보다 더 영화 같은 삶이라는 표현이 딱 어울린다.

베탕크루의 아버지는 정부 고위 관료와 대사를 지냈고 어머니는 미인 대회 우승자 출신으로 훗날 정계에 투신해 명성을 날린 사람이었다. 베탕크루는 외교관이었던 아버지를 따라 어린 시절부터 해외를 돌아다녔다. 덕분에 엘리트 교육을 받을 수 있었고, 대학 역시 프랑스 최고 명문 대학을 졸업했다. 대학에서 만난 동창이자 촉망받는 외교관과 결혼해 한동안 '외교관 부인'이라는 고상한 생활을 영위했다. 유부녀가 된 베탕크루는 고국으로 돌아와 재무부 관리로 관가에 입문했다. 명문가 출신에 해외 유학 경력까지 갖춘 베탕크루는 관료 사회에서도 승승장구하며 어렵지 않게 고위직에 오를 수 있었다. 그러나 순탄할 것만 같았던 베탕크루의 인생은 공직 사회를 떠나 스스로 정치가의 길을 택하면서부터 암운이 드리우기 시작한다. 정치에 입문하자마자 각종 선거에서 승리를 거두며 하원 의원, 상원 의원에 당선됐고 급기야 대선 후보에까지 오르는데 성공했다. 중남미를 넘어 세계가 주목하는 차세대 여류 정치 거물로 발돋움하려던 찰나 파르크가 저지른 납치의 희생자가 되면서 일순간 지옥의 나락으로 떨어진다. 이후 장장 6년이 넘는 피랍 기간이 이어졌지만 의지를 굽히지 않고 모진 고문과 압박을 견뎌 냈으며 결국 세상으로 화려하게 복귀할 수 있었다.

베탕크루는 구출된 이후 교황 베네딕토 16세와 니콜라 사르코지 프랑스 대통령을 만나는 등 세계인들의 열렬한 환영을 받았다. 특히 프랑스는 베탕크루에게 자국 최고의 훈장인 레지옹 도뇌르를 수여했다. 콜롬비아 국민들 역시 여전히 베탕크루를 유력한 대선 주자로 꼽는 데 주저하지 않았다. 납치된 지 6년이라는 긴 시간이 지났어도 그에 대한 국민들의 사랑과 기대는 전혀 수그러들지 않고 있다.

목숨 건 폭로와 2주간의 단식

납치 사건 이전, 베탕크루가 일약 거물 여류 정치인으로 국제 사회에서 두각을 나타내기 시작한 것은 지난 2001년 출간한 자서전

『콜롬비아의 딸 잉그리드 베탕쿠르(*la rage au coeur*)』가 여러 나라에서 베스트셀러에 오르면서부터다. 자서전에는 베탕크루가 파르크에 납치되기 훨씬 이전부터 얼마나 많은 테러의 위협을 겪었는지, 그리고 그런 위협에도 굴하지 않고 얼마나 꿋꿋하게 불의와 맞서 싸웠는지가 잘 기술돼 있다. 자서전에 따르면 1996년 12월 국회 의원 회관에 있는 베탕크루 사무실로 낯선 남자가 예고 없이 방문한다. 그리고 이 남자는 충격적인 말들을 은밀히, 그러나 매우 정중하게 내뱉고는 사라진다.

"저는 의원님을 살해하려는 사람들을 대신해 말씀을 전하려고 왔습니다. 그들은 의원님이 이 땅을 떠나길 원하고 있습니다. 솔직히 말씀드리면 그들은 이미 의원님을 죽이기 위해 시카리오를 고용했습니다."

시카리오는 주로 콜롬비아 빈곤층 출신 오토바이 운전자들로 돈만 주면 살인도 마다하지 않는 살인 청부업자들을 말한다. 베탕크루는 이미 그해 6월 승용차를 타고 가다 총탄 세례를 받은 적도 있었다. 낯선 남자에게서 사실상 '최후통첩'을 받은 베탕크루는 아들과 딸을 급히 해외로 피신시켜야 했으며 이후 삼 년 동안 가족들과 본의 아니게 생이별을 해야 했다. 베탕크루 본인 역시 언제 어디서 날아들지 모르는 총탄 세례에 신경 쓰며 가슴 졸이는 나날을 보내야 했다.

베탕크루가 이 같은 테러 위협을 받게 된 까닭은 그가 벌인 부정부패 청산 운동 때문이다. 어린 시절을 해외 선진국에서 살았던 베탕크루 눈에 비친 조국은 부조리와 부정부패의 고리가 너무나 단단히 박힌 모순덩어리 자체였다. 베탕크루 주변의 상류층과 지식인들은 그 같은 사실을 모두들 알고 있었지만, ‘모두의 문제는 누구의 문제도 아니다.’라는 인식 속에 다들 사회 개혁을 외면했다. 거기에 더해 파르크를 비롯해 워낙 많은 무장 게릴라 단체들이 콜롬비아 곳곳에서 할거하고 있었고, 이들과 유착 관계를 맺고 있던 관리들은 말단에서부터 고위층에 이르기까지 다들 사리사욕을 채우는 데만 정신이 팔려 있었기에 문제가 쉽게 해결되지 않았다. 벌건 대낮 도심 한복판에서 시민들이 납치돼도, 식당 옆자리 손님이 어디선가 날아온 총탄에 맞고 숨져도 다들 공포에 떨 뿐 그 공포의 근원을 처단하고 뿌리 뽑겠다는 용기를 내지 못했다. 보이지 않는 거대한 부조리 세력과의 전쟁에 나설 엄두조차 내지 못하고 있던 것이었다.

현실에 분노하던 베탕크루는 스스로 세상을 변혁해 보겠다는 당찬 포부를 밝히며 1994년 하원 의원으로 정치권에 입문한다. 베탕크루는 “내가 사랑하는 모든 이에게 불행이 닥칠까 걱정하지 않으면서 살 권리를 보장받고 싶다.”는 출사표를 내놨다. 하원 의원이 된 베탕크루는 자신이 꿈꿔 왔던 사회를 만들기 위해 헌신적으로 의정 활동을 펼쳐 나갔다. 사회 곳곳에 번져 있는 부패와 부조리를 만천하에 폭로하며 민주화와 사회 정화를 부르짖기 시작한 것이다. 그는 억압받고 가난한 민중들을 위해 정의의 목소리를 내는 데 주저하지 않았다. 특히 베탕크루는 현직 대통령이 조직 폭력과 연계돼 있다는 메가톤급 폭로를 하면서 일약 정가의 스타로 떠올랐다. 당황한 정부는 베탕크루에게 신체적, 정치적 위해를 가하기 시작했다. 그러나 그는 협박에 굴복하거나 도망치는 대신 목숨을 담보로 건 반격을 택했다. 2주간에 걸친 단식을 통해 정권의 부당한 협박을 물리치는 데 성공했다. 기존 정치인들에게서 찾아보기 힘들었던 깨끗한 이미지는 콜롬비아 국민들의 마음을 급속하게 파고들었고 그럴수록 베탕크루의 정적들이 가하는 온갖 회유와 협박의 정도는 날로 더해 갔다. 만일 베탕크루가 마음만 고쳐먹었다면 엄청난 금전적 대가는 물론 고위 관직을 비롯한 정부 요직을 두루두루 거치며 부귀영화를 누릴 수도 있었을 것이다. 그러나 베탕크루는 현실과 타협하지 않았다. 정의에 기초한 자신의 작은 힘이 사회와 세상을 바꿀 수 있다는 강한 신념이 있었기 때문이다.

베탕크루는 1998년 혼탁한 세상에 산소 같은 역할을 하겠다며 '녹색 산소당'을 만든다. 그리고 상원 의원직에 도전장을 내민다. 유권자들은 열렬한 지지를 보냈고, 이에 당황한 기존 정당들은 베탕크루와 녹색 산소당의 유세 활동을 적극적으로 방해했다. 그러나 베탕크루는 전국 최다 득표 당선이라는 기염을 토하며 단번에 상원 의원으로 선출됐다.

가슴속에 솟는 분노

베탕크루는 마침내 2002년 대선 출마를 선언했다. 유세를 위해 곳곳을 누비던 베탕크루는 유권자가 있는 곳이라면 어디든 가겠다는 일념 아래 험한 산악 지역도 마다하지 않았다. 그리고 파르크가 점령하고 있던 정글에서 유세를 진행하던 중 피랍을 당했다. 납치 6년간 파르크는 간혹 베탕크루의 모습이 담긴 사진을 외부에 공개하며 그가 아직 살아 있다는 가장 기본적인 정보만을 제공했다. 그 기간 동안 베탕크루는 말로 형언하기 힘든 온갖 고초를 다 겪어야 했다. 인격을 모독하는 험한 욕설을 듣는 것은 기본이고, 피랍 기간 중 절반이 넘는 시간을 쇠사슬에 묶인 채 생활해야 했다. 따뜻한 물은커녕 제대로 목욕할 기회도 주어지지 않았으며, 파르크 대원들이 빤히 쳐다보는 가운데 옷을 갈아입는 수치스러운 순간들이 무수히 이어졌다. 벌레나 이름 모를 곤충에 물려도 참는 수밖에 없었다. 베탕크루에게 무수한 성폭행이 가해졌을 것이라는 일부 언론들의 보도까지 나왔다. 때로는 동물보다 못한 취급을 받아야 했지만 베탕크루는 삶에 대한 희망을 포기하지 않았다.

베탕크루가 구출되기 반년 전인 2007년 11월, 파르크는 이례적으로 베탕크루가 가족에게 편지를 보낼 수 있도록 허용한 적이 있었다. 편지에는 베탕크루가 얼마나 힘들게 인질 생활을 보내고 있는지 잘 나타나 있다.

"신체적으로 쇠약해졌고, 입맛을 잃은 지도 오래됐으며 머리카락도 무더기로 빠지고 있다. 인질들은 아무 데서나 잠을 잘 수 있어야 하며, 동물처럼 나무와 절벽을 마구 기어오를 수도 있어야 한다. 계속 희망을 버리지 않고 살아가기란 힘들지만 살아 있는 한 희망을 포기하지는 않겠다. 내가 오늘 죽는다 하더라도 내 아이들에게 감사하면서 내 삶에 만족할 것이다."

이때만 해도 베탕크루가 정말 세상에 다시 복귀할 수 있을 것이라고 예측한 사람은 많지 않았다. 복귀한다 해도 다시 예전과 같은 강인한 정치 투사로서의 모습을 기대하는 것은 힘든 일이었다. 그러나 베탕크루는 역시 세간의 예상을 뛰어넘는 강인한 여성이었다. 파르크는 베탕크루를 죽이지 않고 이리저리 끌고 다니며 그를 굴복시키는 데 혈안이 돼 있었다. 단순히 죽이는 것 보다는, '망가진 모습'을 국민들에게 보여 주는 것이 자신들에 대한 공포심을 극대화시킬 수 있는 방법이라고 계산한 것으로 보인다. 하지만 파르크의 의도는 베탕크루에게 전혀 먹혀들지 않았다. 베탕크루는 지쳤을지언정 결코 좌절하거나 굴복하지는 않았다. 파르크는 자신들의 말을 고분고분 듣겠다는 전향서를 쓸 경우 편안한 잠자리를 제공하겠다며 회유했지만 베탕크루는 이를 끝내 거부했다.

언젠가는 구조될 수 있을 것이라는 희망, 그리고 다시 사회에 복귀한다면 못다 이룬 민주화의 꿈을 이룰 수 있다는 희망은 베탕크루를 절망의 구렁텅이로 빠지지 않게 만들어 준 원동력이었다. 그리고 영원히 오지 않을 것 같았던 그 순간은 마침내 찾아왔다. 베탕크루는 정부 비밀 요원에게 구조된 뒤 "나는 또 한 명의 전사일 뿐이다. 아직 잡혀 있는 인질들이 모두 풀려날 때까지, 마지막 인질이 풀려날 때까지 머리를 자르지 않겠다."고 공언했다.

부패한 사회에 산소를 공급하겠다며 녹색 산소당을 만들었던 베탕크루. 6년간의 모진 납치 생활을 꿋꿋이 견디고 다시 우리 앞에 다시 나타난 베탕크루의 존재 자체가 우리에게는 신선한 산소 그 자체가 되고 있다.

자이나브 살비 **Zainab Salbi**
생존과 희망의 역사를 만들다

1970년 이라크 바그다드에서 태어났다. 전쟁이나 무력시위 등의 유혈 사태 등이 일어나는 곳에서 여성을 구출하는 국제 구호 기구인 우먼 포 우먼을 설립해 대표직을 맡고 있다. 전쟁의 비참한 실상과 엄청난 피해에 대해 알리고, 평화를 촉구하는 책을 출간하기도 했다.

나만의 행복은 행복이 아니다

자이나브 살비는 전쟁터를 누비는 탁월한 전사다. 사람을 죽이는 전사가 아니라 살리는 전사다. 총을 들고 전장(戰場)을 누비지는 않지만 전쟁의 참화 속에서 위기를 맞은 수많은 여성들을 구출하고 있다. 살비는 주로 전쟁터나 대규모 유혈 충돌이 벌어지고 있는 위급한 장소에서 위기에 처한 여성들을 구출해 내는 일을 하고 있다.

1993년 위기에 처한 여성들을 구조하기 위한 국제적 구호 단체 '우먼 포 우먼(Women for Women International, WWI)'을 설립했다. 현재까지 우먼 포 우먼을 통해 살비가 구출한 여성은 무려 12만 명이 넘는다. 그 어떤 국제기구나 시민 단체도 우먼 포 우먼만큼 직접적이고 효과적으로 전쟁의 위급함 속에서 여성을 빠르게, 또 대규모로 구출해 낸 전례가 있을까 싶을 정도로 살비의 업적은 탁월하다.

살비는 현재 미국에서 활동하고 있지만, 고향은 이라크다. 어린 시절 사담 후세인이 지배하는 냉혹한 독재 정부 아래서 생활한 터라 억압된 사회가 약자, 그중에서도 여성들에게 얼마나 가혹한 폭력을 행사하는지를 몸소 체험할 수 있었다. 어린 시절의 체험은 오늘날 살비가 행동하는 지식인으로 살아가게 하는 큰 힘이 되어 주고 있다. 살비는 「오프라 윈프리 쇼」를 비롯해 CNN, 《뉴욕 타임스》, 알 자지라 방송, BBC 등 세계 유수의 여러 매체에 출연해 전쟁의 참화와 비극상을 적극적으로 알리고 있다. 또 이런 현실과 활동 모습을 담은 서적은 베스트셀러가 되기도 했다. 이 같은 대외 활동은 살비 개인의 명성을 드높이기 위한 것이라기보다는, 보다 많은 사람들에게 평화 정착 활동을 촉구하고 전쟁의 무서움에 대한 경각심을 일깨우기 위한 것이다.

살비는 한국 언론과도 인터뷰를 가진 적이 있었다. 살비는 지난 2007년 9월 8일 《부산 일보》와 가진 인터뷰에서 "강한 여자가 강한 가족을 만들고, 강한 사회를 만들고, 강한 국가를 만듭니다. 그리고 그 강한 여자를 다른 한 사람의 여자가 그다지 어렵지 않은 방법으로 도와줄 수 있습니다. 많은 후원보다 한 사람의 서바이버(전쟁 피해 여성)를 도우려는 당신의 마음이 더 크고 중요합니다."라고 강조했다.

위기에 처한 남을 돕고, 그 사람이 홀로 설 수 있도록 후원하는 것은 말로는 그다지 어려운 일이 아니다. 그러나 실천 여부는 별개의 문제다. 그 별개의 문제를 살비는 직접 행동에 옮기며 소중한 인명을 살려 내고 있다.

신혼여행 대신 난민촌을 가다

살비는 1970년 이라크 바그다드에서 태어나 그곳에서 열아홉 살이 될 때까지 자랐다. 어린 시절 살비는 후세인의 독재 정치와 함께 이란과 이라크의 전쟁을 통해 전쟁의 참상을 체험할 수 있었다. 이웃에 폭탄이 떨어질 정도로 위급한 상황이 심심치 않게 벌어지면서 살비는 공포와 두려움 속에서 어린 시절을 보내야 했다.

살비가 열한 살이 되던 해 부친은 사담 후세인의 개인 비행기 조종사로 선발되었다. 그 덕분에 살비는 주말마다 후세인을 가까이서 볼 수 있었고, 독재자의 진면목을 생생히 느낄 수 있었다. 살비의 어머니는 딸이 채 스무 살이 되기도 전에 약혼을 시켰고, 결혼식을 핑계로 딸을 미국으로 이민 보냈다. 딸만이라도 자유 민주 국가에서 온전한 삶을 살 수 있게 하려는 어머니의 애틋한 배려였다. 미국에 도착한 후 예비 남편 암자드 아탈라와 결혼식을 앞두고 있던 살비는 한 잡지에 실린 충격적인 기사를 접하게 된다.

내전이 한창이던 보스니아에서 군인들이 여성들을 성적 노리개로 대하는 이른바 '강간 캠프'가 존재한다는 내용의 기사였다. 살비가 더욱 충격을 받은 것은 서방 각국이 그런 패륜적 범죄를 알고 있으면서도 별다른 조치를 취하지 않고 있다는 사실이었다. 살비와 예비 남편은 고민에 고민을 거듭한 끝에 참상이 벌어지고 있는 현장을 직접 방문해 보기로 결심했다. 둘은 신혼여행을 위해 모아 둔 돈을 털어 신혼여행을 떠나는 대신 전쟁의 참화를 겪고 있던 크로아티아로 날아갔다. 그곳에서 난민 캠프를 돌아다니며 여성과 어린이들을 도울 수 있는 방법이 없는지를 고민하기 시작했다.

미국으로 돌아온 살비는 워싱턴 지역 교회들을 순회하며 모금 활동을 펼치기 시작했다. 전쟁터의 비참함은 일반인들이 상상하는 것보다 훨씬 비극적이며 그곳에서 신음하고 있는 노약자, 여성, 어린이들에게는 조금이라도 빨리, 조금이라도 더 많은 구원의 손길이 필요하다고 목소리를 높였다. 사람들은 이에 호응했고, 모금함에는 돈이 모이기 시작했다. 자신들을 대신해 전장에서 신음하고 있는 난민들을 잘 도와 달라고 응원하는 시민들의 손길은 살비에게 큰 힘이 되었다. 살비는 모금 활동을 통해 본인이 평생 걸어갈 길이 바로 이 길임을 깨닫게 된다.

살비는 곧 가족들과 친구들에게 평생 난민 여성 구조를 위해 투신하겠다고 선언한다. 주변에서는 이를 모두 만류했다. 자원봉사자로 모금 활동을 펼치는 것과 아예 단체까지 만들어 직업으로 삼는 것은 아예 차원이 다른 문제였기 때문이다. 아랍 어를 통역하던 살비의 직업은 워싱턴에서도 꽤 높은 소득이 보장된 안정된 일이었다. 왜 안정된 직장을 포기하느냐는 지인들의 만류가 이어졌다. "너하나 움직인다고 세상이 바뀌냐."며 무모한 도전을 하지 말라는 주변의 충고가 잇따랐지만 살비는 자신이 직접 크로아티아에서 접했던 수많은 난민들의 처참한 현실을 더 이상 묵과할 수 없었다.

크로아티아에서 만났던 한 난민 여성은 자녀들을 잃은 뒤 수용소에서 9개월 동안 매일같이 강간을 당했다며 살비에게 눈물로 호소했다. 이 여성 같은 난민이 지구상에 적게는 수십만, 많게는 수백만 명이 존재한다는 사실을 더 이상 나 몰라라 할 수는 없었던 것이었다. 그러기에는 살비의 양심이 허락하지 않았다. 결국 살비는 1993년 우먼 포 우먼을 설립했다.

세상을 바꾸다

우먼 포 우먼은 쉽게 말하면 자매결연 시스템으로 운영되는 조직이다. '스폰서'라 불리는 자발적 후원자는 '서바이버'라 불리는 난민 여성에게 매달 30달러 안팎의 돈과 함께 정성 어린 격려 편지를 보내면서 남은 인생을 한 자매처럼 보내게 된다. 비록 작은 돈일지라도 한 여성에게 매달 일정액의 후원금을 주고, 격려 편지를 통해 그 여성의 삶을 개선시키자는 살비의 운동에 세계 각국 후원자들이 공감을 표시하기 시작했다.

우먼 포 우먼은 또한 난민 여성들을 구조한 이후에도 지속적으로 재활 훈련을 실시하고 있다. 일단 마이크로 크레디트(소액 대출)를 실시해 난민 여성들이 독자적인 경제 활동을 할 수 있도록 도와준다. 또 난민 여성들이 여생을 굴곡지고 어두운 과거로부터 떨치고 일어날 수 있도록 '여성도 남성과 똑같은 인격을 지닌 존재며, 사회의 리더가 될 수 있다.'는 리더십 교육도 실시한다. 피해 여성 스무 명을 한 단위로 묶고 이들에게 물질적·정신적 후원자가 되 줄 멘토를 연결해 준다.

현재 우먼 포 우먼의 스폰서로 등록한 회원들은 전 세계 58개국 24만 6,000명에 이르며, 이들이 난민 여성들과 주고받는 편지는 연간 10만 통을 넘고 있다. 단순히 기부금을 받고, 이를 누군지도 모를 수혜자에게 전달해 주는 기존 자선 단체들의 방식과는 확연히 차이가 나는 우먼 포 우먼의 활동 방식은 세계 언론의 주목을 받기 시작했다. 《타임》은 살비의 활동이 매우 독창적이라며 2005년 3월 '이달의 혁신가'로 선정했다.

우먼 포 우먼과 함께 살비 본인은 독재 정권의 부당함을 알리는 저술과 강연 활동을 활발히 펼치고 있다. 2005년에는 『두 개의 세상: 학정으로부터의 탈출(*Between two worlds: Escape from Tyranny*)』을 통해 후세인 독재 치하 이라크 국민들의 고통받는 삶을 그려 냈다.

살비는 우먼 포 우먼을 설립한 이후 발칸 반도를 비롯해 르완다와 콜롬비아 등 세계 여러 분쟁 지역을 돌아다니고 있다. 때로는 자신의 생명조차 보장하지 못할 정도로 긴박한 상황이 연출되기도 하지만, 살비는 언제나 난민 캠프를 돌아다니며 위급한 상황에 놓인 여성들을 구조하느라 눈코 뜰 새 없는 나날을 보내고 있다.

또 세계 경제 포럼 등에 연사로 초빙돼 선진국들이 빈곤 국가 여성과 어린이들의 능력 계발을 위해 좀 더 많은 경제적 지원을 해야 한다는 점을 여러 차례에 걸쳐 강조했다. 살비는 "전쟁으로 피해를 입은 여성들의 실상은 텔레비전 화면 속에 비춰지는 한 장면처럼 그리 단순한 것은 아니다. 여성들을 이해하고 전쟁의 이면을 이해함으로써 우리는 더 많은 인류애를 키울 수 있을 것이다."고 강조하고 있다. 역사의 이면 속으로 이름 없이 사라져 간 여성들의 희생이 제대로 조명되고 치유되어야 한다는 게 살비의 주장이다. 본인이 설립한 재단 이름처럼, 이 시대를 살고 있는 여성들은 한번쯤 '여성을 위한 여성'이 돼야 한다는 것이 살비의 외침이다.

시마 사마르 Sima Samar

전쟁의 포화 속에서 평화를 갈구하다

1957년 아프가니스탄에서 태어났다. 카불 대학교 의과 대학을 졸업하고 전쟁의 포화가 한창인 아프가니스탄 곳곳을 누비며 여성과 노약자, 어린이를 돌보며 의료 행위를 이어 가고 있는 의사이자 인권 운동가이다. 다보스 포럼 선정 '글로벌 젊은 리더'(1995), 아시아 민주주의와 인권상(2008), 퍼디트 휴스턴 인권상(2003) 등 다수의 인권 관련 상을 수상했다.

언젠가는 죽을 목숨일지라도

많은 사람들이 조지 W. 부시 전 미국 대통령에 의해 탈레반 정권이 무너질 때만 해도 오래지 않아 아프가니스탄에는 평화가 찾아올 것으로 기대했다. 그러나 미군의 대대적인 토벌 작전에도 불구, 아프간에서는 여전히 탈레반에 의한 테러와 납치, 범죄가 끊이지 않고 있다.

시마 사마르는 복지 단체인 슈하다 재단을 통해 아프간과 파키스탄 곳곳에서 열두 곳의 간이 의료 센터와 네 곳의 병원을 운영하고 있으며 60개가 넘는 학교 시설을 운영 중이다. 사마르가 운영 중인 교육 시설에서 수업을 받고 있는 학생은 1만 7,000명을 넘고 있는 것으로 추산된다. 사마르는 아프간 인접국인 파키스탄에서도 병원과 학교를 운영하고 있으며, 어른들을 위한 문맹 타파 교실을 열어 시민들에게 문자 교육을 시키고 있다. 또 아프간 독립 인권 위원회(Afghanistan Independent Human Rights Commission, AIHRC)와 슈하다 등을 통해 식량 보급 및 가족계획 보급, 위생 교육 등을 실시하고 있다. 이런 방법들을 통해 전쟁으로 피폐해진 아프간 국민들의 상흔을 치료하려 하는 것이다.

사마르는 여성들의 사회 활동을 금기시 하던 탈레반 치하에서 수없이 많은 살해 위협을 받았다. 탈레반이 물러선 후인 2001년 12월에는 과도 정부에서 부총리 겸 여성부 장관을 맡았다. 그러나 고위직에 임명된 후에도 그에 대한 살해 위협은 끊이지 않았고 결국 공직에서도 물러나야 했다. 오늘날까지도 신변의 안전을 확실히 보장할 수 없지만, 사마르는 의료 구호와 인권 신장 운동을 위해 위험천만한 아프간 지방 곳곳을 돌아다니고 있다. 또한 유엔으로부터 아프리카 수단 사태 관련 인권 특별 고문관으로 위촉받아 활동하는 중이기도 하다. 21세기 들어 최악의 인종 청소와 민간인 학살, 성범죄 등이 자행되고 있는 수단 지역 인권의 실상을 국제 사회에 보고하는 것이 사마르의 임무다.

그런 사마르에게 주변에서는 "이제 좀 위험한 일을 삼가라."는 염려 섞인 조언을 하지만 그때마다 사마르의 대답은 한결같다.

"우리 모두는 언젠가는 죽을 것이라는 것을 알고 있다. 그러니 그 위험을 감수하고라도 다른 사람들을 도와야 한다."

아직도 실종 상태인 남편

1957년 소수 민족인 하자라 족 가정에서 11남매 중 한 명으로 태어난 사마르는 혹독한 인종 차별과 성차별을 겪으며 자라났다. 아프간 다수족인 파슈툰 족 출신이 아닌데다, 여자라는 이유만으로 태생적인 사회적 약자가 된 것이다. 심지어 파슈툰 족 출신이었던 초등학교 담임 선생조차 사마르의 사투리를 트집 잡아 구박과 모욕을 주기 일쑤였다.

사마르가 일곱 살이 되던 해인 1964년, 아프간에서 여성들에게도 참정권이 주어지고 고등 교육을 받을 수 있는 법이 제정됐다. 법적으로만 보면 남녀평등이 이뤄지는 듯했다. 그러나 법은 바뀌었어도, 아프간 여성들은 여전히 집에서 정해 준 남성과 강제로 결혼을 해야 했고, 남편에게 절대적인 복종을 해야 했으며, 일부다처제를 자연스러운 것으로 받아들여야 했다. (이 같은 상황은 아프간 대부분 지역에서 오늘날까지 이어지고 있다.)

사마르의 가정 역시 예외는 아니었다. 사마르의 친언니는 열일곱 살이 되던 해에 부모에게 머리채를 끌린 채 사촌 오빠와 강제로 결혼식을 올렸다. 결국 언니는 비참하고 불행한 결혼생활 끝에 스물한 살 되던 해 병에 걸려 숨졌는데, 죽기 전 사마르에게 마지막으로 남긴 한마디는 "공부 열심히 해서 나처럼 불행한 삶을 살지 말라."
였다. 사마르는 언니의 조언을 늘 가슴에 품고 열심히 공부를 했다.
자기는 언니처럼 어처구니없이 죽을 수 없다는 절박한 마음을 가지
고 학업에 매진했다. 특히 엄청나게 많은 책을 읽으며 지식을 쌓아
갔는데, 이를 통해 여성과 빈곤층 같은 사회적 약자의 운명도 노력
여하에 따라 얼마든지 개선될 수 있다는 진리를 깨달을 수 있었다.
성적이 우수했던 사마르는 고교를 졸업할 즈음, 호주와 헝가리 등
외국 대학에 입학 원서를 넣었고 장학생으로 선발됐다는 소식을 들
었다. 그러나 사마르의 부친은 결혼도 안 한 딸이 집을 떠나 해외로
나가 공부하는 것을 허락하지 않았다. 사마르는 아프간 수도 카불
에 있는 카불 대학 의과 대학에서도 합격 통지서를 받았는데, 그의
부친은 이 역시 허락하지 않았다. 사마르는 결국 부친이 내건 조건
에 동의하는 대신 대학 교육을 받을 수 있었다. 집안에서 정해 준 남
성과 결혼을 한다는 조건이었다. 이때 사마르의 나이는 18세였다.

아버지가 물색한 신랑감은 물리학 교수였던 압둘 차푸르 술타니
였다. 본 적도 없고, 사랑을 느낄 틈도 없던 상대였지만 술타니와의
결혼만이 대학 공부를 할 수 있는 길이었기에 어쩔 수 없이 식을 올
려야 했다. 그나마 다행인 것은 술타니가 여느 아프간 남성과는 달
리 사마르의 처지를 이해하고 사마르의 높은 학구열을 인정해 준
것이었다. 사마르 역시 이런 남편에게 진정으로 존경심을 느낄 수
있었다. 사마르는 남편의 후원 속에 의학 공부에 매진할 수 있었고,

부부는 아들을 얻었다. 사마르 인생에서 가장 행복했던 시기가 바로 이때였을 것이다. 그러나 행복한 시간도 잠시, 1979년 소련이 아프간을 침공하면서 사마르의 행복했던 결혼 생활에 불길한 그림자가 드리우기 시작했다.

사마르와 남편은 소련군에 대항하는 지하의 저항 운동에 참여했는데, 이 사실이 얼마 지나지 않아 발각되었다. 1979년 어느 날 밤, 십여 명의 정부 비밀 요원들이 사마르 집에 들이닥쳤고 남편을 어디론가 끌고 갔다. 그것이 남편과의 마지막이었다. 이후 오늘날까지 사마르 남편의 생사를 알고 있거나 소식을 들은 사람은 아무도 없다. 어린 아들과 홀로 남게 된 사마르는 늘 불안한 나날을 보내야 했다. 자신과 아들 역시 언제 어디로 끌려갈지 알 수 없는 노릇이었기 때문이었다.

그러나 사마르를 더 불안하게 만드는 것은 비밀 요원들에 의한 살해나 납치가 아니었다. 바로 친정아버지와 오빠들이었다. 사실상 과부가 된 사마르에게 친정 식구들은 다른 남자와 결혼해야 한다는 압박을 꾸준히 가해 왔다. 사마르는 홀로 그 모든 압박을 온몸으로 받아 내며 재혼을 하지 않은 채 악착같이 의대 수업을 받았고, 결국 1982년 대학을 졸업할 수 있었다. 그 결과 사마르는 하자라 족 여성 최초로 의사 면허를 취득할 수 있었다.

사마르는 가족들의 계속되는 재혼 압박을 피하기 위해 때로는 걸어서, 때로는 말을 타고 산간 오지를 돌아다니며 빈곤층들을 위한 의료 봉사를 펼치기 시작했다. 이때 사마르는 아프간 국민들의 처참한 생활상, 여성들의 불합리한 인권 실태 등을 현장에서 체험할 수 있었다. 사회 전반에 걸친 교육, 의료 환경 개선, 여성 인권 개선 등이 없으면 아프간 국민들은 영원히 지옥 같은 삶을 살 수 밖에 없다는 뼈저린 경험을 하게 된 것이다. 이때의 경험은 사마르의 인생을 '의사'에서 '투사'로 바꿔 주는 결정적인 계기가 된다.

기나긴 도피 생활

사마르는 소련의 꼭두각시인 아프간 정부가 나날이 정치적 박해를 가해 오자 1984년 이웃 국가인 파키스탄으로 피신했다. 이곳에서 사마르는 정성을 다해 의료 활동을 펼쳤고, 1987년에는 여성들을 위한 전문 병원을 개원했다. 1989년에는 슈하다라는 복지 단체를 결성해 어린이와 여성들의 복지 사업에 전념하게 된다. 이후 사마르는 파키스탄과 아프간 접경지대에 병원과 학교 시설들을 속속 개설하며 본격적인 사회 복지 활동을 펼치기 시작한다.

1992년, 소련이 아프간에서 물러나면서 아프간에도 잠깐이나마 민주화의 기운이 싹트는가 싶었으나 상황은 오히려 악화됐다. 여성들의 사회활동을 아예 죄악시하고 엄격한 이슬람 원리주의를 강조하는 탈레반 정권이 들어섰기 때문이다. 그렇지 않아도 소련 치하에서 희미하게 꺼져 가던 아프간의 인권은 탈레반 정권이 들어서면서 아예 불씨마저 죽어 버렸다. 이런 탈레반 정권이 사마르를 곱게 볼 리 없었다. 사마르가 지인들을 통해 아프간에서 벌이고 있는 사회 활동에 사사건건 트집을 잡았고, 아프간에 입국할 경우 신변을 보장할 수 없다며 사실상 살해 협박을 가했다. 그때마다 사마르의 대답은 간단명료했다.

"당신들은 내가 어디 있는지 알고 있지 않는가. 난 내가 하고 있는 일을 중단하지 않을 것이다."

탈레반 정권이 협박을 하든 말든 활동을 접지 않을 테니 죽이려면 죽여 보라는 배짱이었다. 탈레반의 협박은 날이 갈수록 심해졌다. 사마르가 운영하는 복지 병원에 물품이 들어가지 못하도록 방해 공작을 펴기 일쑤였고, 때로는 사마르에게 활동을 중단하지 않으면 아들을 해치겠다는 무시무시한 협박을 가했다. 그때마다 사마르는 번뜩이는 재치와 강단으로 이를 헤쳐 나갔다. 자신이 운영하는 학교가 탈레반 관리들에 의해 문을 닫을 위기에 처하면 사마르는 일반 가정집에서 비밀 수업을 진행하는 방식으로 수업을 멈추지 않았다. 한 번은 해외 독지가들이 보내 온 병원 건축용 자재들과 환자 치료용 고단백 음식을 가득 실은 트럭을 탈레반 요원들에게 압수당하는 일이 발생했다. 그런데 마침 그 지역 탈레반 책임자의 모친이 사마르가 운영하는 병원에서 치료를 받고 있었다. 사마르는 책임자에게 "만일 물건을 되돌려 주지 않으면 당신의 모친을 병원에서 인질로 잡고 있겠다."고 역으로 협박을 했고, 이에 굴복한 책임자는 물건을 고스란히 돌려줬다.

마음과 심장과 태도로 나라를 바꾸다

천년만년 이어질 것 같았던 탈레반 정권은 미국이 벌인 '테러와의 전쟁'으로 마침내 무너졌고, 2001년 말 미국 주도하에 아프간 과도 정부가 세워졌다. 사마르는 과도 정부에 의해 부총리 겸 여성 총리로 깜짝 발탁된다. 17년에 걸친 기나긴 망명 생활을 뒤로하고 카불로 금의환향한 것이다. 그러나 사마르가 아프간을 떠났을 당시나 긴 시간이 흘러 아프간에 돌아왔을 때나 아프간 사회는 그다지 크게 변하지 않았다. 여성이 고위 공무원을 맡는 것에 대해 동료 장관들조차 불만을 표시하기 일쑤였고, 예산 배정에서 은근슬쩍 빠트리는 방식으로 불이익을 줬다. 말이 좋아 장관이고 부총리였지만 취임 한 달이 지나도록 예산 한 푼, 직원 한 명 배정받지 못했다. 이에 항의하는 사마르의 목소리는 그대로 묵살됐다. 남성 중심 사고에 사로잡혀 있던 아프간 언론들 역시 사마르를 집요하게 괴롭히기 시작했다.

2002년 6월, 사마르는 캐나다의 한 잡지와 인터뷰를 가졌는데, 아프간 언론들은 이 인터뷰 내용을 트집 잡아 "사마르가 이슬람을 부정했다. 사마르는 아프간의 살만 루시디 같은 존재"라고 집중 공격하기 시작했다. 사마르는 자신의 인터뷰 내용이 결코 이슬람을 욕하거나 부정한 것이 아니라고 강력하게 항의했으나 과도 정부를 거쳐 정식으로 집권하게 된 하미드 카르자이 대통령은 '눈엣가시' 같은 사마르를 결국 내각에서 내쫓아 버렸다. 사마르는 말도 많고 탈도 많았던 공직생활을 그렇게 마치고 본격적으로 사회봉사에 나서 현재까지도 활발하게 활동하고 있다.

아프간은 비교적 안전한 지대라고 불리는 지역조차 언제 테러가 발생할지 모를 정도로 치안이 극히 불안하다. 사실상 제2의 월남전이라는 비판이 나올 정도로 미군 역시 아프간 지역에 대한 치안 유지에 애를 먹고 있다. 그렇기에 일반 시민이, 그것도 여성의 몸으로 아프간 곳곳을 돌아다니며 의료 · 교육 봉사 활동을 펼치는 것은 목숨을 내놓을 각오가 아니고서는 불가능한 일이다. 사마르는 자신의 생명을 담보로 그 불가능한 일을 일상생활로 삼고 있다.

유엔에서 고위직을 위촉받을 정도로 이미 국제적 유명 인사가 됐지만, 사마르가 가장 관심을 쏟는 것은 전쟁의 포화 속에서 변변한 교육도 받지 못한 채 울고 있는 아이들, 아직도 신음하고 있는 여성들의 인권이다. 사마르 역시 사회사업가, 의사이기에 앞서 자신의 목숨이 소중한 줄 아는 한 명의 나약한 인간이다. 그러나 자신의 생명과 삶을 소중하게 여기는 만큼 남들의 삶과 생명도 소중히 돌봐줘야 한다는 굳건한 소신을 가지고 있다. 누구에게나 단 한 번만 주어지는 삶을 어떻게 살아야 하는지 늘 고민하고 이를 실천에 옮기고 있는 것이다. 자신이 당했던 온갖 박해와 설움, 차별을 다음 세대에게 물려줘서는 안 된다는 신념은 사마르의 가장 큰 행동 강령이 되고 있다. 사마르는 늘 말보다는 행동, 약속보다는 실천을 중시하는 삶을 살고 있다.

"몇 마디 말로 이 나라를 바꿀 수는 없습니다. 우리의 마음과 심장, 태도를 바꿔야 이 나라를 바꿀 수 있습니다."

사마르가 아직도 미명 속에 갇혀 있는 수많은 아프간 여성과 국민들에게 던지는 격려의 메시지다.

4부

믿는 것을
끝까지 믿어라

살다 보면 참으로 많은 순간, 자기 자신에 대한 회의를 품게 된다. 직장에서의 토론 시간은 물론 동료들과의 술자리에서도 이런저런 토론을 벌이다 보면 어느 순간 '지금 내가 주장하는 내용이 정말 맞긴 맞나?'라는 의구심이 슬그머니 들 때가 있다. 그게 인지상정이다.

자기가 믿는 것을 끝까지 믿지 못하는 것은 결국 신념이 부족하기 때문이다. 신념이 부족한 사람은 지금 내가 가고 있는 이 길이 정말 옳은 길인지 헛갈릴 수밖에 없다. 신념이 강한 사람은 자기 인생의 주인이 될 수 있는 반면, 신념이 흔들리는 사람은 평생 타인과 세상을 주인처럼 모시며 살아가기 마련이다. '나는 내 운명의 주인이며 내 영혼의 선장'이라는 어네스트 헨리의 시구처럼 자신이 선장이 되어 자기의 운명과 영혼을 운항할 수 있는 사람은 어느 분야가 됐든 성공한 삶을 살았다고 할 수 있다.

이 장에 등장하는 주인공들은 강한 신념을 가진 여성들이다. 세상을 한 발짝 앞서 나가는 감각과 평범함을 거부하는 불굴의 도전 정신을 갖춘 명사들이다. 남들은 쉽지 않은 길이라며 회피를 할 때 기꺼이 그 길을 걸어간 사람들의 이야기다.

빌리 진 킹은 테니스계의 여제였다. 남자 테니스 선수들과 똑같은 땀방울을 흘리는 여자 선수들이 더 적은 상금을 받는 것에 대해 과감히 문제를 제기했다. 급기야 여성을 무시하는 한 남자 테니스 선수와 역사적인 테니스 성(性) 대결에 나서 당당히 승리를 거머쥐었다. 잘못된 전통을 관행이라는 이름으로 받아들이는 세상에 정면 도전을 한 셈이었다. 무모해 보였던 킹의 도전은 하나씩 하나씩 성과를 내기 시작했고, 그런 킹의 노력 덕분에 적어도 테니스에서는 남녀차별이 무너졌다는 게 많은 이들의 평가다. 자신이 옳다고 마음먹은 일을 끝까지 믿었던 강한 신념은 킹의 가장 큰 무기였다.

워싱턴 교육감을 맡아 미국 공교육계에 일대 혁신을 일으켰던 미셸 리에 대해서는 지금까지도 찬반 논란이 일고 있다. 낙후될 대로 낙후된 공교육 시스템에 경쟁 원리를 도입하면서 미국 교육계는 일대 격변에 휩싸이게 된다. 미셸 리에 반대하는 세력들은 그가 신성한 학교를 기업처럼 운영한다며 온갖 비난 공세를 퍼부었다. 그러나 미셸 리는 자신의 개혁 방향이 옳다는 신념을 꺾지 않았고, 그런 미셸 리에 대해 오바마 대통령과 빌 게이츠 같은 유명 인사들은 아낌없는 찬사를 보냈다.

세계적인 디자이너 스텔라 매카트니는 환경에 대한 강한 신념을 고수해 결국 세계 패션계의 흐름을 바꿔 놓는 데 큰 기여를 한 인물이다. 매카트니는 동물의 가죽 대신 인조 가죽 또는 인조 털을 이용한 다양한 제품을 디자인해 오고 있다. 천연 가죽을 이용하지 않았음에도 고객들에게 호평을 받을 수 있었던 것은 천연 가죽으로는 구현하기 힘든 독창적 색상과 디자인을 연이어 내놨기 때문이다. 최근들어 '에코 프렌들리(환경친화적)'라는 이슈가 세계 패션계에서 주요 화두로 회자되고 있는 배경에는 매카트니 같은 신념 있는 젊은 디자이너들의 역할이 컸다고 할 수 있다.

팝계의 영원한 '프리마 돈나'인 마돈나는 주류 음악계와의 끊임없는 갈등 속에서 자신만의 독창적인 장르를 개척해 오고 있다. 십 대들의 임신, 혼전 순결, 기성 종교에 대한 도전 등 그가 노래를 통해 다룬 주제들은 기존 여성 가수들이 다뤘던 '달콤한 사랑'과는 한참 거리가 멀었다. 만일 마돈나가 여느 여가수들처럼 미모를 앞세우거나 달콤한 사랑 노래만 불렀다면 30년 가까운 세월 동안 팝계의 최고 자리를 지킬 수 있었을까. 오히려 자신이 전하고픈 메시지를 당당하게 전하고, 시대를 한 발짝 앞서 나가는 과감한 음악적

도발이 있었기에 오늘날까지 전성기를 누린 것이라고 할 수 있다.

이미 언급했듯 이 장에 등장하는 주인공들은 강한 신념을 갖고 세상을 이끌어 나간 여성들이다. 한 가지 유념해야 할 것은 신념이 강하다는 것과 고집이 세다는 것은 완전히 다른 얘기라는 점이다. 여기 등장하는 주인공들은 신념도 강했지만 그에 앞서 그 신념에 남들을 동화시킬 수 있을 만큼의 실력을 갖추고 있다는 공통점이 있다. 쉽게 말해, 실력도 안 되는 사람이 자꾸 자기 방식만 옳다고 고집해 봤자 세상은 아무도 그의 말에 귀를 기울이지 않는다는 점을 잊어서는 안 된다. 하지만 실력을 갖춘 사람의 신념은 세상을 바꾸는 새로운 표준이 될 수 있다.

라니아 ^{Rania Al Abdullah}

세상에서 가장 아름다운 왕비

1970년 쿠웨이트에서 태어났다. 1993년 요르단의 왕자 압둘라 빈 알 후세인과 결혼했고 1999년 요르단의 왕비 자리에 올랐다. 평민의 신분에서 하루아침에 왕가의 일원이 되었지만 사치와 향락 대신 인류애를 바탕으로 각종 자선 단체를 설립하고 적극적으로 나서서 빈곤과 무지, 여성의 권리 향상을 위해 뛰어다니며 노블레스 오블리주를 실천하고 있다.

행동하는 신데렐라

라니아 알 압둘라 요르단 왕비는 말 그대로 직업이 왕비다. 지구상에 왕비가 한두 명이 아니지만, 라니아 왕비는 '왕비'는 단어가 가장 잘 어울리는 사람이다. 왕비다운 행동을 한다는 의미다. 오늘날 많은 국가의 왕실 가족들이 이런저런 구설에 시달리거나, 호사스런 생활로 입방아에 오르내리고 있는 반면 라니아 왕비는 주로 밝고 긍정적인 소식과 관련한 뉴스 메이커로 이름을 날리고 있다.

라니아가 지금껏 걸어 온 인생 역정을 살펴보면 한 편의 신데렐라 스토리를 연상케 한다. 평범한 집안에서 태어나 평범하게 학창 시절을 보내고, 평범하게 직장 생활을 하다가 어느 날 파티에서 만난 남자가 하필 왕자다. 첫눈에 반해 왕자와 결혼을 하고, 남편은 왕이 됐지만 이런저런 논란 끝에 왕비 등극이 지체된다. 우여곡절 끝에 결국 왕비에 올라 네 명의 자녀를 낳고 행복한 여생을 누린다. 여기까지는 전형적인 신데렐라 스토리다. 라니아의 인생이 이런 식으로 끝났다면 세상은 라니아에게 찬사를 보내지도, '세계에서 가장 영향력 있는 인물' 명단에 올리지도 않았을 것이다.

영국 같은 큰 나라의 왕비도 아니고 미국 대통령의 영부인처럼 최강국 지도자의 배우자도 아닌 소국(小國) 요르단의 왕비가 오늘날 세계 언론의 주목을 받고, 「오프라 윈프리 쇼」에까지 초대받을 수 있었던 이유는 무엇일까? 그것은 아마도 라니아가 인류애를 바탕으로 한 강력한 리더십을 발휘하고 있기 때문일 것이다. 하루아침에 동화책에나 나올 법한 신분 상승을 했고, 마음만 먹는다면 평생 고급 파티장을 누비고 호화 쇼핑을 다녔어도 전혀 욕먹지 않을 만한 자리에 올랐지만 라니아는 항상 교육의 혜택을 받지 못하는 아이들, 고통받는 여성들, 기아에 허덕이는 빈민들을 위해 목소리를 높여 왔다.

여성과 아동들의 권익 향상을 위한 비영리 단체 '요르단 강물 재단'을 필두로 가족 간의 일체감을 키워 주는 운동을 추진하는 '가정 문제 국가 평의회', 아이들의 교육 기회 확대를 촉구하기 위한 '아동박물관' 등 라니아가 직접 설립하거나 대표를 맡고 있는 비영리 기구들은 한두 개가 아니다. 국제적으로도 세계 경제 포럼에서 젊은 지도자들과 의견을 나누는 리더 역할을 맡고 있으며, 남아프리카 공화국의 넬슨 만델라 전 대통령과 함께 유니세프의 아동 권익 보호 운동을 이끌고 있다. 물론 국가 원수의 부인들은 통상 이런저런 자선 재단을 이끄는 경우가 많지만 라니아 왕비의 활동은 다른 사람들과는 격이 다르다. 라니아 스스로 주도적으로 단체를 결성하고, 이끌고, 그곳을 통해 실제적인 사회 변화를 만들어 내고 있기 때문이다. 명분상의 대민(對民) 봉사 활동에 그치는 게 아니라 실제로 국민들의 삶을 질을 향상시킬 수 있는 방법을 모색하기 위해 불철주야 뛰어다니고 있는 것이다.

라니아는 사전에 아무런 예고나 발표 없이 경호원 한두 명만을 대동한 채 직접 차를 몰고 수도 암만에서 멀리 떨어진 시골 마을을 불시 방문하는 것으로 유명하다. 국민들이 어떻게 살고 있는지 직접 현장의 목소리를 듣고, 정부 정책이 국민들에게 실제로 혜택을 주고 있는지 직접 목격하려는 의도에서다. (부창부수라고 했던가. 남편인 압둘라 국왕 역시 변장을 한 채 민가를 자주 시찰하는 것으로 알려져 있다. 2009년 6월에는 노인으로 분장하고 지팡이를 짚은 채 빈민층을 위한 보건 부서를 찾아 민원 상담을 받다가 변장이 벗겨지면서 신분이 드러나기도 했다. 국왕은 때로 택시나 버스 운전기사로 변장한 채 시민들을 태우며 시중의 목소리를 듣는다고 한다.)

국민들을 사랑하고 그들을 위해 헌신적인 활동을 펼치고 있을 뿐만 아니라 여기에 타고난 외모와 탁월한 패션 감각, 활발한 성격까지 더해지며 라니아는 오늘날 이슬람권을 넘어 전 세계에서 폭 넓은 사랑을 받는 왕비로 자리매김하고 있다.

평범한 집안의 딸

라니아가 왕비로 책봉된 요르단은 어떤 나라인가. 이해를 돕기 위해 현재 주 요르단 한국 대사로 재직 중인 신봉길 대사가 홈페이지에 소개해 놓은 글을 소개한다.

"제가 요르단에 대사로 부임하기 전 이 나라에 대해 가지고 있던 막연한 이미지는 다음과 같은 것이었습니다. 먼지, 건조한 땅, 사막, 베두인(Bedouin) 유목민, 더위, 이라크, 팔레스타인 난민, 가난한 나라의 이미지……. 1년이 지난 뒤 제가 알게 된 요르단은 다음과 같은 나라입니다. 중동의 심장부, 사계절, 겨울에는 눈이 내림, 중동 이슬람 국가 중 가장 서구적이고 개방된 분위기, 안정된 치안, 젊고 세련된 국왕과 왕비……(후략)."

요르단은 인구 600만 명, 1인당 국내 총생산이 2,800달러 안팎인 소국이다. 강대국들 사이에 둘러싸인 한반도처럼 요르단도 이라크, 이스라엘, 사우디아라비아 등 중동의 내로라하는 강국들에 에워싸여 있다. 일반인들이 알고 있는 요르단에 대한 이미지는 '뜨거운 모래사막으로 둘러싸인 가난한 국가'다. 그러나 요르단은 오늘날 아랍 에미리트(UAE)와 함께 중동 지역에서 가장 젊고 활기차며 변화와 발전 속도가 빠른 국가라는 평을 듣고 있다. 그리고 그 변화를 이끄는 주역이 바로 젊은 국왕 압둘라며, 압둘라를 내조하면서 요르단 사회를 변화시키고 있는 여성이 라니아다.

라니아는 쿠웨이트의 수도 쿠웨이트 시티에서 태어났다. 부모는 팔레스타인계다. 의사였던 부친은 걸프전 당시 이라크에게 협력했다는 이유로 쿠웨이트에서 추방돼 요르단으로 건너왔다. 요르단은 베두인 족과 팔레스타인 족이 4대 6 비율로 구성된 국가다. 이 때문에 라니아가 요르단 왕비에 등극한 것은 요르단 정세 안정에도 적지 않은 도움을 줬다. 이집트 카이로에 위치한 아메리칸 대학에서 경영학을 전공한 라니아는 요르단으로 돌아온 뒤 시티 그룹, 애플 컴퓨터 등에서 근무를 했다.

평범한 직장인이었던 라니아의 운명이 일순간에 바뀌게 된 것은 1993년 겨울, 친구의 손에 이끌려 한 파티에 참석하면서부터다. 이 파티에 당시 왕자였던 압둘라가 참석했고 왕자와 라니아는 첫눈에 사랑에 빠지게 된다. 그러나 이때까지만 해도 압둘라는 왕세자가 아니었고, 언제 왕위를 물려받을지 기약 없는 처지였다. 당시 왕세자는 후세인 국왕의 동생 하산이었다. 즉, 후세인 국왕이 숨질 경우 왕위는 아들인 압둘라가 아니라 압둘라의 삼촌인 하산에게 양위되는 것이 정상이었다. 하산은 30년 가까이 왕세자 자격을 유지하고 있었기 때문에 압둘라가 왕위를 물려받을 가능성은 상대적으로 적었다. 더구나 후세인 국왕은 부인을 네 명 두고 있었으며, 두 번째 부인의 아들이었던 압둘라 왕자의 이복형제들은 잠재적인 라이벌들이었다.

압둘라 왕자는 친모가 영국계였고, 본인 역시 어린 시절부터 미국과 영국 등지에서 교육을 받았기 때문에 다른 왕위 계승 경쟁자들에 비해 국내 기반이 취약한 편이었다. 그런 탓인지 허랑방탕한 생활을 하며 구설에 오르는 일이 잦았다. 오랜 외국 생활 끝에 국내로 돌아온 외로운 왕자. 국왕의 후계권을 노리는 정적들과 이복동생들로 넘쳐 나던 왕실에서 정을 줄 곳이 없어 방황하던 압둘라 왕자에게 빼어난 미모와 활기차고 씩씩한 태도를 가진 라니아는 꿈에서나 그릴 만한 이상형이었다.

라니아 역시 "압둘라 왕자를 만나기 전까지 왕실 가족과 결혼을 하거나 왕비가 될 것이라고 상상을 해 본 적은 단 한 번도 없었다." 고 밝힐 정도로 둘의 사랑은 우발적으로, 교통사고처럼 다가왔다. 둘은 1월에 만나 3월에 약혼을 발표했고 6월에 결혼식을 올렸다. 초스피드 결혼이었다.

시아버지이자 국왕인 후세인이 1999년 사망하자 남편인 압둘라는 왕위를 승계하게 된다. 앞서 언급했듯, 원래 순서대로 하면 후세인 국왕의 동생(즉, 라니아의 입장에서 보면 시숙부인) 하산이 왕위를 계승해야 했다. 그러나 왕실 내 권력 다툼이 벌어지면서 어부지리로 압둘라가 왕위에 오를 수 있었다.

압둘라 국왕이 왕위에 오르면서 라니아도 왕비에 등극했다. 그러나 이들 부부는 모두 외국계 또는 오랜 외국 생활을 경험한 터라 국내 입지가 취약하다는 단점이 있었다. 이 때문에 압둘라 국왕이 과연 얼마나 요르단을 잘 통치할 수 있을지, 언제 왕위를 찬탈 당할지 모른다는 세간의 우려가 끊이지 않았다.

그러나 10여 년이 흐른 현시점에서 보면 그 같은 우려는 모두 기우에 불과했음이 드러났다. 대외 여건도 좋았지만 압둘라와 라니아의 친근한 이미지가 국민들로부터 큰 사랑을 받은 덕분이다. 국왕이 직접 버스 운전기사로 변장해 민심을 살피고 왕비가 직접 차를 몰며 벽촌으로 암행을 나가는 왕실이 국민들로부터 어떻게 사랑을 받지 않을 수 있을까.

명예 살인에 대한 분노

라니아는 왕비에 책봉되자마자 각종 사회 활동에 열심히 나서기 시작했다. 청바지에 간편한 티셔츠만 입고 테러 반대 데모를 이끄는 라니아의 모습이 전 세계에 전파를 타기도 했고, 2003년 4월에는 영국 일간지 《더 타임스(*The Times*)》에 독자 투고를 보내 전쟁으로 가족을 잃은 장애 아동에 대한 지원을 호소해 유럽 인들의 심금을 울리기도 했다. 9 · 11테러로 미국 내 이슬람 사회에 대한 적개심이 높아지자 이를 해소하기 위해 직접 「오프라 윈프리 쇼」에 출연해 이슬람 문화의 평화성을 역설하기도 했다.

특히 라니아가 심혈을 기울이고, 늘 염두에 담아 두고 있는 것은 박해와 채찍질의 대상으로 인식되는 이슬람권 여성들에 대한 처우 개선 문제다. 그중 명예 살인을 폐지하기 위한 라니아의 노력은 눈물겨울 정도다. 명예 살인은 이슬람권에서 아직도 횡행하고 있는 대표적인 악습이다. 이는 이슬람 여성이 잘못을 저질렀을 경우, 가족의 명예를 더럽혔다는 이유로 오빠나 남동생, 부친 등이 해당 여성을 살해하는 끔찍한 폐습이다. '잘못'이라는 것의 기준도 극히 주관적이다. 혼전 순결을 잃었다는 이유도, 바람피운 남편에게 항의하다 이혼을 당했다는 이유도, 혼외정사를 했다는 이유도 모두 명예 살인의 대상이다. 라니아는 이 같은 명예 살인이 이슬람의 가르침과는 전혀 상관없는 무자비한 살인 행위라는 점을 강조하고 있으며, 여성들에게 보다 많은 사회 진출의 기회를 줘야 한다는 점을 역설하고 있다.

라니아가 행동하는 왕비라는 명성을 쌓게 된 또 다른 일은 2009년 초에 발생한 이스라엘과 팔레스타인 간의 유혈 참극 때다. 라니아는 직접 군 병원을 방문, 팔레스타인 부상자들을 위한 헌혈 운동에 앞장서면서 "연민만 표시하는 것은 부끄러운 일이다."라며 국민들의 동참을 촉구했다.

라니아의 일상을 살펴보는 것은 힘든 일이 아니다. 젊은 네티즌들이 자주 찾는 동영상 사이트 유 튜브에 직접 개인 채널을 구축해 놨기 때문이다. 아랍 여성들은 폐쇄적이라는 서구의 선입견을 깨기 위해 직접 유 튜브 채널을 만들었다는 게 라니아의 설명이다. 그의 페이스북 친구는 10만 명이 넘고, 블로그에는 방문객이 넘쳐 난다.

청바지를 입고 시위대를 이끄는 왕비. 국경을 넘어 헌혈대에 누워 부상자를 위한 헌혈을 촉구하는 왕비. 그리고 전 세계 네티즌들에게 이슬람권에 대한 오해를 씻어 주기 위해 직접 유 튜브를 관리하고 있는 왕비. 국민들과 세계인들로부터 사랑과 존경을 받는 행동하는 왕비의 모습을 볼 수 있는 것은 아마 요르단 왕실밖에 없지 않을까 싶다.

미첼 바첼렛 Veronica Michelle Bachelet Jeria

고문도 꺾지 못한 민주화의 꿈

1951년 칠레 산티아고에서 출생했다. 칠레 대학과 독일 훔볼트 대학 등지에서 의학을 공부하고 소아과 의사로 활동하고 있다. 1974년 독재 정권에 의해 비밀 감옥에 투옥되었고 호주와 독일 등지에서 망명했다. 1983년 의학 학위 취득 후 고문 피해자 및 실종자들의 가족을 돌보는 시민 단체에서 활약하였으며 2005년 사회당 대통령 선거 후보로 지명되었다. 2006년 칠레 최초의 여성 대통령으로 당선되었다.

국민이 사랑하는 여성 지도자

칠레 최초의 여성 대통령을 거쳐 퇴임한 이후에도 국민들로부터 전폭적인 지지를 받고 있는 미첼 바첼렛은 여러모로 주목을 받을 만한 여성이다.

유명 군인의 집안에서 태어나 어린 시절 유복한 생활을 보내고, 전국 최우등 성적으로 의과 대학에 진학했던 청소년 시절만 보면 그의 인생은 상류층의 전형적인 성공 스토리로 이어질 듯 보였다. 그러나 어느 날 집권한 독재 정부는 바첼렛의 아버지를 투옥하고, 어린 바첼렛을 악명 높은 비밀 교도소에 보내 고문을 하며 지옥의 경험을 맛보게 한다. 해외로 추방되어 타국을 떠도는 생활을 하다가까스로 귀국한 뒤에는 자신처럼 고문으로 고통받는 시민들을 위해 헌신하는가 하면, 칠레 최초의 여성 국방 장관에 이어 최초의 여성 대통령이라는 영광까지 안게 된다.

바첼렛은 두 번의 이혼 경력이 있다. 이혼을 죄악시하는 가톨릭 국가 칠레에서, 이혼녀가 국방 장관에 이어 대통령직에까지 오른 것은 바첼렛 이전에는 상상하기 힘든 일이었다.

바첼렛은 중남미에서 흔히 볼 수 있는 좌파 성향 지도자다. 그러나 다른 좌파 지도자들과는 여러모로 차별되는 면모를 갖고 있다. 우고 차베스 베네수엘라 대통령이나 마누엘 셀라야 온두라스 전 대통령, 크리스티안 데 커처 아르헨티나 대통령 등 남미의 좌파 지도자들이 지나친 포퓰리즘(대중영합주의)에 기댄 끝에 국민들로부터 불신을 초래하고 있는 반면, 바첼렛은 재임 기간 동안 각국과 자유 무역 협정(FTA)을 의욕적으로 추진하는 등 국가 발전에 도움이 될 만한 제대로 된 정책들을 잇달아 펼쳐 보이면서 칭송을 받았다.

세계 최대 구리 수출국인 칠레는 국제 원자재 가격 급등으로 인해 바첼렛이 취임한 지 얼마 지나지 않아 재정 흑자분이 490억 달러에 이르렀다. 통상 빈민층에 대한 지원을 아끼지 않는 남미의 평범한 좌파 지도자들 같았으면 당장 이 돈을 빈민층에 뿌려 대면서 지지지도를 올리는 데 집중했겠지만 바첼렛은 그 반대였다. 오히려 언제 위기가 닥쳐올지 모른다며 긴축 재정을 유지한 것이다. 눈앞에 현금을 쌓아 두고도 오히려 자린고비 정책을 펴는 바첼렛 정권에게 무수한 질타와 여론의 십자 포화가 쏟아졌지만 그는 절대 흔들리지 않았다. 그리고 마침내 2008년 9월 이후 금융 위기가 전 세계를 강타하면서 바첼렛의 자린고비 정책이 옳았다는 사실이 증명됐다.

미국을 비롯한 서구인들이 저금리 시절 부동산 투기로 흥청망청하다 금융 위기 이후 고통의 나날을 보낸 반면, 칠레는 국고에 차곡차곡 쌓아 둔 현금을 사회 복지 정책에 쏟아붓는 방식으로 내수를 진작하면서 금융 위기를 극복해 나갔다. 한때 바첼렛에게 돌을 던지던 국민들은 이제 바첼렛의 선견지명을 칭찬하며 앞을 다퉈 칭찬 행렬에 동참했다. 한때 40퍼센트 초반까지 곤두박질쳤던 바첼렛에 대한 국정 운영 지지도는 70퍼센트를 넘어섰다. 2010년 2월 임기를 마치고 권좌에서 물러났지만 바첼렛이 칠레, 남미에 끼치는 영향력은 앞으로도 상당 기간 유지될 것이라는 분석이다.

사회주의 정당을 이끌면서도 평소에는 분배를 강조하지 않았고, 일단 위기가 닥치자 선제적 정책 운용으로 국가 경제를 위기로 부터 구한 바첼렛에게 언론들은 '칠레의 잔다르크'라는 극찬까지 보내고 있다.

풍비박산 난 가정

바첼렛의 아버지는 공군 장성이었고, 어머니는 인류학자였다. 고교 시절 바첼렛의 아버지는 미국 워싱턴 주재 칠레 대사관에서 2년 간 파견 근무를 하게 되는데, 이때의 경험 때문에 바첼렛은 비교적 영어를 능통하게 구사한다. 칠레로 돌아와 고교에 복학한 바첼렛은 배구 팀과 교내 성가대 활동을 하며 꿈 많은 고교 시절을 마치게 된다. 바첼렛은 록 밴드 활동에도 참여했는데 그가 속한 밴드는 각 학교 축제에 초청을 받으며 순회공연을 할 정도로 큰 인기를 얻었다. 바첼렛은 1970년 전국 최우등 성적으로 칠레 대학 의과 대학에 입학했다. 원래 바첼렛은 사회학이나 경제학을 전공할 것을 고려했지만 아버지의 권유로 의대를 택하게 됐다. 훗날 바첼렛은 자신이 의대로 진로를 수정한 결정적 계기를 "칠레 사람들의 아픔을 치료해 줄 수 있을 것 같아서"라고 밝혔다. 그러나 행복했던 바첼렛의 청소년기는 1973년 9월 13일 일어난 군사 쿠데타로 한순간에 무너져 내린다.

아우구스토 피노체트가 일으킨 쿠데타 후 바첼렛의 아버지는 투옥된다. 당시 바첼렛의 아버지는 정부에서 식량 배급 담당관으로 일하고 있었는데, 새로 정권을 잡은 피노체트는 아버지에게 쿠데타를 인정해 주면 해외로 나가서 살 수 있게 해 주겠다고 회유했다. 그러나 아버지는 쿠데타를 승인하지도, 해외 망명 제안을 받아들이지도 않았다. 회유를 거절한 바첼렛의 가족에게 피노체트 정부는 가혹한 응징을 가하기 시작했다. 먼저 바첼렛의 아버지에게 '반란죄'라는 누명을 씌워 징역형을 선고했다. 감옥에서 모진 고문을 받던 바첼렛의 아버지는 후유증에 시달린 끝에 이듬해 3월 심장 마비로 사망했다.

쿠데타 이후 사회당 지하 조직원으로 활동하며 반(反) 피노체트 학생 운동을 주도하던 바첼렛 역시 모친과 함께 1975년 1월 악명 높은 비밀 교도소 '빌라 가리발디'에 투옥됐다. 여기서 바첼렛과 모친은 수 주일 동안 온갖 고문을 당하며 고초를 겪었다. 차마 여성으로서는 감당하기 힘든 수치스런 욕설과 고문이 계속해서 이어졌으며, 그럴 때마다 바첼렛은 차라리 죽는 게 편할 것이라는 환각에 시달릴 정도였다. 자칫 목숨마저 빼앗길 수 있는 위태로운 나날이 이어지던 중 한 줄기 구원의 빛이 찾아들었다. 평소 바첼렛의 가족과 친분이 두텁던 일부 인사들이 국제 사회를 상대로 구명 운동을 펼친 끝에 모녀는 극적으로 석방될 수 있었다.

그러나 피노체트 정권은 눈엣가시 같던 바첼렛 모녀를 국외로 추방시켜 버렸으며, 모녀는 만신창이가 된 몸을 이끌고 호주를 거쳐 동독으로 이주했다. 동독에서 바첼렛은 자신처럼 칠레에서 추방된 건축가를 만나 1977년 결혼을 하게 된다. 동독 훔볼트 대학에서 못다한 의학 공부를 하던 바첼렛에게 몇 년 뒤 칠레 정부는 귀국을 허용했고, 마침내 1979년 2월 추방 4년 만에 고국으로 돌아올 수 있었다. 그러나 칠레 당국은 바첼렛이 동독에서 공부한 의학 공부를 인정하지 않아 바첼렛은 의과 수업을 원점에서부터 다시 들어야 했으며 1983년에야 의사 면허를 손에 쥘 수 있었다. 의대 입학 13년 만에 우여곡절 끝에 의사가 된 것이다.

의대 졸업 후 병원을 열려고 했으나 피노체트 정부는 이런저런 핑계를 대며 개업 허가를 내주지 않았고, 결국 바첼렛은 공공 병원에서 일자리를 얻게 된다. 이 기간, 바첼렛은 '피데(PIDEE)'라는 시민 단체에서 활동을 하게 된다. 이 단체는 고문을 당하거나 실종된 시민들의 가족을 돌보는 일을 주로 수행한다. 바첼렛은 자신과 같은 처지의 사람들을 돕기 위해 나선 셈이다. 바첼렛은 또 지하 활동을 통해 민주화 운동을 지속해 나갔다. 1990년 마침내 피노체트의 오랜 독재가 끝나고 칠레 사회에 민주주의가 꽃피면서 바첼렛도 본격적인 정치 활동에 나서게 된다.

이때 바첼렛은 이미 첫 번째 남편과 이혼한 뒤 두 아이를 키우고 있던 싱글 맘이었다. 바첼렛은 같은 의사 출신인 외과 의사와 사랑에 빠져 결혼을 하게 되고, 세 번째 아이를 낳게 된다. 이 의사와의 결혼 생활 역시 얼마 못 가 막을 내렸다.

바첼렛은 1994년 보건부 장관의 특보로 임명되면서 중앙 정계에서 두각을 나타내기 시작했고, 이후 사회당 중앙 위원으로 선출되면서 거물급으로 성장하게 된다. 1999년 대선에서 수도권 지역 선거 책임을 맡게 된 바첼렛은 리카르도 라고스 후보의 두터운 신임을 얻게 된다. 정권 획득에 성공한 라고스 대통령은 2000년, 바첼렛을 보건부 장관으로 임명하게 되고 2년 후에는 국방부 장관에 임명한다. 칠레 최초의 여성 국방 장관이 탄생하는 순간이었다.

포용과 균형의 리더십

바첼렛은 이혼한 경력에 무신론자인 좌파 지도자다. 바첼렛 스스로 밝혔든 '칠레 보수층이 싫어할 만한 죄악들을 대표하는 인물'이다. 그럼에도 오늘날 바첼렛은 칠레 역사상 가장 성공한 정치인으로서의 확실한 입지를 다지고 있다.

가족들은 군부에 의해 무참히 고문을 당했고, 부친은 옥사(獄死)까지 했지만 바첼렛은 국방 장관 재임 시절 '과거사 청산'이나 '정치 보복'을 입에도 올리지 않았다. 특히 아버지를 죽이고 어머니를 고문했던 일부 인사들이 여전히 군부 요직에 남아 있었지만 그들에게 오히려 먼저 화해의 손길을 내밀었다. 처음 바첼렛의 손길을 의심스런 눈초리로 바라보던 군인들은 차츰 그의 진심을 받아들였고, 스스로 과거의 잘못에 대해 통한의 눈물을 흘렸다. 불행한 가족사만 생각하면 정치 보복이 아니라 그보다 더 심한 보복을 펼쳐도 모자랄 판이었지만, 보복은 또 다른 보복을 부를 뿐이라는 생각이 강했던 바첼렛이었기에 이 같은 일들이 가능했다. 가장 위대한 보복은 원수를 용서하는 것이라는 게 바첼렛의 생각이었다.

바첼렛은 또한 사회주의 정당 출신이지만 자유 무역을 강조하는 등 균형과 포용, 실용주의 노선을 지켰다. 또한 본인은 일반인으로서는 상상도 하기 힘든 고통을 오랜 시간 겪었지만 결코 남들에게 그런 아픔을 전가시키지 않겠다는 의지가 강하다. 스스로도 "난 복수의 천사가 아니며 피노체트 지지층과 비판층을 연결하는 다리 역할을 하고 싶다."는 의견을 여러 차례 밝혔다.

대의를 위해 기꺼이 소의를 희생하겠다는 바첼렛의 희생정신은 오늘날 칠레가 남미의 모범 국가로 거듭날 수 있는 주요한 토대가 됐다.

바첼렛 이전에도 라틴 아메리카에는 여성 대통령이 여러 명 있었다. 가장 유명한 아르헨티나의 이사벨 페론이 있고, 파나마의 미레야 모스코소도 있었다. 그러나 바첼렛처럼 남편의 후광이 아니라 자신의 능력만으로 당당하게 대통령직에까지 오른 여성은 라틴 대륙에서 바첼렛이 사실상 처음이다. 더 중요한 것은 취임 후 시간이 지날수록 바첼렛이 더욱더 국민들의 사랑을 받았다는 점이다. 정치적 이득을 떠나 국가의 미래만을 판단의 잣대로 삼았던 그의 결단력, 자신을 고문했던 철천지원수들까지 사랑과 포용으로 감싸 안았던 마음 씀씀이에 국민들은 환호와 갈채를 보낼 수밖에 없었다.

빌리 진 킹 Billie Jean Moffit King

세상이라는 코트를 지배하다

1943년 미국 캘리포니아 주 롱비치에서 태어났다. 윔블던 테니스 대회 단식 부분 우승을 여섯 차례나 석권했으며 US 오픈, 호주 오픈, 프랑스 오픈 등 각종 테니스 대회 우승 횟수가 무려 129회에 이른다. 은퇴 후에는 아이들을 위한 테니스 클리닉을 운영하고 에이즈 퇴치 단체에서 활동하는 등 사회에 공헌하기 위해 노력하고 있다.

엘튼 존에게 곡을 헌정받다

가수 엘튼 존이 역사에 큰 족적을 남긴 유명 인사들에게 헌정한 노래들이 몇 곡 있다. 미국 영화배우 마릴린 먼로를 추모하기 위해 만든 「캔들 인 더 윈드(Candle In The Wind)」가 있고, 영국 다이애나 황세자비가 숨졌을 때 이 노래의 가사만 바꿔 부른 동명의 노래도 있다. 마이클 잭슨이 숨졌다는 소식을 듣고 즉석에서 헌정 곡을 부르기도 했다.

그러나 엘튼 존이 이례적으로 살아 있는 인물에게 헌정하기 위해 노래를 만든 적이 있다. 바로 미국 테니스 스타 빌리 진 킹에게 헌정하기 위해 1975년 만든 「필라델피아 프리덤(Philadelphia Freedom)」
이다. '필라델피아 프리덤'은 킹이 속해 있던 테니스 클럽 이름이
다. 노래가 발표된 지 30년이 넘는 시간이 흘렀고, 이 노래를 기억
할 만한 사람들도 이제 대부분 장년층에 속한다. 헌정의 주인공 킹
역시 한국의 젊은층에게는 다소 생소한 이름 일 수 있다.

그러나 20세기 세계 스포츠 역사를 논할 때 킹은 빼놓을 수 없는
인물이다. 평생 본선 무대 한 번만 밟아도 가문의 영광이라는 영국 윔
블던 테니스 대회에서 무려 여섯 번이나 우승컵을 안았다. 세계 4대
테니스 대회라 불리는 영국, 프랑스, 호주, 미국 오픈 대회를 모두
우승했고, 이를 포함해 평생 129차례나 우승컵을 들어 올렸다. 킹은
마르티나 나브리틸로바나 슈테피 그라프 등에 앞서 '원조' 테니스
계의 여제로 불렸던 최고의 인기 스타였다.

여기서 드는 의문 하나. 킹이 각종 대회를 휩쓸었다고는 해도 이
는 대부분 30년 전 있었던 일이다. 그럼에도 우리는 왜 킹을 21세
기를 이끄는 파워 우먼이라고 부를 수 있을까. 요즘 젊은 세대가 한
번만 들어도 이름을 알 만한 스포츠 스타가 적지 않음에도 킹을 굳
이 21세기를 이끄는 파워 우먼에 넣을 수 있는 이유는 뭘까.

해답은 킹이 단순한 스포츠 스타가 아니라는 점에 있다. 킹은 현
역 선수 시절에도 빛을 발하는 스타였지만, 은퇴 후에도 인류의 발
전에 적지 않은 공을 세워 온 인물이다. 사회적 약자를 보호하기 위
해 앞장섰고, 빈곤층에게 교육의 기회를 주기 위해 헌신했다. 스스

로 동성연애자임을 공개한 뒤 성적 소수자의 권익 보호를 위해 앞
장섰으며, 체육계에 만연한 성차별을 고치기 위해 끊임없는 투쟁을
벌여 왔다.

버락 오바마 미국 대통령이 취임 첫해인 2009년, 세계 최고의 인
물들에게 수여하는 자유의 메달 수상자 열여섯 명을 뽑으면서 킹
을 포함시킨 이유이기도 하다. 그해 자유의 메달 수상자 명단에는
아일랜드 최초의 여성 대통령이었던 메리 로빈슨, 2006년 노벨 평
화상 수상자 방글라데시의 무하마드 유누스, 천체 물리학자 스티븐
호킹 박사, 1984년 노벨 평화상 수상자인 데즈먼드 투투 남아공 대
주교 등이 올랐다. 수상자 면면을 보면 킹이 이룩해 온 업적이 여느
노벨상 수상자에 못지않게 위대한 것이라는 사실을 단번에 알 수
있다.

여자 스스로 만드는 게임의 룰

현역 시절 거둔 성적을 봐도, 은퇴 이후 인류 발전을 위해 봉사해
온 여정을 봐도 킹은 한마디로 대단한 여성이다.

킹은 광적인 스포츠 팬이었던 소방관 출신 아버지 덕분에 어린
시절부터 각종 운동을 즐길 수 있었다. 그의 오빠도 훗날 프로 야구
선수로 12년간이나 메이저 리그에서 활동한 것을 보면 킹의 가족은
모두 뛰어난 운동 신경을 타고났음을 알 수 있다.

1965년 로렌스 킹과 결혼한 킹은 그러나 결혼 이후에도 아기를

갖지 않았고, 1971년에는 임신 중절 수술을 받은 사실이 언론에 폭로됐다. 언론 폭로 이후 왜 중절을 했느냐는 질문이 쏟아졌고 이에 대해 킹은 자서전을 통해 "결혼에 대한 확신이 없었기 때문에 중절을 택했다."고 당당히 밝혔다. 킹은 결국 1987년 남편과 이혼했다.

사실 킹이 남편과의 결혼 생활에 대해 회의를 가진 이유는 동성애적인 성향이 강했기 때문이다. 킹은 이미 1970년대 초반부터 자신의 여성 비서와 연인 관계로 지냈으며, 1981년에는 이 비서가 킹에게 이별에 대한 위자료를 청구하는 소송을 제기하게 된다. 이 일을 계기로 킹은 자신이 동성연애자라는 사실을 커밍아웃하게 된다. 요즘에야 동성애자들의 커밍아웃이 그다지 놀랄 일도 아니었지만, 당시로서는 쉽지 않은 일이었다. 이 사건으로 인해 킹은 자신이 동성애자임을 밝힌 최초의 여성 스포츠 스타가 됐다. 로널드 레이건 대통령이 등장하고, 미국 사회 전반적으로 보수적인 기류가 강하게 흐르던 1980년대 초반 분위기에서 킹은 보수 세력으로부터 곱지 않은 시선을 받아야 했다.

그러나 킹은 여느 스타와는 달랐다. 사람들의 시선을 피해 구석으로 숨는 대신 그들에게 자신의 논리를 설득했다. 동성연애자에 대해 색안경을 쓰려는 사회의 그릇된 시각에 당당히 맞섰다. 더불어 여성이라는 이유만으로 차별을 받아야 하는 기존의 잘못된 사회 통념들을 하나하나 깨트리는 데 온 힘을 기울였다.

킹이 얼마나 남성에게 지기 싫어하는 성격을 가지고 있는지를 단적으로 알 수 있는 사건이 저 유명한 테니스 성(性) 대결 시합이다. 1973년, 왕년의 테니스 챔피언이자 남성우월주의자였던 바비 릭스는 "남자에 비해 여자들의 경기력은 열등하다. 심지어 현재 최고 기량을 가졌다는 여자 선수들이라 할지라도 50이 넘은 나를 이기는 것은 불가능하다."고 선언했다. 모든 여자 선수들이 릭스에 도발에 분노를 느꼈지만 아무도 나서지 못했다. 이때, 킹이 총대를 메고 릭스에게 도전장을 던졌다. 릭스의 편견이 얼마나 잘못된 것인지 직접 증명해 보이겠다며 칼을 간 것이다. 마침내 둘의 역사적인 성 대결 시합이 열렸고, 텔레비전으로 미국 전역에 생중계돼 3,700만 명이 이 경기를 지켜봤다. 여기서 킹은 릭스를 세트 스코어 2대 1로 박살내 버리면서 일약 페미니즘계의 아이콘으로 떠올랐다.

이뿐만이 아니었다. 킹은 똑같은 시합을 뛰어도 남자에 비해 여자 선수가 더 적은 상금을 받는 것에 대해 끊임없이 이의를 제기했다. 그러나 남성들이 지배하고 있던 테니스계는 킹의 요구를 무시하며 받아들이지 않았다. 여기서도 킹의 도전 정신이 발휘되었다. 여느 여성 같았으면 한두 번 불만을 토로하다 받아들여지지 않을 경우 제풀에 지치기 십상이었을 것이다. 그러나 킹의 사고방식은 달랐다. 자신이 요구한 정당한 게임의 룰이 받아들여지지 않으면, 아예 새로운 게임을 만들면 된다는 게 킹의 사고방식이었다. 그는 '3세트로 이뤄지는 여성 테니스 경기는 5세트로 진행되는 남성 경기에 비해 상금을 적게 받아야 한다.'는 일부의 지적이 나오자 '좋다. 여성도 5세트로 경기를 하는 방안을 연구하겠다.'고 맞섰다. 이 것이 그의 방식이었다.

오늘날 주요 남성 골프 대회 우승 상금은 여성 대회에 비해 많게 는 열 배에 이르는 반면, 윔블던 대회를 비롯해 일부 테니스 대회는 남녀 간 상금 차이가 거의 없다. 이는 킹과 같은 선각자들의 끊임없 는 노력이 밑바탕에 깔려 있는 덕분이다. 똑같이 힘들게 땀 흘리기 는 마찬가지인데 여성이라는 이유만으로 남성보다 상금을 적게 받 을 수 없다는 킹의 지속적인 요구가 있었기에 오늘날 킹의 여성 후 배들은 남자 선수들과 별다른 차별 없이 상금을 받고 있는 것이다.

킹은 또 한창 선수 생활을 하고 있던 중임에도 여성들만을 위한 테니스 협회를 만들기 위해 동분서주했고, 결국 1974년 동료들과 함께 여성 테니스 협회(Women's Tennis Association, WTA)를 만들어 초 대 회장을 맡았다. 오늘날 WTA 투어는 세계 최고 수준의 여성 테니 스 투어 대회로 확고한 위치를 점하고 있다.

인생이라는 공을 두려워하지 말라

킹이 단순히 여성들의 권익만을 위해 활약해 온 것은 아니다. 오 히려 킹이 주구장창 여권 신장만을 고집해 왔다면 오늘날 킹의 명 성이 그렇게까지 높게 유지되지는 못할 수도 있을 것이다. 킹은 생 애 통산 상금으로만 200만 달러, 광고 수입 및 기타 강연료 등으로 수천만 달러를 벌어들이며 은퇴 후 삶을 여유롭게 보낼 수 있었다.

그러나 킹은 편안한 노후 대신 약자를 돕는 희생과 봉사의 길을 택해 묵묵히 실천하고 있다. 테니스를 통해 빈곤층 아이들에게 희망을 불어넣어 주기 위해 테니스 클리닉을 만들었고, '엘튼 존 에이즈 재단' 및 '미국 국립 에이즈 재단'에 많은 돈을 기부하는 한편 두 재단에 이사로 참여해 에이즈 퇴치 운동에 발 벗고 나서고 있다. 또 장애 아동들을 돌보기 위한 자선 단체인 AIM 홍보 대사로 활동하며 장애아들에 대한 사회적 편견을 없애는 데 심혈을 기울이고 있다.

그러나 이 같은 대외 활동보다 더 중요한 것은 킹의 존재만으로 수많은 여성들이 용기와 힘을 얻을 수 있다는 점이다. 킹은 한 인터뷰에서 테니스를 잘 치는 요령에 대해 질문을 받자 "대담해져라. 실수를 할 수도 있고 걸작을 만들 수도 있지만, 절대 공을 치는 것을 두려워해서는 안 된다."고 답변했다. 어떤 결과가 나올지 모른다는 이유만으로 '도전'이라는 공을 치는 것을 두려워하는 수많은 사람들에게 전해 주는 용기와 희망의 메시지다.

스텔라 매카트니 Stella Nina McCartney Willis

세상을 디자인하다

1971년 영국 런던에서 전설적 록 그룹 비틀즈의 멤버 폴 매카트니의 딸로 태어났다. 어릴 때부터 패션 분야에 관심이 많아 일찌감치 디자이너의 길을 걷기로 마음먹었다. 자신의 이름을 딴 향수를 런칭하고 아디다스의 디자인에 참여하는 등 폴 매카트니의 딸이 아닌 디자이너 스텔라 매카트니 자체로 자신만의 브랜드를 만들어 가고 있다.

부친의 후광을 뛰어넘다

스텔라 매카트니. '매카트니'라는 성(姓)에서 짐작할 수 있듯, 매카트니의 아버지는 20세기 최고의 록 밴드인 비틀즈의 멤버 폴 매카트니다. 이미 고인이 된 스텔라의 모친 린다 매카트니는 유명 사진작가이자 동물 권리 보호 운동가였다. 기사 작위까지 받은 최고 록 스타를 아버지로 둔 스텔라는 현재 지구촌에서 가장 잘 나가는 디자이너 중 한 명이다.

화려하다 못해 사실상 귀족에 가까운 매카트니의 출신 배경을 둘러싸고 호사가들은 아버지의 후광 덕분에 오늘날의 성공이 가능했다고 입방아를 찧기도 한다. 그러나 매카트니가 그동안 내놓은 독창적인 디자인 콘셉트와 시대의 흐름을 선도하는 크리에이티브 능력을 살펴보면 후광 운운하는 것은 설득력이 떨어진다. 물론 유명인 아버지를 둔 덕분에 남들보다 쉽게 이름을 알릴 수도 있고 더욱 언론의 주목을 끌 수 있었던 부분도 있기는 하다. 그러나 소비자가 옷과 구두를 고를 때 디자이너의 출신 성분을 따져 물건을 고른다는 것은 상식적으로 이해하기 힘든 일이다. 더구나 패션업계는 소비자들의 감각과 센스를 민감하게 포착해 내지 않으면 한 계절도 지나지 않아 상품 매출 곡선이 아래로 곤두박질칠 수밖에 없는 곳이다. 아버지의 후광만으로 정상을 지킨다는 입방아는 말 그대로 시샘에 지나지 않을 수밖에 없다는 의미다.

매카트니가 디자인한 제품들은 한국에서도 큰 인기를 끌고 있다. "여성은 운동을 할 때도 패션에 신경을 쓴다."며 스포츠 의류에 패션성을 부여한 매카트니의 제품들이 한국 소비자들의 기호와 맞아떨어지고 있기 때문이다. 스포츠 브랜드라는 인식이 강했던 아디다스는 2000년대 중반 이후 요지 야마모토(Yoji Yamamoto)와 손잡고 만든 Y3, 스텔라와 손잡고 만든 아디다스 바이 스텔라 매카트니(Adidas by Stella Mccartney) 등에 힘입어 감각적인 브랜드로 이미지를 바꿀 수 있었다.

스텔라는 동물 권리 보호 운동가였던 어머니의 영향을 받은 탓에 제품 소재에 동물 가죽을 쓰지 않는 것으로 유명하다. 식생활 역시 철저한 채식주의를 고집하고 있다. 친환경 제품에도 관심이 많아 2007년에는 유기농을 재료로 한 화장품 '케어(CARE)'를 출시했는데, 결과적으로 이 같은 매카트니의 개인적 취향은 '친환경, 자연과의 상생'을 갈수록 중시하는 21세기 지구촌의 패러다임과 정확히 부합한다고 볼 수 있다.

전 세계 무수한 디자이너들을 제치고《타임》이 스텔라를 '2009년 세계에서 가장 영향력 있는 100대 인물'에 선정한 것만 봐도 매카트니의 재능과 성과가 얼마나 뛰어난지 여실히 알 수 있다. 영국 언론들이 젊은 여성들을 대상으로 '가장 닮고 싶은 여성'을 꼽는 조사를 하면 스텔라는 꼭 상위권에 이름을 올린다.

막대한 부를 축적한 아버지의 후광을 바탕으로 파티 걸로 인생을 즐기며 사는 대신, 독창적인 자기만의 길을 개척하고 있는 스텔라는 이미 영국뿐 아니라 세계 젊은층에게 '21세기형 롤 모델'로 손색이 없는 인물로 대접받고 있다.

길을 정하다

부친이 워낙 유명한 인물이기는 했지만, 매카트니 스스로 어린 시절부터 이미 자신의 길을 디자이너로 정한 뒤 정상을 향한 노력을 게을리 하지 않았다. 매카트니는 1971년 폴 매카트니와 린다 매카트니의 둘째 아이로 태어났다. 아버지인 폴은 자식들이 유명세를 치르는 것을 싫어해 아이들을 유명 사립 학교 대신 평범한 공립 학교에 보냈다. 가정에서도 그 흔한 유모 한 명 두지 않은 채 부부가 직접 아이들을 기르고 가르쳤던 것으로 알려져 있다. 아이들의 용돈 역시 철저하게 통제해 스텔라는 식당에서 접시 닦기 아르바이트를 하며 자신이 좋아하는 옷과 패션 잡지를 사 볼 돈을 모아야 했다. 매카트니는 어린 시절부터 패션 디자인에 관심을 보이기 시작했는데, 열두 살에 직접 재킷을 디자인해 입을 정도였다.

매카트니는 불과 열다섯의 나이에 프랑스 고급 브랜드 '크리스티앙 라크루아(Christian Lacroix)'에 인턴사원으로 들어가 디자인 실력을 본격적으로 연마하기 시작했고, 런던의 고급 맞춤 신사복 거리인 새빌 로우(Savile Row)에서 기초적인 재봉 기술을 배웠다. 그리고 마침내 런던 소재 센트럴 세인트 마틴스 예술 대학에 입학하면서 잠재된 기량을 한껏 발현하기 시작한다. 알렉산더 맥퀸이나 존 갈리아노 등 세계 패션계를 주름잡고 있는 유명 디자이너를 다수 배출한 세인트 마틴스에서도 매카트니의 실력은 당연 발군이었다. 매카트니 인생에 있어 유명한 부친의 강력한 후광 덕분에 공짜로 이룬 '업적'이 하나 있기는 있다. 바로 대학 졸업 작품전이다. 매카트니의 졸업 작품전에는 당대 최고의 모델이자 친구였던 나오미 캠벨과 케이트 모스가 개런티 없이 모델로 나섰다. 이때 출품된 매카트니의 작품들은 당시 영국 주요 패션 잡지에 비중 있게 소개될 정도로 업계의 비상한 관심을 끌었다.

학교를 졸업한 후 그가 드디어 주류 패션계에 명함을 내밀 수 있게 된 것은 1997년 3월 프랑스 패션 브랜드 끌로에의 수석 디자이너로 스카우트되면서 부터다. 이때 매카트니의 나이는 불과 스물여섯 살에 불과했고, 업계 관계자들은 끌로에가 폴 매카트니의 유명세를 이용하려 한다며 수군거렸다. 샤넬과 끌로에의 수석 디자이너를 역임했던 패션계의 거장 칼 라거펠트는 "끌로에가 패션계의 거장이 아니라 음악계의 거장을 끌어들였다. 매카트니가 아버지의 재능을 물려받았기를 기도해 보자."며 햇병아리 디자이너를 폄하하기도 했다. 그러나 그해 가을 매카트니의 패션쇼 이후 그를 향했던 온갖 비판과 수군거림은 순식간에 자취를 감췄다. 업계의 눈이 휘둥그레질 만한 감각적인 디자인으로 부친 후광 운운하는 세간의 비판을 일시에 불식시켜 버렸기 때문이다. '긍정적이고 섹시한 여성이 되자(be positive, be a sexy lady)'라는 매카트니의 디자인 콘셉트는 세계 패션계를 강타했고, 적자에 시달리던 끌로에는 폭발적인 매출 신장세를 이뤄 나갔다.

관능미가 넘치면서도 활동에 편리성을 더한 참신한 디자인은 이후 매카트니 디자인 철학의 근간이 됐고, 신세대들은 그런 매카트니의 패션에 열렬한 지지를 보내고 있다. 매카트니는 또 패션에 있어 자연스러움을 강조한다. "유행이 끝나 버렸다고 말할 수 있는 것은 아무것도 없다."는 게 매카트니가 주장하는 주요 이론이다. 기존에 유행했던 아이템을 유행이 지났다고 해서 용도 폐기할 것이 아니라 적당한 포인트를 주고 새 요소들을 첨가하면 또 다른 유행 트렌드가 될 수 있다는 의미다.

매카트니는 2002년 구찌 그룹에 몸담게 된다. 매카트니 나이 서른에 불과했지만 이때부터 매카트니는 이미 세계 패션계의 거물로 자리 잡기 시작했다.

이후 자신의 이름을 딴 향수와 란제리 라인을 런칭하고, 아디다스와의 협업, 유기농 화장품을 출시하는 등 매카트니는 손대는 사업마다 큰 성공을 거두며 오늘날 세계에서 가장 잘 나가는 패션 디자이너 중 한 명으로 대접받고 있다.

스스로의 신념에 세상을 맞추다

매카트니에 대한 관심이 높아지고, 그의 작품에 대해 특히 최근 들어 찬사가 늘고 있는 이유 중 하나는 동물 보호와 친환경에 대한 애착 때문일 것이다. 정확히 표현하면 정말 고집스럽다고 표현할 수 있을 정도로 매카트니는 철저하게 동물과 환경을 중시하고 있다. 처음 매카트니가 가죽을 사용하지 않은 패션 상품을 고집하자 주변에서는 얼마나 가겠느냐는 반응이 많았다. 그러나 이제 많은 소비자들이 천연 가죽 대신 인조 가죽으로 만든 매카트니의 제품에 열광하며 자발적인 마니아들이 돼 가고 있다.

끌로에 재직 시절, 패션 기업 구찌가 스카우트 제의를 해 왔지만 매카트니는 자신의 '친환경 제품' 요구를 들어주지 않는다는 이유로 제안을 묵살해 버렸고, 오히려 끌로에와 연장 계약을 맺어 버린다. 결국 구찌는 그 이듬해 디자인뿐 아니라 제품 소재까지 스텔라가 결정할 수 있다는 파격적인 조건을 내건 끝에 매카트니 영입에 성공할 수 있었다.

매카트니의 고집에 세상이 따라가고 있는 것은 그만큼 매카트니가 생각하는 것이 시대의 흐름을 선도하고 있다는 방증이 될 수 있다. 구찌의 모기업인 프랑스 PPR 그룹을 포함, 세계 유수의 패션 그룹들은 최근 들어 친환경, 동물 권리 옹호 운동에 적잖은 신경을 쓰고 있다. PPR은 아예 환경 문제를 주제로 한 영화 「홈(HOME)」의 제작을 지원했고, 이 영화는 2009년 전 세계 80개국에서 개봉되기도 했다. 과거 같으면 패션업계가 크게 개의치 않았을 친환경, 동물 윤리 문제가 어느덧 업계의 주요 이슈로 부각된 셈이다.

이처럼 긍정적인 풍토가 조성된 데에는 매카트니처럼 뚜렷한 패션 철학을 가진 거물 디자이너들이 줄기차게 자신의 신념을 업계에 전파한 것이 큰 영향을 미쳤기 때문이다. 매카트니는 세상 흐름에 자신의 철학을 맞추는 것이 아니라, 세상이 자신의 신념을 따라오도록 만들고 있다. 물론 그렇게 되기까지, 남들이 납득할 만한 실력을 갖추기 위해 어린 시절부터 한 우물을 열심히 판 매카트니의 노력을 잊어서도 안 될 것이다.

미셸 리 Michelle Rhee

도탄에 빠진 미국 교육을 구하라

1969년 미국 미시간 주 앤 하버에서 태어났다. 한국식 이름은 이양희다. 그는 미국 공교육계 개혁 바람의 중심에 서 있다. 워싱턴 D. C 교육감을 역임했으며 교육 개혁을 위한 '스튜던트 퍼스트 프로그램'을 운영하고 있다. 오프라 윈프리가 발간하는 잡지 《오》가 뽑은 '미국의 파워 우먼'이며 《타임》도 2011년 '세계에서 가장 영향력 있는 100대 인물'에 선정했다.

미국 사회가 주목하는 개혁 전도사

이양희는 여기서 소개되는 여러 파워 우먼들 중 유일한 한국계 여성이다. 국적으로만 따지면 엄연히 미국인이지만, 미셸 리의 부모는 1960년대 미국으로 건너간 교포 1세대다. 한국계 여성이 미국 수도의 교육감으로서 미국 교육계에 일대 센세이션을 불러왔다는 사실은 같은 한국인으로서 일단 뿌듯한 일이 아닐 수 없다. 그러나 단순히 미셸 리가 워싱턴의 교육감을 맡았었다는 이유로 파워 우먼이라 칭하는 것은 아니다. 그는 미국뿐 아니라 전 세계가 주목하는 교육 개혁의 새로운 패러다임을 창출하고 있는 여성이다.

특히 버락 오바마 미국 대통령이 미셸 리를 얼마나 신뢰하는지는 그동안 여러 차례 확인된 바 있다. 미셸 리는 학교에 출석을 잘하는 학생들에게 돈을 주고, 성적이 좋지 않은 학교는 아예 문을 닫아 버리는 과감한 방식으로 학교 교육을 개혁하자고 주창하고 있다. 워싱턴 교육감에 취임하자마자 성과가 좋지 않은 교장 30퍼센트를 교체하고 학교 20여 곳을 폐교시키며 곪을 대로 곪은 워싱턴 공교육에 메스를 들이댔다. 백악관과 국회 의사당이 있는 수도지만 학생의 70퍼센트가 흑인 빈민층 출신이고 공교육은 사실상 붕괴 상태였던 워싱턴은 미셸 리의 등장과 함께 공교육 개혁의 성지로 급부상했다.

그의 개혁 방식은 미국 사회에 숱한 논란을 불러왔다. 성적 지상주의를 조장하고 무자비한 경쟁을 교육에 도입했다는 비판과 함께 아시아계 젊은 여성이 벼락출세했다는 시기심까지 더해지면서 반대 세력들도 적지 않게 나타났다. 그러나 오바마 대통령은 물론 빌 게이츠까지 나서 '미셸 리식 교육 개혁'에 지지 의사를 표하는 등 미셸 리의 개혁 드라이브에 적지 않은 사람들이 공감을 표시하고 있다.

물론 성적 향상이 학교 교육의 전부는 아니다. 그러나 과정이야 어찌됐든 그가 교육감으로 취임한 이래 워싱턴 학생들의 읽기, 수학 성적은 크게 향상됐고, 흑백 인종 간 성적 격차도 크게 좁아진 것으로 나타났다.

본인이 직접 볼티모어 빈민가에서 2년간 초등학교 교사 생활을 했던 미셸 리는 교사의 역량에 따라 얼마든지 학생들의 성적과 미래가 바뀔 수 있다는 확신을 가질 수 있었다. 그래서인지 그가 교육 개혁에 있어 가장 역점을 두는 분야 역시 교사의 자질 향상 부분이다. 즉, 교사들의 자질 향상과 경쟁 시스템 없이는 교육의 질이 높아질 수 없다는 게 미셸 리의 지론이다. 이는 오바마 대통령의 교육 철학과도 정확히 부합한다.

오바마 대통령도 2010년 1월 향후 5년간 2억 5,000만 달러를 들여 수학, 과학 분야 교사 1만 명을 양성하겠다는 야심찬 계획을 발표했다. 지금처럼 교사들의 수준이 낮으면 앞으로 급변하는 환경에 적응할 수 있는 제대로 된 교육을 실시할 수 없다는 게 오바마 대통령의 주장이다. 미셸 리의 생각과 일치하는 내용이다.

오바마 대통령은 미셸 리의 든든한 버팀목이 되어 주었다. 오바마 대통령은 하와이의 명문 사립인 푸나후 고등학교를 다녔다. 학창 시절 학생 오바마는 어려운 이민 생활 속에서도 고가의 학비를 무릅쓰고 자녀를 사립 학교에 보내는 한국인들을 보면서 한국의 높은 교육열에 감명을 받았던 것으로 알려져 있다. 그래서인지 대통령 취임 후 여러 차례에 걸쳐 미국의 학생들이 한국과 달리 학교 중퇴율이 높다는 점을 지적했다. 그리고 차터 스쿨(대안 학교 성격을 가진 자율형 공립 학교)을 비롯해 여러 가지 교육 개혁 정책을 추진하고 있는데 그 대부분의 내용이 미셸 리가 워싱턴에서 실시했던 개혁 내용들과 흡사하다. 실제《월스트리트 저널》등 현지 언론들은 "오바마 대통령이 워싱턴의 개혁을 약속하고 있을 때 미셸 리는 이를 이미 시행하고 있었다."는 보도를 내보냈다. 그래서인지 오바마 대통령은 대선 후보 시절부터 "워싱턴의 학교 시스템은 오랫동안 엉망이었지만 지금은 훌륭한 교육감이 있다."며 미셸 리에게 찬사를 보내 왔다.

한국에서 1년간 한글 공부

미셸 리는 교육자 집안 출신이라고 할 수 있다. 할아버지인 이혜우 씨는 서울시 교육 위원과 서울 사대 부속 초등학교 교장을 지냈으며, 의사인 부친 이상열 박사는 미시간 대학에서 강의를 맡기도 했다. 이 박사는 1960년대 미국으로 이민을 왔으며 1969년 미시간 주에서 미셸 리를 낳았다. 미셸 리는 주로 오하이오 톨레도 지역에서 자라났다. 이 박사는 미셸이 한국 사람이라는 점을 자각하는 것이 중요하다고 늘 강조를 했고, 실제 1981년에는 서울 청담 초등학교로 보내 그곳에서 1년 동안 한국어를 집중적으로 배우기도 했다. (미셸 리와 대화를 나눠 봤던 한국인들에 따르면 한국어를 능통할 정도로 잘하지는 못하지만 어지간한 문장은 다 이해하는 수준이라고 한다. 그는 자신이 한국어를 배웠던 것처럼 두 딸 역시 한글 학교에 보내며 한국어를 가르치고 있다.) 그는 고교를 졸업한 뒤 명문 코넬 대학에 입학해 정책학을 전공했다. 이후 하버드 대학 행정 대학원(케네디 스쿨)에서 석사 학위를 취득했다.

경제적 이유로 교육 불평등이 초래되어서는 안 된다는 기치를 내걸고 있는 교사 양성 시민 단체(Teach For America, TFA)에서 연수를 받은 미셸 리는 1993년 볼티모어 빈민가에 위치한 할렘 파크 초등학교(Harlem Park Elementary)에서 교편을 잡는다.

미셸 리가 교단에 첫 번째로 서던 날 있었던 에피소드는 지금도 미국 언론에 자주 언급되는 유명한 이야기다. 2학년 반을 맡은 미셸 리가 첫날 수업을 진행했으나, 학생들은 집중하지도 조용히 있지도 않았다. 더 정확히 말하면 이 학교에 다니는 대부분의 학생들은 교실에 선생이 들어오든 말든 개의치 않고 떠드는 일이 당연한 일상이었다. 수업 분위기가 좋기는커녕 기본적으로 교사들이 아이들의 시선을 잡는 것도 힘들 정도였다. 이런 분위기를 당연한 것으로 여겨 체념한 채 아이들이 듣거나 말거나 수업을 진행하는 게 일반적인 교사들의 태도였다. 그러나 그는 달랐다. 한창 수업을 진행하던 도중 마침 땅벌 한 마리가 교실로 날아들어 교탁 위에 앉았다. 아이들이 고함을 지르며 떠들어 대기 시작할 찰나, 미셸 리는 갑자기 주먹으로 땅벌을 내리쳤다. 그러더니 그 벌을 입 안으로 넣어 꿀꺽 집어삼키는 것이 아닌가. 아이들은 놀란 눈을 휘둥그레 뜰 수밖에 없었고 일순간 교실 분위기는 정적에 휩싸였다.

다음 날부터 아이들은 '저 이상한 선생이 또 무슨 짓을 할까?'라는 호기심 어린 눈망울로 그를 바라보기 시작했고 이렇게 해서 차츰 수업 분위기는 조용해지기 시작했다. 아이들의 시선을 확 잡아

끌고, 수업 분위기를 교사가 완전히 통제할 수 있는 여건. 이것이 바로 미셸 리가 추구하고 있는 이상적인 교실의 환경이다.

미셸 리가 할렘 파크에서 경험한 일들은 오늘날 미국 교육 개혁을 이끄는 소중한 경험이 되고 있다. 그는 성적과 출석률이 낮기로 악명 높았던 할렘 파크에 2년 동안 머물렀는데, 이 기간 동안 미셸 리가 길러 낸 제자들의 학업 성취도는 급격히 상승했다. 학교의 문제는 학생들이 아니라 교사에게 있다는 신념도 이때 생긴 것이라고 한다.

미셸 리는 1997년 '뉴 티처 프로젝트'라는 시민 단체를 주도적으로 창설했다. 이 단체는 재정이 곤궁한 교육 관할 지역에 파견할 신규 교사를 뽑고 훈련시키는 것을 주요 활동 내역으로 삼았다. (현재까지 이 단체를 통해 미국 전역에 파견된 교사들은 1만 명이 넘고 있다.) 동시에 미셸 리는 뉴욕 등 대도시를 돌며 교사들의 연봉 체계를 연공서열이 아니라 능력에 따른 성과급으로 바꿔야 교육 서비스의 질이 향상될 수 있다며 법 개정을 요구하는 캠페인을 꾸준히 펼쳐 나갔다.

미국 공교육이 처한 극한 현실에 대해 뚜렷한 소신을 갖고 해법을 제시하는 미셸 리의 명성은 높아져 갔다. 나중에는 조지 부시 당시 대통령의 부인 로라 여사가 자신의 홈페이지에 직접 미셸 리의 활동상을 소개하는 글을 올리기도 했는데, 이를 계기로 그는 미국 교육계에서 개혁의 기수로 급부상하게 된다.

그리고 2007년 6월, 아드리안 펜티 워싱턴 시장은 미셸 리에게

시 교육감을 맡아 달라고 제안한다. 처음 제안을 받았을 때만 해도 고사를 했지만, 교육청 운영에 대한 전권을 보장하고 시 정부 역시 확실한 지원을 아끼지 않겠다고 펜티가 약속하자 제안을 받아들였다.

한국도 늘 공교육이 무너지고 사교육이 그 자리를 대체한다는 논란이 거세지만, 따지고 보면 미국의 공교육은 한국보다 더 심각한 상태라고 할 만하다. 전국 고교생 중퇴율은 20퍼센트를 넘고, 고교 10곳 중 한 곳은 졸업생 배출 비율이 60퍼센트를 넘지 못한다. 오죽하면 오바마 대통령이 취임 후 가진 교육 개혁 관련 연설에서 "미국 어린이들은 매년 한국 어린이들보다 학교에서 보내는 시간이 1개월이나 적다. 한국 학생들이 그렇게 할 수 있다면 우리도 여기 미국에서 할 수 있다."고 말했을 정도일까.

미셸 리가 취임하던 당시, 워싱턴 시의 공교육 상황 역시 예외는 아니었다. 말이 좋아 미국의 수도일 뿐, 워싱턴에 있는 187개 공립학교의 학생들은 대부분 중산층 이하 중남미계나 흑인들이다. 학업 성취도 역시 전국에서 하위 1, 2위를 다툴 정도였다. 펜티 시장이 미셸 리에게 공교육을 맡긴 것은 곪을 대로 곪은 워싱턴 공교육의 환부를 뿌리째 뽑아 달라는 시대적 요청이 있었기 때문이었다.

교육계의 '철의 여인'
미셸 리는 교육감에 취임하자마자 과감한 개혁 조치들을 취하기 시작했다. 성적이 바닥권이고 학생들 출석률도 좋지 못한 것은 기본적으로 교사들이 엄격하게 학사 관리를 하지 못했다는 게 그의 판단이었다.

그런 판단 끝에 나온 조치가 바로 학교 폐쇄였다. 교육감에 취임하자마자 문제가 많은 공립 학교 20여 곳을 추려 아예 문을 닫아 버렸다. 해당 학교에 재직하던 교사들도 퇴출됐다. 일부 교장들도 해고했는데 그중에는 자신의 두 딸이 다니던 학교의 교장도 포함돼 있었다. 반면 학생들이 좋은 성적을 내도록 학급을 관리한 교사들에게는 연봉에 해당하는 파격적인 성과급을 지급하며 동기를 부여했다. 극단적으로, 성적이 우수하거나 출석률이 좋고 숙제를 잘하는 학생들에게는 현금까지 지급했다. 당연히 교사 단체에서는 이 새로운 교육감을 곱게 볼 리가 없었다. 과연 학교가 성적과 출석률만 높이기 위해 존재하는 곳이냐는 비판이 끊이지 않았다.

또 공교육이 무너진 책임이 학부모에게도 있는데 교사들에게만 책임을 지울 수 있느냐는 볼멘소리도 쏟아졌다. 그런 비판이 쏟아져도 미셸 리는 눈썹 하나 까딱하지 않았다. 욕을 먹든 비판을 받든 학교를 정상화시킬 수만 있다면 모든 수단을 다 강구하겠다는 게 그의 강한 소신이었다. 결과로 모든 것을 말해 주겠다는 식이다. 예컨대 학생들에게 돈을 주는 것은 지나친 처사라는 비판에 대해서는 "학교에서 돈을 주지 않으면 그 아이들은 거리에서 마약을 팔며 현금의 유혹을 받을 것"이라고 맞받아치는 것이었다.

그의 당당함이 혼자만의 아집이 아니라는 점은 워싱턴 시 학생들의 성적으로 나타났다. 2009년 연방 정부 주관으로 치러진 연례 전국 학생 종합 평가 시험에서 워싱턴 지역 공립 학교 학생들의 읽기와 수학 능력은 1년 전보다 큰 폭으로 뛰어오른 것으로 나타났다. 숱한 논란이 일고는 있지만 미셸 리가 교육감으로 오고 난 뒤 최소한 아이들의 학업 성취도는 나날이 상승했다.

물론 이런 미셸 리의 교육 개혁 방향이 옳다 그르다 섣불리 판단하기는 힘들다. 보는 이의 관점에 따라서는 그의 방식을 고육지책으로 볼 수도 있고, 반대로 단기적 성과주의로 폄하할 수도 있다. 그러나 한 가지 확실한 것은 기존 관행에 빠져 있던 교육계를 과감히 개혁해 낸 미셸 리의 노력과 신념은 높게 칭찬받아 마땅하다는 점이다. 그리고 어쨌든 한국계 여성이 미국 공교육 개혁의 아이콘으로 떠올랐다는 점은 우리에게는 기분 좋은 일이 아닐 수 없다.

2010년 교육감에서 물러난 뒤 직접 설립한 교육 개혁 실천 단체 '스튜던트 퍼스트(Students First)'의 선임 연구원을 뽑는 과정에서 보여 준 미셸 리의 포용력 또한 미국 사회에 잔잔한 감동을 불러일으켰다. 교육감 재직 시절 자신의 정책에 사사건건 발목을 잡던 교원 노조 위원장을 영입했기 때문이다. 이 인물은 과거 미셸 리를 향해 "미셸 리가 교육감 사퇴를 빨리 할수록 좋다."며 헐뜯을 정도로 원수 같은 사이였지만, 그는 교육 개혁이라는 대의를 위해 개인적인 감정은 훌훌 털어 내고 그를 영입했다.

남들이 아무리 비난한다고 해도 자신이 한번 길을 정하면 흔들리지 않는 강한 소신, 목표를 이루기 위한 집념, 적을 품을 수 있는 넓은 포용력……. 이것이 오늘날 미국 사회가 그토록 미셸 리를 높이 평가하는 요인들이다.

메러디스 휘트니 Meredith Ann Whitney

자신에 대한 강한 자신감

1969년 미국 캘리포니아에서 태어났다. 오펜하이머에서 펀드 애널리스트로 재직하고 투자 자문 그룹인 SFG, 와코비아 등을 거쳐 메러디스 휘트니 투자 자문 그룹을 설립했다. 폭스 텔레비전을 비롯한 여러 매체에서 금융 해설가로 활약하고 있다. 적중률 높은 미래 예측으로 금융권에서 주목받고 있다.

430조 원짜리 애널리스트

2007년 10월 31일. 미국 오펜하이머 펀드 소속 애널리스트인 메러디스 휘트니가 한 편의 투자 보고서를 내놓는다. 시티 그룹에 관한 비관적인 전망을 담은 보고서였다.

보고서에는 비우량 주택 담보 대출(서브 프라임 모기지) 사태로 충격을 받고 있는 시티 그룹이 충분한 자본을 확보하지 못하고 있다는 내용이 담겼다. 시티 그룹은 결국 증자를 할 것이고, 자산을 팔 것이며, 배당금을 대폭 줄일 수밖에 없을 것이라는 암울한 분석들이 보고서 내내 이어졌다. 휘트니는 이 같은 분석을 토대로 시티 그룹 주식을 들고 있는 고객들은 하루라도 빨리 내다 팔라며 매도 의견을 내놨다.

휘트니의 보고서가 나온 이후 며칠 동안 시티 그룹 주식은 폭락세를 면치 못했다. 당장 보고서 발표 다음 날인 11월 1일 뉴욕 증시에서 시티 그룹의 주식은 7퍼센트 가까이 떨어졌고 시가 총액 150억 달러가 허공으로 날아갔다. 이 여파로 다른 금융주들까지 동반 하락하면서 다우 존스 산업 평균 지수는 하루 만에 360포인트, 2.6퍼센트나 하락했다. 이날 하루 동안 뉴욕 증시에서 사라진 시가 총액만 3,600억 달러(약 430조 원)였다. 뉴욕뿐 아니라 영국 런던 주식 시장도 후폭풍을 맞았다. FTSE 지수에서는 이틀 동안 470억 파운드가 공중으로 날아가 버렸다. 세계 양대 금융 시장인 런던과 뉴욕이 휘트니의 보고서 한 장에 완전 쑥대밭이 된 셈이다. 이때 붙은 휘트니의 별명이 '3,600억 달러짜리 애널리스트'다.

정확하고 냉철한 휘트니의 보고서에 대해 '예리하다'는 찬사도 쏟아졌지만 그에 비례해 비판도 잇따랐다. "당신이 그런 보고서를 낸 탓에 내가 들고 있던 금융업체 주식이 폭락했다."며 살해 위협을 해 온 투자자들도 있었다.

주식 투자자들이라면, 통상 애널리스트들이 얼마나 매도 추천 보고서를 내기 꺼려하는지 잘 알고 있을 것이다. 특정 주식에 대해 '팔라'는 보고서를 내는 게 애널리스트로서는 쉬운 일이 아니다. 그 주식을 보유하고 있는 주주들에게 협박에 가까운 육두문자가 쏟아지는 것은 기본이고, 해당 기업으로부터 좋은 소리를 들을 리 없기 때문이다. 그런 탓일까. 한국에서도 어지간해서는 '어떤 어떤 주식을 팔라'는 식의 보고서를 구경하기 힘들다. 대부분 '주가가 많이 떨어졌으므로 밸류에이션 좋은 지금이 매수 타이밍'이라든가, '단기간 어려움을 겪을지라도 중장기 보유로 가면 좋으니 지금 살 때'라는 물타기식 보고서가 넘쳐 난다. 한번 추세가 정해지면 그 방향을 돌리기 쉽지 않다는 주식 격언이 있다. 떨어지기 시작한 주식은 잠깐 반등을 할지언정 계속 하락할 가능성이 높고, 반대로 상승 기류를 타면 계속해서 대세 상승으로 이어지기 쉽다는 의미다. 그런 기본 원리를 서로 빤히 알고 있음에도 '주가가 많이 떨어져서 지금이 바닥권 가격이니 사야 할 때'라고 부추기는 애널리스트들이 적지 않다. (바닥 밑에 지하가 있는 줄 모르는 개미들이 결국 이런 장밋빛 보고서에 심취하다 큰 손실을 입는 경우가 허다하다.)

미국 역시 한국만큼은 아니지만 대체적으로 닥터 둠(비관론자)들보다는 닥터 붐(낙관론자)들이 더 환영을 받는다. 투자자 입장에서는 아무래도 앞으로 주식 시장이 더 나빠질 것이라는 기분 나쁜 전망보다는 좋아질 것이라는 낙관적 전망이 더 달콤하게 들리기 때문일 것이다.

그러나 휘트니는 대표적인 월가 비관론자로 통한다. 원조 닥터 둠으로 마크 파버가 대접을 받고, 떠오르는 닥터 둠으로 누리엘 루비니 뉴욕 대학교 교수가 대접을 받는다면, 휘트니는 여성 닥터 둠이라 불릴 만하다.

그럼에도 휘트니는 시장으로부터 최고의 주목을 받으며 《포천》이 선정하는 '세계에서 가장 영향력 있는 50대 여성' 등 각종 파워 피플 명단에 최근 수년간 자주 이름을 올리고 있다. 예측의 정확성과 얼음장 같이 차가운 결단력, 자기 나름대로의 뚜렷한 주관이 있기 때문이다.

잇따른 예언 적중

휘트니는 2000년대 중반 이후 세계 언론계와 금융가의 비상한 관심을 받고 있는 스타 애널리스트다. 그가 예언을 내놓고 이를 적중시킨 사안은 한두 가지가 아니다. 그중 가장 대표적인 예언은 2008년 9월 이후 세계를 강타한 금융 위기를 정확히 예측한 것이다.

2008년 9월 15일 리먼 브라더스가 파산하고 AIG가 국유화 과정을 밟으면서 월스트리트는 크게 흔들리기 시작했고, 세계 경제는 1930년대 경제 대공황 이후 최악의 비극을 맛봐야 했다. 그 같은 대재앙이 발생하기 한 달 전인 8월, 휘트니는 《포천》과의 인터뷰에서 이렇게 말했다.

"역사상 가장 큰 금융 대위기의 진원지에 서 있는 기분이다. 고장 난 시계도 하루에 두 번은 시간이 맞는다."

월스트리트의 금융업체들이 이미 금융업체로서의 기능은 상실했지만 '하루 두 번 시간이 맞는 시계'처럼 겉으로만 멀쩡해 보인다는 분석이었다. 휘트니가 이 인터뷰를 한 지 한 달만에 인터뷰 내용은 그대로 현실화됐고 수많은 거대 금융업체들이 파산을 선언했다.

이 뿐만이 아니다. 모두들 저렴한 은행 이자에 환호하며 대출로 주택을 사들이기 바쁠 때 휘트니는 "미국 집값에 거품이 끼어 앞으로 40퍼센트 가까이 폭락할 것"이라는 전망을 내놨다. 2005년 10월에는 "서브 프라임 대출로 집을 산 사람들은 사상 유례가 없는 손실을 입을 것"이라는 예언도 내놨다. 휘트니가 이런 비관적 발언을 내놓던 2000년대 중반 미국 경제는 IT 거품 붕괴의 후유증에서 벗어나 활황세를 즐기고 있었다. 그렇기 때문에 휘트니가 잇달아 암울한 전망을 내놓자 '잔칫집에 재 뿌린다.'며 곱지 않은 시선으로 바라보는 전문가들이 적지 않았다. 그러나 휘트니의 예측은 모두 들어맞았고, 그를 비판하던 애널리스트들은 꼬리를 내릴 수밖에 없었다.

이제 세계 금융계, 특히 증시는 휘트니의 말 한마디 한마디에 촉각을 곤두세운다. 휘트니가 암울한 전망을 담은 보고서를 내놓으면 뉴욕 증시가 주춤하고, 이어 아시아 증시가 영향을 받고, 다시 유럽 증시로 여파가 미치는 현상이 자주 발생한다.

금융 위기가 극에 달하며 그 어느 때보다 경제 전문가에 대한 관심이 높아지던 2008년, CNBC는 휘트니를 '올해의 파워 플레이어' 리스트에 올렸다. 당시 휘트니와 함께 선정된 인물은 벤 버냉키 연방 준비 제도 이사회 의장, 제이미 다이먼 JP 모건 체이스 회장, 핸리 폴슨 재무 장관이었다. 휘트니가 어느 정도 인물들과 어깨를 나란히 하는지 가늠해 볼 수 있는 대목이다.

프로 레슬러 출신 남편

휘트니의 부친인 리처드 휘트니는 벤처 투자를 전문으로 하는 벤처 캐피털리스트였다. 리처드는 닉슨 정부 시절 상무부에서 근무한 경력을 갖고 있다. 부친으로부터 물려받은 선천적인 재무적 재능에 남들보다 더 철두철미하게 데이터를 분석하는 성실성이 겹쳐지면서 오늘날 휘트니의 명성이 만들어졌다.

휘트니는 찔러도 피 한 방울 안 나올 것처럼 냉철하고 똑 부러지는 외모를 지녔지만 그의 결혼 스토리는 꽤 흥미롭다. 휘트니는 한때 폭스 텔레비전에 고정 출연하면서 경제 뉴스를 해설한 적이 있었다. 어느 날 초대 손님으로 출연한 전직 프로 레슬러이자 풋볼 선수 존 레이필드를 만나게 되고, 곧 사랑에 빠졌다. 한때 '데드 마스크'라는 애칭으로 아이들로부터 큰 인기를 얻었던 레이필드는 프로 레슬러 출신답게 키가 198센티미터에 이르는 거한이다. 그런 탓에 이 커플이 함께 찍은 사진들을 보면 거의 휘트니가 매달려 있다고 해도 과언이 아니다. 둘은 지난 2005년 2월 결혼했다. 운동선수라고 하면 떠오르는 일반적인 선입관, 예컨대 머리가 나쁠 것 같다는 식의 선입관은 버리는 게 나을 듯싶다. 레이필드 역시 나름대로 잘 나가는 애널리스트로서 성공적인 인생 이모작을 하고 있기 때문이다.

휘트니는 시티 그룹에 대한 비관적 전망으로 전체 주식 시장을 한방에 케이오시켰지만, 당시 남편은 정반대로 시티 그룹에 대해 낙관적인 견해를 펼쳤다고 한다. (나중에 시티 그룹이 나락으로 떨어진 것을 보면 부부 중 누가 실력이 우위인지 가늠해 볼 수 있을 것 같다.)

휘트니가 비관적 전망을 내놓을 때마다 워낙 많은 협박이 쏟아지지만 그때마다 남편은 부인의 보디가드 역할을 충실히 하고 있다. 그런 면에서 보면 어쨌든 천생연분임에는 틀림없어 보인다.

자신이 믿는 것을 믿을 수 있는 힘

휘트니가 최근 몇 년간, 특히 2007년 서브 프라임 모기지 사태 발생 이후 급격히 유명세를 타기 시작했지만, 아직도 휘트니의 능력에 대해 폄하하고 질투를 느끼는 남성 경쟁자들이 적지 않다. 다른 전문 직종도 마찬가지겠지만, 금융업계에서도 여전히 여성들이 설 자리는 넓지 않다. 그럼에도 휘트니는 자신의 능력을 마음껏 과시하고, 증명해 내고 있다.

휘트니가 주요한 예언을 연이어 적중시키고 있는 것은 철저하리만치 기본에 충실한 분석을 하고 있기 때문이다.

휘트니는 숫자는 거짓말을 하지 않는다는 격언에 충실하고 있다. 특정 기업에 대한 투자 보고서를 작성할 때 재무제표상에 나타난 숫자의 의미 하나하나를 꼼꼼하게 분석하고 이를 시장 상황에 맞춰 분석해 낸다. 별다른 근거도 없이 '중장기적으로 발전이 예상된다.' 라는 식의 낙관적 의견을 내비치지도 않고, 거꾸로 일부 수치를 과잉 해석해 '부실 악화가 우려된다.'는 공포감을 유발하지도 않는다. 그런 보고서를 내면 일단 언론의 관심을 끌고 단기적인 유명세를 얻는 데는 이로울지 모르지만, 결국 탄탄한 실력을 갖추지 않은 유명세는 모두 물거품 같다는 이치를 누구보다 잘 알고 있는 것이다.

대신, 꼼꼼한 분석을 통해 도출한 자신만의 결론에 대해서는 주장을 굽히지 않는다. 자신이 믿는 것에 대해서는 끝까지 믿음을 갖는 방식이다. 주변에서 뭐라고 하든, 일단 자신 스스로 어떤 결론을 내리게 되면 그 결론을 당당히 공개한 뒤 굽히지 않는다. 세계 최고의 두뇌들이 모인 월스트리트에서 자신의 보고서에 대한 주장을 굽히지 않는다는 것은 그만큼 그 보고서에 자신이 있다는 의미이며, 스스로에게 믿음을 가질 만큼 철저하게 준비를 거듭했다는 의미기도 하다. 그 점이 바로 휘트니와 일반인들의 차이점이다. 흔히 어떤 주장을 펼치다가 남들이 한두 마디 반대 의견을 내면 움츠러드는 게 평범한 사람들의 심리다. 비판이 들어오면 겉으로는 "그게 아니다."라고 맞받아치면서도 속으로는 '혹시 상대방 주장이 맞는 것 아닌가. 내가 처음 주장한 게 맞기는 맞나.'라는 의구심이 드는 게 인간의 마음이다. 이는 자기 스스로에 대한 믿음이 부족한 탓이며, 자신의 일하는 방식에 대해 자기 스스로가 확신을 갖지 못하고 있다는 것을 의미한다.

휘트니 역시 보고서를 발표할 때마다 내로라하는 전문가들과 논박을 벌이기 일쑤인데, 그럴 때마다 전혀 흔들림 없이 자신의 의견을 주장한다. 그만큼 스스로에 대한 강한 자신감이 있다는 의미이며, 자신이 그 보고서를 쓰는 과정에서 스스로 100퍼센트 만족할 만큼 철두철미한 준비 과정을 가졌다는 것을 의미한다.

휘트니와 관련해 또 한 가지 눈여겨봐야 할 점은 그가 일반적인 월가 애널리스트들과는 달리 전문적인 금융 교육을 받아 본 적이 없다는 점이다. 대학에서도 역사를 전공했으며, 월가 애널리스트라면 십중팔구는 보유하고 있는 MBA 학위도 없다. 이 때문에 휘트니를 '월가의 이단아(maverick)'라고 부르는 사람들도 있다.

거꾸로 이야기하면 경영 대학원이 제공하는 판에 박힌 엘리트 금융 교육을 받은 애널리스트들이 취하는 방식과는 전혀 다른 방식의 접근법으로 기업과 시장을 분석했기에 오늘날과 같은 명성을 쌓을 수 있었다고도 할 수 있다. 자격증이 없다 해서, 전공 분야가 아니라고 해서, 일류 대학 출신이 아니라고 해서 스스로 움츠러드는 수많은 사람들에게 휘트니의 당당함은 시사하는 바가 크다.

휘트니는 특히 인간에 의한 변수를 강조한다. 재무제표를 꼼꼼히 분석한 뒤에는 그 기업 경영진의 마인드나 행태, 과거 경영 기법 등을 최종적으로 검토한다. 아무리 최고의 전산 프로그램으로 금융 상품을 설계하고, 최신 경영 기법으로 기업을 경영해도 결국 최종적인 결정은 사람이 내릴 수밖에 없다는 게 휘트니의 판단이다. 기업에서 발생하는 경영 실수의 90퍼센트는 인간의 오만과 과신에서 초래됐다는 것이 그의 지론이다. 비단 기업 경영뿐 아니라 오늘날 현대 사회의 상당수 업무가 기계와 컴퓨터에 의해 움직이는 것 같이 보이지만 결국 그 성과의 크기를 결정하는 것은 인간이라는 것이다.

경제 위기가 2009년 하반기를 기점으로 서서히 바닥을 탈출할 기미가 보이면서 휘트니 역시 새로운 시험대에 올랐다고 할 수 있다. 주로 경기 하락기에 각광을 받는 '닥터 둠'인 휘트니가 과연 경기 회복기에도 제대로 된 예측과 분석을 내놓을 수 있겠냐는 우려가 적지 않다. 그러나 휘트니가 앞으로도 쉽게 무너질 것으로 보이지는 않는다. 단순히 예측을 몇 번 맞췄고, 몇 번 틀렸다라는 식으로 평가하기에는 이미 휘트니가 월가에서 너무나 큰 영향력을 확보하고 있기 때문이다.

탐욕과 공포가 판치는 월가에서 휘트니가 승승장구할 수 있었던 것은 자신이 믿는 것을 끝까지 믿는다는, 스스로에 대한 강한 자신감 덕분이다. 그리고 그 같은 자신감은 '중요성을 알면서도 중요하게 여기지 않는 것들'을 중요시하는 기본적인 태도에서부터 출발한다고 할 수 있다.

마돈나 Madonna Louise Veronica Ciccone

세월이라는 무대를 지배하다

1958년 미국 미시간 주에서 태어났다. 두 말 할 필요 없는 시대를 풍미한 스타이다. 가수이자 배우, 영화 제작과 음반 제작, 패션 디자이너인 동시에 헬스클럽 체인을 가진 사업가이기도 하다. 빌보드가 선정한 '역사상 가장 성공한 솔로 가수'로 전 세계에서 팔린 음반은 3억 장이 넘는다.

한 세대에 걸친 완벽한 인기

마이클 잭슨마저 이미 고인이 된 지금, 마돈나는 중장년 팝 팬들에게는 얼마 안 남은 오랜 친구 같은 존재다. 음악을 좋아하는 사람이라면 그의 팬이건 아니건 적어도 그의 노래 중 한두 곡 정도는 좋아하는 노래가 있기 마련이다. 특히 오늘날 30대 후반, 40대 초반 나이에 접어든 상당수 한국인들에게 마돈나는 청소년기와 성장기를 함께 해 온 친구 같은 존재가 아닐까 싶다. 열렬히 빠져들지는 않지만, 언제 들어도 별로 낯설지 않은 음악. 흥겨울 때 들으면 흥겨운 대로, 우울할 때 들으면 우울한 대로 쉽게 다가오는 음악……

아마도 그런 음악적 보편성이 오늘날 마돈나를 전 세계에서 가장 성공한 여 가수로 이끌지 않았나 싶다.

「라이크 어 버진(Like a Virgin)」을 부르며 억눌린 여성의 성을 자유롭게 표현하며 전 세계 음악 팬들을 충격 속으로 몰아넣었던 마돈나. 그러나 이제 그도 어느덧 50대, 중년의 나이에 들어섰다. 사실 「스웹트 어웨이(Swept away)」(2002) 같은 영화를 보면 마돈나의 화장기 없는 맨얼굴이 나오는데, 보는 이로 하여금 그 역시 세월의 무게를 피하지는 못한다는 생각이 들게 만들기도 한다. 하지만 마돈나는 오늘 이 시각까지 여전히 팝계의 섹시 아이콘 자리를 놓치지 않고 있다. 그의 홈페이지(www.madonna.com)에 들어가 보면 참 경이롭다는 느낌이 절로 든다. 초기 화면에서부터 그는 '나이'를 잊은 채 특유의 팬티 노출 패션을 선보이며 열심히 춤을 추고 있다.

데뷔 시절 마돈나 음악에 열광했던 청소년 팬들은 이제 대부분 40대가 됐다. 근 30년이다. 표현 그대로 마돈나는 한 세대와 함께 호흡했고, 한 세대에 걸쳐 대중문화계를 완벽히 지배한 전무후무한 아티스트다. 마돈나의 데뷔 시절을 좋아하던 팬들의 자녀들이 이제 다시 마돈나의 음악에 열광하는 셈이다.

물론 데뷔한 지 오래된 그룹이나 가수들이 비단 마돈나 혼자는 아니다. 그러나 그토록 오랜 시간을 활동하면서 계속해서 현재의 젊은 팬들의 시선을 사로잡고 있는 가수는 사실상 찾아보기 어렵다. 1980년대나, 1990년대나, 2000년대나 마돈나의 음악은 늘 젊은층의 환호를 받는다. 과거형이 아니라 늘 현재 진행형으로 최신 음악을 선도하고 있다는 의미다. 더 놀라운 것은 앞으로 그의 전성기가 언제까지 지속될지 예측하기 힘들다는 점이다. 마돈나가 처음 세상에 모습을 드러냈을 당시, 아무리 길게 잡아도 5년을 넘지 못할 것이라며 그를 폄하했던 수많은 평론가들은 반성문을 길게 써야 한다. 5년이 문제가 아니라 세기가 바뀌고, 한 세대가 흘러도 그의 인기는 식을 줄 모른다.

생물학적 나이는 50대지만 마음의 나이는 20대를 유지하고 있는 마돈나. 한 분야에서 큰 업적을 세운 사람들에게 거장이라는 칭호를 부여하는데, 마돈나에게도 이 '거장'이라는 타이틀을 줘도 전혀 손색이 없을 것이다. 마돈나가 하루가 다르게 급변하는 팝계에서 그 긴 세월 동안 정상을 지킬 수 있었던 비결은 뭘까.

여러 가지가 있겠지만 우선적으로 탁월한 재능이 있었고, 그 재능이 적재적소에서 발현될 수 있도록 끊임없이 자기를 단련한 후천적 노력이 어우러졌기 때문일 것이다. 분명 음악에도 유행이 있다. 하루가 다르게 변하는 대중들 기호에 맞출 수 있다는 것은 단순히 재능만 뛰어나서는 될 일이 아니다. 대중들이 어떤 음악을 원하는지, 세상이 어떻게 변하는지 그에 맞춰 자신을 늘 변신시켜야 한다.

그런 점에서 마돈나는 진정한 파워 우먼이다. 「보그(Vogue)」를 비롯해 마돈나가 선보였던 여러 뮤직비디오는 춤에 대해 잘 모르는 사람들이 봐도 정말 세련됐다는 감탄사가 나온다. 카리브 해의 낭

만이 느껴지는 「라 이스라 보니타(la Isla Bonita)」를 부르는 마돈나, 가
벼운 댄스 곡 「트루 블루(True Blue)」를 부르는 마돈나, 빠른 비트의
「포 미닛(4minute)」를 부르는 마돈나. 같은 가수가 불렀다고 여기기
에는 너무나 다양한 장르를 변화무쌍하게 넘나들고 있다.

'마돈나 학(madonna studies)'

마돈나는 1958년 미국 미시간 주에서 육 남매 중 셋째로 태어났
다. 마돈나의 혈통을 추적해 올라가면 이탈리아, 프랑스의 피가 섞
여 있다. 마돈나의 친모는 마돈나가 다섯 살 되던 해 암으로 사망했
다. 홀로 남은 부친은 집에서 가사를 돌봐 주던 가정부와 재혼을 해
두 아이를 더 낳았다. 마돈나는 새어머니와 그다지 사이가 좋지 않
았던 것으로 알려져 있다. 중학생 시절 마돈나는 이미 또래 학생들
에게 두 가지로 이름을 날리고 있었다. 첫 번째는 성적이 매우 뛰어
났다는 점이다. 두 번째는(사실 이 두 번째 이유로 더 유명했다.) 마돈나의
기행 때문이었다. 마돈나는 화려한 속옷을 즐겨 입었는데, 수업 중
간 쉬는 시간에 학교 복도에서 옆으로 재주넘기나 물구나무서기를
자주 했다고 한다. 당연히 많은 남학생들은 마돈나가 치마 속에 입
은 화려한 속옷을 구경할 수 있었다. 마돈나가 남들의 시선 끄는 것
을 좋아하는 엔터테이너의 끼가 넘쳤다는 의미로 해석할 수도 있
고, 다소 불우했던 가정사에 대한 반항으로도 해석할 수 있는 부분
이다. 고교에 진학한 마돈나는 소위 말하는 끼 많은 청소년이었지

만, 학교 성적만큼은 최상위권을 유지했다. 거의 전 과목에 걸쳐 A 등급을 받았던 마돈나는 학교 치어리더로서도 맹활약하며 학생들의 인기를 독차지했다. 미시간 대학에도 장학생으로 입학해 무용을 전공할 수 있었다.

마돈나의 학창 시절을 종합해 보면 '잘 노는 애들이 공부도 잘한다.'는 속설이 딱 들어맞는 경우다. 마돈나는 발레에 관심을 쏟았지만 주변에서는 팝 댄스 쪽에 더 재능이 보인다며 전향을 권유했고, 진지하게 고민하던 마돈나는 결국 미시간을 떠나 1977년 대중문화의 중심지 뉴욕으로 떠나게 된다. 이때가 마돈나 나이 열아홉 살 때인데, 뉴욕에 도착했을 당시 주머니에는 단돈 35달러만 있었다고 한다.

마돈나는 생계를 이어 나가기 위해 도넛 체인점에서 아르바이트를 했으며, 때로는 너무 배가 고파 쓰레기통을 뒤졌다. 그렇지만 음악에 대한 마돈나의 열정만큼은 그 누구보다 뜨거웠다. 스스로 밴드를 결성해 무대에 서기도 했다. 마돈나는 밴드에서 노래와 기타, 드럼 등을 맡았다. 마돈나는 아티스트라기보다는 엔터테이너라고 비판하는 평론가들이 적지 않은 게 사실인데, 마돈나가 어린 시절부터 여러 악기를 마음대로 다뤘고 일부 곡들은 직접 작사 작곡에 프로듀싱까지 했던 것을 고려해 보면 그런 비판은 지나친 선입견이 아닐까 싶다.

1982년 4월 첫 번째 싱글 「에브리바디(everybody)」를 출시했다. 그리고 이듬해, 데뷔 앨범인 「마돈나(Madonna)」가 발매되면서 향후 세계 팝 음악계의 한 페이지를 장식한 대장정을 시작한다. 익히 알려진 대로 마돈나는 데뷔 시절부터 온갖 화제를 몰고 다녔다. 굳이 구분하자면 주로 부정적인 쪽의 화제였다. 당시 국내 언론 해외 토픽란에 "최근 미국에서는 마돈나라는 여 가수가 나왔는데, 지나치게 선정적인 가사와 춤 때문에 학부모들로부터 비난을 받고 있다."는 식의 뉴스가 나오면서 한국에도 서서히 그의 이름이 알려지기 시작했다. 데뷔 초기 마돈나가 이런 비난을 받은 데에는 가사 자체의 선정성도 있겠지만, 상업적인 댄스 음악을 하는 여 가수를 얕잡아 보는 기존 음악계의 선입견도 일정 부분 깔려 있었던 것으로 보인다. (대중음악 평론가들이 댄스 가수를 높게 평가하는 경우는 한국에서나 미국에서나 예나 지금이나 보기 드문 것이 사실이다.)

더구나 마돈나의 음악은 직설적이고 선동적이다. 마돈나의 이름을 전 세계에 알린 사실상 첫 번째 메가 히트곡 「라이크 어 버진」부터 혼전 순결을 중시하는 기성 사회에 대한 파격적인 도전이 담겨 있다. 「라이크 어 프레이어(Like a prayer)」 뮤직비디오에서는 첫 장면부터 십자가를 불태우는가 하면, 「파파 돈 프리츠(papa don't preach)」에서는 십 대 미혼모 문제를 정면으로 다뤘다. 「웨어 라이프 비긴즈(where life begins)」에서는 구강성교를 묘사한 듯한 야릇한 가사가 등장해 한바탕 논란이 일었다.

그러나 차분히 생각해 보자. 과연 마돈나를 단순히 댄스 가수로만 부를 수 있는 지를. 장르만 댄스일 뿐 사실상 마돈나가 부른 노래들에는 현대 사회가 안고 있는 다양한 문제들과 부조리에 대한 통렬한 메시지들이 담겨 있다. 마돈나의 노래 속에는 여성들의 주체적인 삶을 주창한 곡이 있고, 물질 만능 세태에 대한 비판이 있다. 낙태에 대한 도발적 문제 제기가 있고, 여성의 성적 억압에 대한 도전이 있다. 수많은 록 밴드들이 말만 록 밴드일 뿐 실상 록 스피릿(rock spirit)과는 무관하게 상업성만 좇고 있는 것에 비하면 오히려 마돈나는 자신의 음악을 통해 기존 질서에 대한 도전과 반항 정신을 끊임없이 보여 주며 록 스피릿을 구현하고 있다고 볼 수 있다.

1990년대 영국을 중심으로 한 유럽에서 문화 연구가 활발히 일어났을 때, 마돈나의 음악과 마돈나가 팬들에게 끼치는 문화 권력이 주요 텍스트로 연구된 것은 어찌 보면 당연한 일이라고 할 수 있다. 이른 바 '마돈나 학'이 하나의 학문 분야로서 대접받기에 이른 것이다. 마돈나처럼 오래토록 대중문화, 나아가 사회 전체에 '현재진행형'으로 큰 영향력을 행사하고 있는 가수는 좀처럼 찾아보기 힘들기 때문에 생겨난 현상이다.

판매량 3억 장

마돈나의 음반 판매량은 지금까지 3억 장이 넘는 것으로 추산된다. 말이 쉬워서 3억 장이지, 어지간한 음악 팬들은 대부분 마돈나의 앨범을 한두 장은 소유하고 있다고 보면 된다.

일각에서는 마돈나의 지나친 상업성과 선정성을 끊임없이 비판한다. 그러나 그런 비판조차 마돈나는 자신의 인기를 유지하는 한 요인으로 만들어 버린다. 노이즈 마케팅일 수도 있지만, 어쨌든 마돈나는 늘 언론의 관심에서 벗어난 적이 없는 진정한 의미의 대중 가수다. 그러면서도 자기가 전하고 싶은 메시지는 거리낌 없이 세상에 전하고 있다.

앞서도 언급했듯, 그게 가능한 이유는 천부적 재능과 더불어 마돈나의 부단한 노력이 있었기 때문이다. 50대에 접어들어서도 딸자식뻘인 어린 소녀들의 감성을 파악해 내는 것은 아무나 할 수 있는 일이 아니다. 그만큼 부단하게 자신을 가꾸고 젊은층의 동향에 귀를 기울이는 노력을 멈추지 않고 있다는 이야기다.

사람들은 그의 화려한 연예 생활에만 초점을 맞추지만, 그 화려함 뒤에서 마돈나가 얼마나 많은 땀과 눈물을 흘렸는지에 대해서는 감히 상상도 하지 못한다. 마돈나는 기성세대가 자신의 음악을 손가락질하고, 비윤리적인 음악이라며 경원시해도 이를 끊임없는 노력으로 극복해 왔다.

남들은 수십 년째 정상을 지켜 온 마돈나이기에 이제는 '기본'만 해도 앨범이 팔리고 차트 상위권에 오를 수 있는 것 아니냐고 묻지만, 당사자의 입장은 그게 아니다. 새 앨범과 새 노래가 나올 때마다 신인의 자세로 돌아가 새로운 패션과 트렌드를 창출해 내는 노력을 게을리 하지 않는다. 자신을 부단하게 채찍질하는 뜨거운 열정이 없으면 정상의 자리는 언제라도 남들에게 뺏길 수 있다는 진리를 누구보다 잘 알고 있는 것이다.

팬들이 좋아하지 않는 작품을 만드는 아티스트에게 언론이 관심을 쏟을 이유는 없다. 바꿔 말하면 늘 대중의 기호를 선도하는 마돈나이기에 마돈나의 일거수일투족에 세상은 여전히 관심을 표하고 있는 것이다. 마돈나를 싫어한다고 공개적으로 선언했던 많은 여성 후배 가수들이 결국은 마돈나의 패션과 뮤직비디오를 따라하는 경우를 심심찮게 볼 수 있다. 선정적이라고 욕하면서도 한번 보기 시작하면 결국에는 빠져드는 게 마돈나의 뮤직비디오고, 댄스 음악일 뿐이라며 폄하하면서도 듣다 보면 입에서 흥얼거리게 되는 것이 마돈나의 음악이다.

앞으로 마돈나가 얼마나 더 지금과 같은 인기를 누릴지는 아무도 예측할 수 없다. 다만, 마돈나가 스스로 활동을 접는 그 순간까지, 높은 인기를 구가할 가능성은 매우 높아 보인다. 떨어지는 인기에 고민하다 마지못해 무대를 떠나는 것은 마돈나답지 않은 모습이기 때문이다.

세라 페일린 Sarah Louise Heath Palin

세상과 맞선 신념의 신데렐라

1964년 미국 아이다호 주에서 태어났다. 아이다호 대학에서 정치학과 저널리즘을 공부하고 스포츠 캐스터로 방송계에 입문했다. 1996년 알래스카 주 와실라 시 시장에 당선되었고, 연임에 성공한 뒤 2006년에는 알래스카 주 주지사에 당선되었다. 미국 공화당 부통령 후보로 나와 전국적으로 이름을 알렸다. 남편과의 사이에 오 남매를 두고 있으며 일과 가정 모두를 성공적으로 양립했다는 평을 받고 있다.

이름조차 낯선 여인

2008년 8월 29일, 미국 미네소타 주 세인트폴에서 열린 공화당 전당 대회. 최대 관심사는 존 매케인 공화당 대선 후보가 과연 러닝 메이트로 누구를 지명할 것이냐에 쏠려 있었다. 물망에 오른 후보 군은 다양했다. 그중에서도 민주당 소속이었지만 무당(無黨)파로 돌아선 조지프 리버만 코네티컷 주 상원 의원과 미트 롬니 전 매사추세츠 주지사, 팀 폴렌티 미네소타 주지사가 최고 유력 후보군에 포함됐다. 일각에서는 매케인 후보가 전쟁 영웅이라는 점에서 마초적 이미지를 상쇄해 줄 수 있는 유명 여류 인사가 지명될 것이라는 관측도 나돌았다. 이 기준으로 보면 휴렛 팩커드(HP) 회장을 지내고, 대선 기간 동안 매케인 후보의 특보 역할을 수행해 온 칼리 피오리나가 최적의 카드가 될 수 있다는 정치 평론가들도 있었다. 그러나 엇갈리는 관측 속에 매케인 후보가 꺼내든 카드는 세간의 예상을 완전히 뛰어넘는 것이었다. 주인공은 그 누구도 예상 못한 44세의 젊은 여성 세라 페일린이었다.

관련 소식을 급히 타전해야 하는 미국 기자들은 두 가지 면에서 혼란을 겪었다. 페일린이라는 인물이 어떤 정치적 성향을 가졌는지에 대해 기자들이 알고 있는 지식이 사실상 전무하다는 점이 첫 번째 고민이었다. 당시 페일린은 현직 알래스카 주지사라는 점에서 결코 정치 신인이라고 볼 수는 없었다. 그러나 알래스카는 미국 본토와는 멀리 떨어져 있는 지역이다. '정치는 워싱턴, 경제는 뉴욕'이라는 미국인들 통념에서 보면 페일린은 변방에서 온 이름 모를 여인에 불과했다. 이 때문에 그의 지명을 예상한 정치 전문가는 전무했다. 미국 기자들이 혼란을 겪었던 두 번째 부분은 그의 이름이었다. 특히 시청자들에게 페일린의 낙점 소식을 전해야 하는 방송 기자들 입장에서는 페일린의 성인 'Palin'을 어떻게 발음을 해야 하는지조차 고민스러울 수밖에 없었다. 알래스카 지역에서 유래된 페일린은 미국인들도 어지간해서는 접해 보기 힘든 희귀 성씨(姓氏)였기 때문이다. 말 그대로 이름조차 생소한 여성이 하루아침에 미국 정가의 최대 신데렐라로 떠오른 셈이다.

페일린이라는 희귀 성씨만큼이나 페일린이 걸어온 인생의 여정 역시 평범함과는 거리가 멀다. 페일린은 미국 북부 아이다호에서 자라나 어린 시절 알래스카로 이주했다. 페일린은 자타가 공인하는 빼어난 미모를 바탕으로 고교 시절부터 이미 방송 관련직을 꿈꿨으며, 고교 재학 시절 학교 농구 팀 대표로 나간 경기에서는 발목 골절상을 입고도 경기를 끝까지 뛰며 팀 승리를 이끄는 근성을 보였다. 6년 동안 다섯 개 대학을 옮겨 다닌 끝에 아이다호 대학에서 정치학 및 저널리즘을 전공했다. 대학 재학 시절에는 미스 알래스카 선발 대회에 나가 3위에 오르는 이색 경력을 쌓기도 했다. 대학 졸업 후 꿈에 그리던 스포츠 캐스터로서 사회에 첫발을 내디딘 페일린은 점차 활동 영역을 정치권으로 확대, 이후 시 의원, 시장을 거치며 승승장구했다. 그리고 2006년 4월, 주지사 선거에서 승리하며 알래스카 최초의 여성 주지사, 최연소 주지사라는 신기원을 이룩했다. 물론 이 같은 기록을 세웠음에도 페일린은 워싱턴 정가에서 여전히 무명의 정치인일 뿐이었다.

페일린이 부통령 후보에 지명되자 각종 동영상 사이트에는 페일린 이름을 딴 음란 동영상들이 급속히 퍼지는 해프닝이 발생하기도 했다. 물론 페일린과 비슷하게 생긴 전문 에로 배우들이 출연하는 '짝퉁'들이다. 이는 러닝메이트 지명 초기, 일부 미국 남성들이 사실상 페일린을 정치인이 아닌, 남성 대선 후보 옆에서 구색을 맞추기 위한 '예쁜 여성 정치인'으로만 대했다는 사실을 유추해 볼 수 있는 대목이다. 오죽하면 페일린이 주지사로 재직하던 시절, 불같은 업무 추진력과 빼어난 외모에 주목한 주민들이 '가장 추운 주, 가장 뜨거운 주지사(Coldest State, Hottest Governor)'라는 유머러스한 차량 번호판을 달고 다녔을까!

그러나 페일린을 들러리 정도로만 여겼던 남성들은 곧 자신들 판단이 완전히 그릇된 것이었음을 깨닫게 된다. 페일린이 이후 보여준 정치 행보는 어지간한 남자 정치인들은 꿈도 꾸지 못할 선이 굵은 직선형 정치, 그 자체였기 때문이다.

우회로 없는 정면 돌파

정치인이 갖춰야 할 덕목 중 하나는 외모다. 비주얼에 익숙한 유권자들을 상대해야 하는 현대 정치인들에게 호감 가는 외모는 필요조건이다. 그런 면에서 페일린은 태생적으로 적지 않은 이득을 보고 있는 게 사실이다.

그러나 페일린이 가진 진정한 강점은 흔들리지 않는 자기만의 신념이 있다는 사실이다. 그리고 페일린의 신념이 더욱 빛을 발하는 것은 자신의 신념을 행동으로 증명하고 있다는 점이다. 일단 가족 구성부터 다른 정치인들과 차별화가 된다. 에스키모 혈통을 지닌 소수 민족 출신에, 원유 생산 설비 기사이자 어부인 고교 시절 남자 친구와 결혼을 해 여태껏 별다른 잡음 없이 살고 있다. 또 페일린은 자녀만 다섯이다. 페일린이 대학 졸업 이후 대부분의 시간 동안 직업을 가져 온 워킹 맘이었다는 점을 감안하면 분명 다둥이 가족이다. 더구나 페일린 주장에 따르면 그 다섯 아이를 키우는 동안 단 한 번도 유모의 손을 빌린 적이 없다고 한다. 자기 아이는 자기가 키운다는 신념 때문이었다. 태아가 다운 증후군 증상이 있다는 사실을 알면서도 출산을 감행, 막내아들을 얻었다. 이 때문에 낙태에 반대하는 공화당 특유의 보수주의 신념을 몸소 실현했다는 평가가 뒤따른다. 고교 재학 중인 미성년자 딸이 임신을 하자 출산을 강행했다. 가족을 최우선시한다는 신념의 발로라는 평가다.

물론 페일린의 이 같은 신념이 과연 현대적인 여성상에 부합하느냐를 놓고 비판이 끊이지 않는 것도 사실이다. 실제 러닝메이트 지명 초기 정통 보수층에서는 페일린의 선택에 대해 눈물을 흘리며 환호를 보낸 반면, 일부 여성 단체들은 전근대적인 여성상이라는 호된 비판을 쏟아 냈다. 이 때문에 대선 막바지 공화당측 지지율이 하락한 원인 중 하나가 페일린을 통한 여심(女心) 잡기가 기대에 못 미쳤기 때문이라는 비판이 나왔으며, 페일린의 외골수적인 이미지가 결국은 중도층 표를 끌어오는 데 방해가 됐다는 분석도 잇따랐다.

대선이 끝나고 그를 둘러싼 온갖 비판이 끊이지 않고 있지만 페일린은 독자적인 소신 정치 행보를 거듭하고 있다. 환경 보호론자들의 강력한 반대에도 불구, 해안가에서 가까운 지역에서 석유를 시추해야 한다는 주장을 펼치고 있고, 총기 협회 평생 회원 자격을 유지하면서 총기 보유 찬반 논쟁에서도 분명한 색깔을 드러내고 있다. 이 같은 요인들 때문에 보수주의를 대변하는 공화당에서조차 페일린만큼 뚜렷한 국가관과 가치관을 가진 여성을 찾아 보기 힘들다는 찬사가 늘 뒤따른다.

그러나 신념이 뚜렷하다는 것은 정치인에게는 양날의 칼이 될 수 있는 부분이다. 견고한 지지층을 확보할 수 있다는 장점이 있는 반면 영원한 거부 세력을 만들 수도 있다는 단점이 있기 때문이다. 페일린이 지금까지 보여 온 '신념을 앞세운 정치'가 본인에게 플러스 요인이 되고 있는지, 마이너스 요인이 되고 있는지는 아직 손익을 따지기 힘들다. 그리고 그 신념이 정치인으로 성공하기 위한 전시용인지, 실제 마음속에서 우러나오는 진정한 의미의 신념인지는 본인 외에는 아무도 알 수 없다.

하지만 수없이 많은 정치 신인들이 탄생하고 소리 소문 없이 사라지는 워싱턴 정가에서 '누구누구는 어떤 정치인이다.'라는 확실한 캐릭터를 구축했다는 것은 크나큰 정치 자산이 될 가능성이 높다. 그런 점에서 페일린이 중앙 정가에 데뷔한 이후 줄곧 자신의 소신을 굽히지 않는 정치 행보를 구축해 왔다는 점은 일단 남는 장사가 될 가능성이 높아 보인다.

'담대한 희망'을 꿈꾸다

페일린은 2009년 7월 예상을 뒤엎고 임기가 17개월이나 남아 있는 알래스카 주지사 자리를 자진 사퇴했다. 미국 언론들은 즉각 2012년 대선을 겨냥한 사퇴라는 해석들을 내놨다. 그러나 다음 대선까지 아직 4년이라는 비교적 긴 시간이 남아 있던 시점이었다는 점을 감안해 보면, 차기 대선에서도 페일린이 현재와 같은 대중적 인기를 유지할 수 있을지는 미지수다. 더구나 당내에는 미트 롬니나 바비 진달 루이지애나 주지사 같은 강력한 라이벌이 건재하다. 주지사직을 버렸다는 것은 정치적으로만 보면 위험한 승부수다. 차라리 주지사 신분을 유지하는 게 언론의 주목을 지속적으로 받을 수 있고, 차기가 어려울 경우 차차기 대선에 도전하는 데 더욱 유리할 수 있어 보인다. 이런 셈법을 모를 리 없는 페일린이 왜 주지사직을 던졌을까. 일각에서는 페일린이 중도 사퇴할 수밖에 없었던 숨은 이유가 있을 것이라는 추측을 하기도 한다. 예컨대 대선 때 진 빚이 너무 많아 어쩔 수 없이 사퇴를 했다는 해석이다. 자연인으로 돌아가 저술이나 강연을 통해 재야에서 정치 자금을 모으는 게 더 이득이라는 계산을 했을 것이라는 소문도 나돈다. 그러나 평소 페일린이 보여 준 정치 스타일을 감안하면, 정말 차기 대선을 위해 현 정권 초반부터 올인한다는 차원에서 눈치 볼 것 없이 주지사직을 던져 버렸다는 해석이 설득력 있어 보인다. 실제 이미 인터넷에는 페일린의 차기 대선 출마를 위해 기부금을 모집하는 사이트들이 적지 않게 목격되고 있다.

본인은 아직 향후 행보에 대한 명확한 입장을 밝히지 않고 있지만 워낙 견고한 지지층을 갖고 있다는 점에서 쉽게 정치 일선에서 물러날 것으로는 보이지 않는다. 그가 2009년 가을 발표한 자서전 『불량해지기(*Going Rogue: An American Life*)』가 출간 2주 만에 100만 부가 넘게 팔리며 단숨에 베스트셀러 자리에 올랐다는 점은 대중들이 여전히 페일린에 대한 관심의 끈을 놓지 않고 있다는 방증이다.

앞으로 페일린은 어떤 방식으로든 지지층의 외연을 확장하는 작업에 매진할 것으로 예상된다. 자신의 정치 철학과 신념을 보다 정교하게 가다듬은 뒤 여성판 '담대한 희망'에 도전할 수 있다는 의미다. 그 결과야 어찌 됐든, 페일린이 앞으로 보여 줄 신념의 정치가 기성 정치판을 얼마나 뒤흔들 수 있을지 두고두고 화젯거리가 될 듯하다. 결국은 힐러리 클린턴 국무 장관과 페일린이 미국 최초의 여성 대통령 자리를 놓고 최후의 일전을 벌이는 날이 오지 않을까.

시티 은행, 애플 컴퓨터 기업체 근무(요르단)
요르단 왕자 압둘라 빈 알 후세인과 결혼(1993년 6월 10일)
요르단 왕비 등극(1999년 3월 22일)
수상 경력:
《헬로》 선정 '세계에서 가장 우아한 여성'(2003)
《하퍼스 앤드 퀸》 선정 '세상에서 가장 아름다운 여성 100인'(2005)
《포브스》 선정 '세계에서 가장 영향력 있는 100대 여성'(2005~2006, 2009)
《타임》 선정 '세계에서 가장 영향력 있는 100대 인물'(2004, 2006)
유럽 의회 시상 '노스-사우스 프라이즈(North-South Prize)'(2008)
《뉴스위크》 선정 '세계에서 가장 영향력 있는 10대 커플'(2008)
《배니티 페어》 온라인 투표 선정 '세계에서 가장 아름다운 여성'(2009)

마돈나(p.278)

"나는 일을 하기 위해 태어났다. 시간은 돈이다."

본명: 마돈나 루이 베로니카 치코네(Madonna Louise Veronica Ciccone)
출생: 1958년 8월 16일, 미국 미시간 주 베이시티
직업: 가수, 배우, 영화 제작자, 음반 제작자, 패션 디자이너, 사업가(헬스클럽 체인)
주요 학력:
미시간 대학 무용학과 졸업.
주요 앨범:
데뷔 앨범 「마돈나(Madonna)」(1983)
「라이크 어 버진(Like a Virgin)」(1984), 「트루 블루(True Blue)」(1986), 「라이크 어 프레이어(Like a Prayer)」(1989), 「에로티카(Erotica)」(1992), 「베드타임 스토리즈(Bedtime Stories)」(1994), 「레이 오브 라이트(Ray of Light)」(1998), 「뮤직(Music)」(2000), 「아메리칸 라이프(American Life)」(2003), 「컨페션 온 어 댄스 플로어(Confessions on a Dance Floor)」(2005), 「하드 캔디(Hard Candy)」(2008), 「셀러브레이션(Celebration)」(2009)
출연 영화:
「에비타(Evita)」, 「포 룸(Four Rooms)」, 「육체의 증거(Body Of Evidence)」, 「진실 혹은 대담(Madonna: Truth Or Dare)」, 「그들만의 리그(A League Of Their Own)」, 「딕 트레이시(Dick Tracy)」 등 20여 편.
수상 경력:
그래미 상 29차례 후보 선정, 아홉 차례 수상
1985년 빌보드 뮤직 어워드 7개 부분 수상
1986년 MTV 뮤직 어워드
1986상 아메리칸 뮤직 어워드
로큰롤 명예의 전당 헌액(2008)
2009년 일본 골든디스크 어워드 수상
주요 보유 기록:
미국 대중음악 역사상 톱10 싱글곡 최다 보유(37곡)
영국 차트 여가수 중 최다 톱10 히트곡 보유(63곡), 최다 1위곡 보유(13곡)
여자 가수 사상 최다국 차트 1위(45개국. 2005년 발표 싱글 「헝업(Hung Up)」
빌보드 선정 '역사상 가장 성공한 솔로 가수'
전 세계 3억장 이상 음반 판매

메러디스 휘트니(p.268)

"스스로 꼼꼼하게 일해 결론을 내렸다면, 굽히지 말고 그 결론을 주장하라."

본명: 메러디스 앤 휘트니(Meredith Ann Whitney)
출생: 1969년 11월 20일, 미국 캘리포니아
직업: 투자 분석가. 메러디스 휘트니 투자 자문 그룹 대표
주요 학력:
브라운 대학교 사학과 졸업
주요 경력:

오펜하이머 펀드 애널리스트(1993)

투자 자문 그룹 SFG입사(1995)

와코비아 입사(1998)

헤지 펀드 프론트포인트 입사(2001)

오펜하이머 재입사(2004)

메러디스 휘트니 투자 자문 그룹 설립(2009년 2월)

폭스 텔레비전 등 여러 매체에서 금융 해설가로 활약.

수상 경력:

《월스트리트 저널》 선정 '베스트 애널리스트 2
위'(2002)

《포브스》 선정 '베스트 애널리스트 2위'
(2007)

《포천》 선정 '가장 영향력 있는 재계 여성 50
명'(2008)

CNBC 선정 '올해의 파워 플레이어'(2008)

《월스트리트 저널》 선정 '세계에서 가장 주목
할 만한 여성 50명'(2008)

스마트 머니 선정 '파워 30인'(2008)

《타임》 선정 '세계에서 가장 영향력 있는 100
대 인물'(2008)

미셸 리(p.258)

**"나를 지지하는 세력만큼이나 많은 반대 세력이 있다
는 것을 알고 있다. 충돌을 피하지 않겠다. 지금 해야
할 일은 맞서 싸우는 것이다."**

본명: 이양희. 미국명 미셸 리(Michelle Rhee)

출생: 1969년 12월 25일, 미국 미시간 주 앤 하버

직업: 전 워싱턴 D. C 교육감, 스튜던트 퍼스트 운영자

주요 학력:

코넬 대학교 정책학 학사(1992)

하버드 대학교 행정학 석사(1993)

주요 경력:

서울 청담 초등학교에서 1년간 수학(1981)

민간 단기 교사 양성기관 티치 포 아메리카(Teach
For America) 연수

볼티모어 초등학교 교사 역임(2년간)

시민 단체 뉴 티처 프로젝트 결성(1997)

워싱턴 D. C 교육감 취임(2007년 6월)

수상 경력:

글라이츠 맨 시민상 수상(2004)

《뉴스위크》 선정 '2008년 주목할 만한 인물'

오프라 윈프리 발간 잡지《오(O)》선정 '미국
의 파워 우먼 20'(2009)

《이코노미스트》 선정 '미국 공무원 30대 리더
3인'(2009)

《타임》 선정 '세계에서 가장 영향력 있는 100
대 인물'(2011)

《뉴스위크》 선정 '세계를 뒤흔드는 여성 150
명'(2011)

미첼 바첼렛(p.236)

**"난 복수의 천사가 아니다. 국민들을 연결하는 다리
역할을 하고 싶다."**

본명: 베로니카 미첼 바첼렛 헤리아(Veronica
Michelle Bachelet Jeria)

출생: 1951년 9월 29일, 칠레 산티아고

직업: 전 칠레 대통령, 소아과 의사

주요 학력:

칠레 대학교(University of Chile) 의과 과정 입학
(1970)

독일 훔볼트 대학 등에서 의학 공부(1975~
1978)

주요 경력:

1974년 칠레 독재 정권에 의해 비밀 감옥에 투옥됨
(이듬해 국외 추방)

호주, 독일 등지에서 망명 생활(1975~1978)

2월 귀국이 허용돼 칠레로 돌아옴(1979)

의사 학위(M.D) 취득(1983). 이후 고문 피해자
및 실종자들의 가족을 돌보는 시민 단체 활약

칠레 보건부에서 산티아고 동부 지역 보건 담당
자로 근무(1990)

보건부 장관 특보로 임명(1994)

보건부 장관(2000)

국방부 장관(2002)

사회당 대통령 선거 후보로 지명(2005)
1월 대선 결선 투표에서 승리(2006). 3월 대통령
직에 취임(~2010년 2월)
수상 경력:
《포브스》 선정 '세계에서 가장 영향력 있는
100대 여성'(2007~2009)
《타임》 선정 '세계에서 가장 영향력 있는 100
대 인물'(2008)
《뉴스위크》 선정 '세계를 뒤흔드는 여성 150명'
(2011)

ㅂ

베티 마코니(p.186)

"상처받은 소녀들의 이야기는 우리의 가슴속을 끊게
만들었고, 그들이 부르는 기쁨과 슬픔의 노래는 우리
를 열정적으로 만든다."

본명 : 베티 하즈비페리 마코니(Betty Hazviperi
　　　 Makoni)
출생 : 1971년, 짐바브웨 하라레
직업 : 전직 교사, 시민운동가. 걸 차일드 네트워크
　　　 (Girl Child Network) 설립자
주요 학력:
짐바브웨 대학교(University of Zimbabwe) 졸업
주요 경력:
젠게자 고등학교 교사
걸 차일드 네트워크(GCN)설립(1998)
수상 경력:
세계 인류애 포럼 '명예 회원상'(2002)
세계 여성 정상 회담 재단 '창의적 농촌의 삶'
(2003)
유엔 제정 에이즈 퇴치 공로 '붉은 리본(Red
Ribbon) 상'(2006)
국제 비영리 기구 칠드런스 월드(Children's
World) 제정 '세계 어린이 대상'(2007)
국제 청년 회의소(JCI) 선정 '세계 최고 젊은이
들'(2007)
아쇼카 펠로우(2007)

미국 앰네스티 인터내셔널 제정 'Ginetta Sagan
상'(2008)
CNN 방송 선정 '올해의 영웅'(2009)
칠드런스 월드 '지난 10년간(1999~2009) 아동
들의 최고 영웅상' 후보 선정(2009)

빌리 진 킹(p.244)

"대담해져라. 실수를 할 수도 있고 걸작을 만들 수도
있지만, 결과를 두려워해서는 안 된다."

본명: 빌리 진 모핏 킹(Billie Jean Moffit King)
출생: 1943년 11월 22일, 미국 캘리포니아 롱비치
직업: 전직 프로테니스 선수. 여권 운동가
주요 학력:
캘리포니아 주립 대학(LA) 졸업
주요 경력:
윔블던 테니스 대회 단식 6회 우승(1966~1968,
1972~1973, 1975)
US오픈 4회 우승 4회(1967, 1971~1972,
1974)
호주 오픈 1회 우승(1968)
프랑스 오픈 1회 우승(1972)
각종 테니스 대회에서 총 129회 우승
수상 경력:
AP 통신 선정 '올해의 여성 스포츠선수'(1967)
《세븐틴》 선정 '세계에서 가장 존경받는 여성'
(1975)
테니스 '명예의 전당' 헌액(1987)
《라이프》 선정 '20세기 가장 위대한 미국인
100명'(1990)
에이즈 퇴치 공로로 시민 단체 GLAAD 선정 '미
디어 어워드' 수상(2000)
공공 정의 재단 선정 '정의의 챔피언 상'(2007)
버락 오바마 미국 대통령 수여 '자유의 메달' 수
상(2009)

ㅅ

사이데 고즈(p.66)

"이 세상 사람들 모두가 뭔가 위대한 일을 하기 위해서 태어난 존재들이다."

본명: 사이데 고즈(Saideh Ghods)

출생: 1951년, 이란 테헤란

직업: 작가. 소아암 치료 공동체 '마학(MAHAK)'설립자 겸 운영자.

소아암 환자를 위한 국제 협회(ISCC) 창설자

주요 학력:

테헤란 대학 정치지정학 학사(1973)

주요 경력:

이란 산업 개발부 국제 업무 담당 자문역

마학 설립(1991)

ISCC 창설(2004)

수상 경력:

소설 『*Kimia Khatoun*』, 파르빈 에테사미 문학 재단 선정 '올해의 책'(2005)

스위스 SGS NGO 선정 '중동 지역에서 가장 투명하고 탁월한 NGO'(2007)

이슬람 개발 은행(IDB) 선정 'IDB 어워즈'(2008)

《월스트리트 저널》 선정 '가장 주목할 만한 여성 50명'(2008)

세라 페일린(p.287)

"엘리트가 아니라며 날 비난하는 언론들에게 말하고 싶다. 그들의 말이 아니라 국민들에게 봉사하러 워싱턴에 가노라고."

본명: 세라 루이스 히더 페일린(Sarah Louise Heath Palin)

출생: 1964년 2월 11일, 미국 아이다호 주 샌드포인트

직업: 미국 공화당 정치인. 전 알래스카 주지사

주요 학력:

알래스카 와실라(Wasilla) 고교 졸업(1982)

하와이 퍼시픽 칼리지 입학

아이다호 대학에서 정치학 및 저널리즘 전공(1987)

주요 경력:

알래스카 주도 앵커리지 소재 지역 방송국 스포츠 캐스터 입사(1987)

알래스카 와실라 시 의회 의원 당선(1992)

알래스카 와실라 시 시장 역임(3년 임기 연임. 1996~2002)

알래스카 주지사 당선(2006년 4월)

제 44대 미국 대통령 선거 공화당 부통령 후보

알래스카 주지사 중도 퇴임(2009년 7월 26일)

종교: 가톨릭이었으나 현재는 하나님의 성회(The Assembly of God)로 개종.

가족 관계: 남편 토드와 1988년 결혼. 슬하에 오 남매(2남 3녀)를 둠.

소니아 소토마요르(p.27)

"출신은 우리 인생에 큰 장애가 되지 않는다. 불가능한 꿈은 없다."

본명: 소니아 마리아 소토마요르(Sonia Maria Sotomayor)

출생: 1954년 6월 25일, 미국 뉴욕 브롱크스

직업: 미국 대법관

주요 학력:

프린스턴 대학 졸업(1976. 인문학 학사)

예일 대학 로스 쿨 졸업(1979)

주요 경력:

뉴욕 지방 검찰청 소속 검사(1979~1984)

대형 로펌 파비아 앤드 하코트 근무(1984~1992)

뉴욕 남부 지역 판사 임용(1992)

제2 순회 연방 항소 법원 판사 임용(1998)

컬럼비아 대학 로 스쿨, 뉴욕 대학 로 스쿨 등에 출강

《포브스》 선정 '세계에서 가장 영향력 있는 100대 여성'(2010)

《타임》 선정 '세계에서 가장 영향력 있는 100대 인물'(2010)

가족 관계: 1976년 결혼, 1983년 이혼. 어머니 셀리나, 남동생 후안.

소말리 맘(p.155)

"나는 행복한 삶을 살고 싶었다."

본명: 소말리 맘(Somaly Mam)

출생: 1970년 또는 1971년, 캄보디아(생년월일 불명
확)

직업: 작가, 아동 성매매 폐지 운동가

주요 학력: 없음

주요 경력:

'처참한 환경에 처한 여성들을 위한 행동(AFESIP)' 창
립(1996)

미국 소말리 맘 재단 창립(2007)

수상 경력:

스페인 왕실 수여 아스투리아스 왕자상(1998)

《글래머》선정 '올해의 여성'(2006)

독일 '롤란트 베르거 인간 존엄상'(2008)

《타임》선정 '세계에서 가장 영향력 있는 100대 인
물'(2009)

스텔라 매카트니(p.251)

"유행이 끝나 버렸다고 말할 수 있는 것은 없다."

본명: 스텔라 니나 매카트니 윌리스(Stella Nina
McCartney Willis)

출생: 1971년 9월 13일, 영국 런던

직업: 패션 디자이너

주요 학력:

센트럴 세인트마틴스 예술 대학 졸업(1995)

주요 경력:

끌로에 수석 디자이너(1997)

본인 이름을 딴 패션 하우스를 구찌와 함께 런칭
(2002)

향수 '스텔라' 런칭(2003)

아디다스 디자인 참여(2004)

오가닉 재료로 만든 화장품 '케어(CARE)' 라인 출시
(2007)

레스포삭 디자인 참여(2008)

수상 경력:

VH1/보그 패션 앤드 뮤직 '올해의 디자이너'(2000)

'용기 있는 여성상' 수상(2003)

글래머 어워드 '올해의 베스트 디자이너'(2004)

'올해의 오가닉 스타일 여성'(2005)

엘르 스타일 어워드 '올해의 베스트 디자이너'
(2007)

ACE 어워드 '올해의 친환경 디자이너'(2008)

《타임》선정 '세계에서 가장 영향력 있는 100
대 인물'(2009)

《글래머》선정 '올해의 여성'(2009)

가족 관계: 출판업자 알라스트에어 윌리스와 2003
년 결혼. 슬하에 삼 남매를 둠.

시마 사마르(p.211)

"우리 모두는 언젠가는 죽을 것이라는 것을 알고 있
다. 그러니 그 위험을 감수하고라도 다른 사람들을 도
와야 한다."

본명: 시마 사마르(Sima Samar)

출생: 1957년 2월 4일, 아프가니스탄 가즈니

직업: 의사. 인권 운동가. 전직 관료.

주요 학력:

카불 대학 의대 졸업

주요 경력:

아프간 임시 정부 부총리 겸 여성부 장관 역임.

현 유엔 수단 인권 특별 보고관

아프가니스탄 독립 인권 위원회(AIHRC) 의장, 아동·
여성 의료 복지 재단 '슈하다(순교자)' 총재

수상 경력:

세계 경제 포럼(WEF, 다보스 포럼) 선정 '글로벌
젊은 리더'(1995)

스위스 폴 그루닝거 재단 선정 '폴 그루닝거 인
권상'(2001)

미국 뉴욕 여성·아동 난민 협회 시상 '용기 있는
목소리상'(2001)

캐나다 '존 험프리 자유·인권·민주주의상'(2002)

미국 워싱턴 국제 인권법 그룹 선정 '국제 인권
상'(2002)

'퍼디트 휴스턴 인권상'(2003)

존 F. 케네디 도서관 재단 ‘용기 있는 인물상’
(2004)
‘아시아 민주주의와 인권상’(2008)
캐나다 법무부 명예 직원(2009)

실라 베어(p.98)

“남들에게 당장은 서운하다는 말을 들어도 장기적으로는 원칙을 지키고 나가는 게 모두를 위해 좋은 일이다.”
본명: 실라 콜린 베어(Sheila Colleen Bair)
출생: 1954년 4월 3일, 미국 캔자스 위치타
직업: 미국 연방 예금 보험 공사 총재(2011년 7월 퇴임)
주요 학력:
캔자스 대학에서 철학, 로 스쿨에서 법학 전공
(1981)
주요 경력:
아칸소 대학 로 스쿨 교수(1978)
보건 교육 복지부 근무(1979)
밥 돌 공화당 상원 원내 총무 보좌관(1981~
1988)
상품 선물 거래 위원회 위원장(1991~1995)
뉴욕 증권 거래소 대관(對官) 업무 담당 부사장
(1995~2000)
재무부 금융업계 담당 차관보(2001~2002)
매사추세츠 대학교 암허스트 캠퍼스 학장(2002)
제19대 미 연방 예금 보험 공사 의장(2006년 6월~,
5년 임기)
수상 경력:
‘이달의 작가상’(2003)
교육 출판 협회 선정 ‘탁월한 성과상’(2005)
《월스트리트 저널》 선정 ‘세계에서 가장 주목
할 만한 여성 1위’(2008)
《포브스》 선정 ‘세계에서 가장 영향력 있는
100대 여성’(2008~2009)
《타임》 선정 ‘세계에서 가장 영향력 있는 100
대 인물’(2009)
허버트 험프리 시민 인권상(2009)

존 F. 케네디 도서관 재단 ‘용기 있는 인물상’
(2009)

○

아얀 히르시 알리(p.166)
“나는 자기 두 발로 땅을 딛고 설 수 있는 하나의 온전한 존재가 되고 싶었다.”
본명: 아얀 히르시 알리(Ayaan Hirsi Ali)
출생: 1969년 11월 13일, 소말리아 모가디슈
직업: 정치인, 시나리오 작가, 여권(女權) 운동가
주요 학력:
케냐 소재 밸리 비서 학교(Valley Secretarial
College) 졸업
주요 경력:
네덜란드 국회 하원 의원 당선(2003)
미국 기업 연구소 객원 연구원
주요 작품
영화 「굴종(Submission)」시나리오.
저서 『새장에 갇힌 처녀(The Caged Virgin)』, 『이교
도(Infidel)』
수상 경력:
덴마크 자유당 제정 ‘덴마크 자유상’(2004)
《타임》 선정 ‘세계에서 가장 영향력 있는 100
대 인물’(2005)
스페인 ‘마드리드 관용상’(2005)
노르웨이 싱크 탱크 휴먼 라이트 서비스 제정
‘유러피언 벨웨더 상’(2005)
독일 ‘클라츠 데어 베르눈프트 카셀 상’(2006)

안젤라 브랠리(p.59)
“원하는 자리에 오른 순간, 또 다른 무엇인가를 새롭게 배우기 시작해야 한다.”
본명: 안젤라 픽 브랠리(Angela Fick Braly)
출생: 1961년 7월 1일, 미국 텍사스 댈러스
직업: 웰포인트 최고 경영자 겸 이사회 의장
주요 학력:
텍사스 공과 대학교 경영학과(1982)

서던 메소디스트대학교 법학대학원 박사

주요 경력:

로펌 루이스 라이스 앤드 핑거시 근무

미주리 주 청십자 운동 단체 라이트 초이스 법률
고문(1999)

웰포트 법률 고문 입사(2002)

웰포인트 최고 경영자(2007년 1월)

수상 경력:

텍사스 공대 선정 '자랑스러운 동문'(2007)

《포브스》 선정 '세계에서 가장 영향력 있는
100대 여성'(2007~2009)

《포천》 선정 '가장 영향력 있는 재계 여성 50
명'(2008~2009)

《월스트리트 저널》 선정 '가장 주목할 만한 여
성 50명'(2008)

앙겔라 메르켈(p.108)

**"더 많은 여성이 고등 교육을 받고 세계 무대에서 리
더십을 발휘해야 한다."**

본명: 앙겔라 도로세아 메르켈(Angela Dorothea
　　　Merkel)

출생: 1954년 7월 17일, 독일 함부르크

직업: 독일 총리

주요 학력:

라이프치히 대학 물리학 박사(1978)

주요 경력:

물리 화학 중앙 연구소(1978~1990)

동독 정치 단체 '민주개혁(Democratischer
Aufbruch)' 가입(1989)

독일 기독교 민주 동맹(CDU, 기민당) 가입
(1990)

여성 청소년부 장관(1991~1994)

환경·자연 보존·핵 안전부 장관(1994~1998)

기민당 사무총장 취임(1998)

기민당 당 총재 겸 원내 총무(2000년 4월)

총리직 도전 실패(2002)

연립 정부 총리 당선(2005년 10월)

수상 경력:

유럽 비전상(2006)

이스라엘 헤브루 대학 명예박사(2007)

주요 8개국(G8) 정상 회의 의장(2007)

프랑스 대통령 수여 '샤를마뉴 대제상'(2008)

《뉴스위크》 선정 '세계를 뒤흔드는 여성 150
명'(2011)

《포브스》 선정 '세계에서 가장 영향력 있는
100대 여성 1위'(2006~2009)

옐레나 이신바예바(p.114)

"내 생애에서 이뤄야 하는 것들이 아직 너무나 많다."

본명: 옐레나 가드치에브나 이신바예바(Yelena
　　　Gadzhievna Isinbaeva)

출생: 1982년 6월 3일, 러시아 볼고그라드

직업: 육상 장대높이뛰기 선수

주요 학력:

볼고그라드 주립 체육 대학 학부, 대학원 졸.

현재 도네츠크 국립 기술대 박사 과정 재학 중

신체 조건: 174센티미터, 65킬로그램

주요 경력:

장대높이뛰기 세계 신기록 27차례 기록(실내 대회 12
번, 실외 대회 15번. 2011년 현재)

현 세계 신기록 보유자(5.06미터, 2009년 8월 국제
육상 경기 연맹 골든 리그 5차 시리즈, 스위스 취리히)

국제 육상 경기 연맹 선정 올해의 선수(2005)

국제 체육 기자 연맹 선정 올해의 선수(2008)

라우레우스 재단 선정 올해의 스포츠 우먼
(2009)

주요 입상 경력

올림픽 금메달리스트(2004 아테네, 2008 베이징)

월드 유스 게임 1위(1998)

월드 유스 챔피언십 1위(1999)

세계 청소년 선수권 대회 1위(2000)

세계 실내 육상 선수권 대회 1위(2004, 세계 신
기록, 4.86미터)

IAAF 월드 애슬레틱 파이널 1위, 세계 선수권 대

회 1위(2005, 세계 신기록. 5.01미터)

세계 실내 육상 선수권 대회 1위, 유럽 선수권 대

회 1위, IAAF 월드 애슬레틱 파이널 1위(2006)

세계 선수권 대회 1위, IAAF 월드 애슬레틱 파이

널 1위, IAAF 골든 리그 1위(2007)

세계 실내 육상 선수권 대회 1위(2008)

IAAF 월드 애슬레틱 파이널 1위, IAAF 골든 리그

1위(2009)

오프라 윈프리(p.48)

"당신의 말을 가장 처음 듣는 사람은 바로 당신 자신이다."

본명: 오프라 게일 윈프리(Oprah Gail Winfrey)

출생: 1954년 1월 29일, 미국 미시시피 주

직업: 텔레비전 토크 쇼 진행자, 잡지 발행인, 영화배우

주요 학력:

테네시 주립 대학 신문방송학 전공

주요 경력:

미스 블랙 아메리카 테네시 주 우승(1971)

내슈빌 지역 라디오 WVOL 뉴스 앵커(1971~

1972),

내슈빌 텔레비전 방송국 WTVF 뉴스 앵커(1973

~1976)

볼티모어 지역 방송 WJZ 텔레비전 저녁 6시 뉴

스 공동 진행자(1976)

 WJZ 텔레비전 간판 토크 쇼 「피플 아 토킹

(People Are Talking)」 공동 진행자(1978)

시카고 지역 방송 WLS 텔레비전 아침 토크 쇼

「에이엠 시카고(AM Chicago)」 진행(1984)」

「오프라 윈프리 쇼(The Oprah Winfrey Show)」 전

국으로 첫 전파(1986년 9월)

영화 「컬러 퍼플」 출연(1986년 아카데미 영화상 여주

조연상 후보)

노벨 문학상 수상작을 바탕으로 만든 영화 「비

러브드(Beloved)」 제작자 겸 배우로 참여

(1998)

잡지 《오(O)》 창간(2000년 4월)

텔레비전 네트워크 'OWN' 창사(2010)

수상 경력:

전미 여성 단체 선정 '여성 성과상'(1986)

《플레이 걸》 선정 '존경받는 10대 여성'(1986)

에미 상 베스트 주간 토크 쇼 부문(1987, 1991

~1992, 1994~1995, 1997)

국제 방송 협회 '올해의 방송'(1988)

미국 유색 인종 협회 선정 '올해의 엔터테이너'

(1989)

텔레비전 아카데미 명예의 전당 입회(1994)

밥 호프 인류애상(2002)

《타임》 선정 '세계에서 가장 영향력 있는 100

대 인물'(2004~2011)

《포브스》 선정 '세계에서 가장 영향력 있는

100대 여성'(2005, 2007~2009)

《포천》 선정 '가장 영향력 있는 재계 여성 50

명'(2009)

《타임》 선정 '지난 100년간 가장 영향력 있었던 여성

25명'

《뉴스위크》 선정 '세계를 뒤흔드는 여성 150

명'(2011)

요아니 산체스(p.176)

"폭력이 끝내 나를 겁줄 수는 없다."

본명: 요아니 마리아 산체스 코르데라(Yoani Maria

　　　Sanchez Cordera)

출생: 1975년 9월 3일, 쿠바 하바나

직업: 언어학자, 프로그래머, 블로그 '헤네라시온 Y'

　　　운영자

주요 학력:

하바나 대학 졸업(2000)

수상 경력:

스페인 《엘 파이스》 선정 '오르테가 이 가세트

상'(2008)

《포린폴리시》 선정 '중남미 10대 지식인'

(2008)

《타임》 선정 '세계에서 가장 영향력 있는 100

대 인물'(2008)

미국 CNN 방송, 《타임》 공동 선정 '2009 베스트 블로그 25'(2009)

다보스 포럼 선정 '글로벌 젊은 리더'(2009)

가족 관계: 신문 기자인 남편과의 사이에 1남

인드라 누이(p.116)

"유리 천장은 분명 존재한다. 하지만 그 천장은 투명하고 깨지기 쉬운 천장이다."

본명: 인드라 크리슈나무르티 누이(Indra Krishnamurthy Nooyi)

출생: 1955년 10월 28일, 인도 첸나이

직업: 펩시 콜라 최고 경영자, 회장

주요 학력:

인도 마드라스 크리스천 칼리지 대학 화학과 졸업(1976)

인도 IIM(Indian Institute of Management) 경영학 석사(1978)

미국 예일 대학 경영학 석사(1980)

주요 경력:

존슨 앤드 존슨 인도 지사

경영 컨설팅 업체 보스턴 컨설팅 그룹(BCG)(1980~1986)

모토롤라 전략 담당 부사장(1986~1990)

다국적 기업 ABB 미국 지역 판매 담당 임원(1990~1994)

펩시 콜라 기업 전략 및 개발 담당 부사장으로 입사(1994)

펩시 콜라 최고 재무 책임자(CFO) 취임(2001)

펩시 최고 경영자 취임(2006년 10월 1일)

펩시 회장(2007년 5월 2일~)

미국-인도 재계회의(USIBC) 의장(2008년 1월~)

수상 경력:

《포브스》 선정 '세계에서 가장 영향력 있는 100대 여성'(2008~2009)

《포천》 선정 '가장 영향력 있는 재계 여성 50명' 1위(2006~2009)

《월스트리트 저널》 선정 '가장 주목할 만한 여성 기업인 50명'(2007~2008)

《유에스 뉴스 앤드 월드 리포트(*US News and World Report*)》선정 '미국 최고 리더들'(2008)

《파이낸셜 타임스》 선정 '지난 10년을 빛낸 50인'(2009)

《파이낸셜 타임스》 선정 '세계 50대 여성 기업인 1위'(2011)

잉그리드 베탕크루(p.194)

"계속 희망을 버리지 않고 살아가기란 힘들지만 살아 있는 한 희망을 포기하지는 않겠다."

본명: 잉그리드 베탕크루 풀레시오(Ingrid Betancourt Pulecio)

출생: 1961년 12월 25일, 콜롬비아 수도 보고타

주요 학력:

프랑스 파리 정치 대학교 졸업

주요 경력:

전 콜롬비아 재무부 공무원, 하원 의원, 상원 의원

녹색 산소당 창당(1998)

콜롬비아 대통령 선거 후보(2002)

2002년 2월 23일 대선 유세 도중 '콜롬비아 무장 혁명군(FARC)'에 납치됨

2008년 7월 2일 정부군 비밀 작전에 의해 구출

수상 경력:

프랑스 최고 훈장 '레지옹 도뇌르'(2008)

세계상 협회(WAA) '올해의 여성'(2008)

노벨 평화상 후보(2004, 2009)

가족 관계: 대학 동창이자 프랑스 출신 외교관인 파브리체 들로예와 결혼(1983, 프랑스 국적 취득). 슬하에 1남 1녀를 뒀으나 이혼. 콜롬비아 광고업자 카를로스 르콩트와 재혼.

현 사우스웨스트 명예 회장
현 JC 페니 이사
수상 경력:
《포브스》 선정 '세계에서 가장 영향력 있는
100대 여성'(2004~2007)

크리스티안 아만포(p.131)

"난 책상에 편안히 앉아 있기보다는 현장이 좋다. 나는 심장 속, 뼛속, 심지어 디엔에이 속까지 철저한 현장 체질이다."

본명: 크리스티안 아만포(Christiane Amanpour)
출생: 1958년 1월 12일, 영국 런던
직업: 미국 ABC방송 앵커
주요 학력:
미국 로드아일랜드 대학 언론학 전공(1983)
주요 경력:
NBC 방송계열 지역 방송 조사 팀(1983)
CNN 방송 입사(1983)
ABC 방송으로 이직(2010)
걸프전 현장 취재(1990)
유고 내전 취재, 이스라엘과 팔레스타인 간 분쟁 취재, 평양 현장 취재, 이란 대선 취재 등 각종 분쟁 지역 현장 취재 및 주요 인물 인터뷰 성사
수상 경력:
리빙스턴 젊은 기자상(1992)
조지 포스터 피바디 상(1993)
국제 여기자 재단 선정 '용기 있는 언론인상'
(1996)
에드워드 머로 상 '방송 부문 성과상'(2002)
사라예보 명예 시민(2006)
미시건 대학 명예박사(2006)
'올해의 페르시안 여성'(2007)
듀폰 언론인상(2007)
대영제국 훈장(CBE. 2007)

ㅎ

힐러리 클린턴(p.140)

"여러분이 사랑하는 일에 매진하십시오. 여러분에게 의미를 부여하는 일에 매진하십시오. 여러분의 삶에 목적을 제시하는 일에 매진하십시오. 그리고 기여하십시오."

본명: 힐러리 다이앤 로댐 클린턴(Hillary Diane
　　　Rodham Clinton)
출생: 1947년 10월 26일, 미국 시카고
직업: 미국 국무 장관. 전 미국 대통령 부인. 전 뉴욕
　　　상원 의원. 민주당 대통령 선거 경선 후보
주요 학력:
웨슬리 대학 졸업
예일 대학 로 스쿨 졸업
주요 경력:
조지 맥거번 민주당 대선 후보 선거 운동원
(1972)
워싱턴에서 '아동 보호 기금(Children's Defense
Fund)'근무. 워터 게이트 사건에 대한 하원 사법
위원회 탄핵 절차 업무 관여(1973)
빌 클린턴과 아칸소로 이주, 아칸소 대학 로 스쿨에서 형법 및 헌법학 강의(1974)
빌 클린턴과 결혼(1975년 10월)
남편, 전국 최연소로 아칸소 주지사 당선(1978,
이후 주지사 5선 재임)
국립 법학 회지 선정 '미국에서 영향력 있는 변호사
100인' 선정
아칸소 교육표준위원회 위원장(1983)
대통령 영부인 역할 수행(1992~2001년 1월)
뉴욕 주 상원 의원 당선(2000년 11월)
민주당 대통령 선거 경선 후보(2008)
미 국무부 장관 임명(2009년 1월)
《뉴스위크》 선정 '세계를 뒤흔드는 여성 150명'(2011)

그리고, 행동하라

1판 1쇄 찍음 2011년 11월 25일
1판 1쇄 펴냄 2011년 12월 2일

지은이 | 양성욱
발행인 | 김세희
편집인 | 김혜원
책임편집 | 서은미
펴낸곳 | ㈜민음인

출판등록 | 2009. 10. 8 (제2009-000273호)
주소 | 135-887 서울 강남구 신사동 506 강남출판문화센터 5층
전화 | 영업부 515-2000 **편집부** 3446-8774 **팩시밀리** 515-2007
홈페이지 | www.minumin.com

© 양성욱 , 2011. Printed in Seoul, Korea

ISBN 978-89-6017-285-2 03320

㈜민음인은 민음사 출판 그룹의 자회사입니다.